공자와 맹자의
철학사상

安吉煥 編著

明文堂

머 리 말

서양에는 《성경(聖經)》이요, 동양에는 《논어》라고 말하는 사람도 있다. 그런 말도 있듯이 《논어》는 중국의 고전일 뿐 아니라 세계의 고전이라고 해도 좋다. 물론 우리나라에서도 예로부터 많이 읽혀 왔다. 오늘날에도 《논어》를 열심히 읽는 사람이 적지 아니하다. 서점에 나가보면 요즈음에도 어떤 형태이든 《논어》에 관한 책이 출판되지 않는 해가 거의 없을 정도이고, 텔레비전을 통한 《논어》 강의도 인기리에 방영되고 있을 정도이다. 고전치고 이만한 책이 또 어디 있겠는가?

《논어》는 공자(孔子)라는 인물의 언행록(言行錄)이다. 그가 말한 것과 실천한 일 등이 짤막짤막한 문장으로 많이 기록되어 있다. 그것이 왜 이토록 읽혀지고 있는 것일까? 한마디로 말하면 《논어》란 책은 인간학(人間學)의 교과서이기 때문이다. 읽으면 반드시 '아하! 과연 그러하구나'라며 고개가 끄덕기려지는 경우가 많이 있거니와 그만큼 인간에 대한 이해가 스며들어 있어서 인생에 대한 시야를 넓혀나갈 수 있다.

그러나 사람들 가운데는 공자라든가 《논어》란 말을 듣기만 해도 딱딱한 설교를 듣게 되는 게 아니냐며 낯을 찌푸리는 사람도 있는 것 같다. 그런 마음을 이해하지 못하는 바는 아니지만, 그것은 큰 오해라는 점을 지적해 두겠다.

공자는 지금으로부터 약 2천5백 년 전에 활약했던 사람인데 그의 생애는 역경 바로 그것이었다. 공자는 사생아(私生兒)로 태어났고 어렸을 때 부모를 여읜 다음 심한 고생을 하며 성장했던 것 같다. 그런 역경 속에서도 거의 독학으로 학문을 했는데 이윽고는 정치에 뜻을 둔다. 그러나 정치가로서도 불우하기 짝이 없었다. 뜻을 폈던 기간은 아주 짧았으며 생애의 대부분을 역경 속에서 보내게 되었다.
 공자의 위대한 점은 바로 그런 고생에 지지 않고 항상 꿋꿋하게 허리를 펴고는 전향적인 자세로 인생에 도전했으며 74년의 생애를 살아갔던 점에 있다 하겠다. 그러한 큰 인물의 인생 언행록이 바로 이《논어》인 것이다.
 그리고 공자는 젊었을 때부터 제자들을 모아 교육을 시켰는데 특히 정치세계에서 은퇴한 만년(晩年)에는 제자 교육과 저술(著述)에 전념했다. 공자가 제자들을 모아놓고 가르치던 학당(學堂)의 목표는 사회에 유용한 인재를 양성하는 것이었다. 따라서《논어》에는 제자들과 나누었던 문답(問答)을 통하여 사회인으로서의 조건이라든가 정치의 목표 등이 여러 각도로 설명되어 있다. 그런 점 또한 독자들의 인생지침에 크게 참고가 될 것으로 믿어 의심치 않는다.

《맹자》는 '공맹지교(孔孟之敎)'라는 말도 있듯이 공자의《논어》와 함께 포함해서 일컬어지는 경우가 많다. 맹자는 어떤 의미에서 본다면 분명 공자의 가르침을 계승하고 그 실현을 위해 힘을 썼던 사상가이다. 그리고 사람들이 왕왕 오해하고 있는 것처럼, 딱딱하고 고지식한 도학자(道學者)였는가 하면 결코 그렇지 아니하다. 맹자의 실상(實像)은 한마디로 말해서 전투적인 이상주의자(理想主義者)이다.
 맹자가 활약했던 때는 공자로부터 약 2백년 후, 즉 중국 전국시대가 한창일 때이다. 당시는 각 나라가 모두 영토의 확장에 몰두하는 등, 생존경쟁이 치열했었다. 그런 와중에서 맹자는 인의(仁義)에 의한 왕도정치(王道政治)를 주장하고, 각 나라의 왕에게 유세하면서 그 실현에 힘을 기울이었다.

맹자가 주장한 왕도정치란 어떤 것이었나? 우선 윗자리에 있는 군자(君子)가 인의(仁義)의 덕(德)을 몸에 익히고 그것을 백성들에게 널리 펴는 것이었다. 왕도정치의 반대가 패도정치(霸道政治)이다. 패도란 있는 힘을 다 기울이어 상대방을 무찌르는 것이다. 그런 점에서 볼 때 왕도정치는 덕에 의한 감화를 목표로 하는 정치라고 해도 좋다. 맹자는 그런 이상(理想)을 실현해 나가기 위해서 분투노력했던 것이다.

그러나 전국시대 당시도 현대와 마찬가지로 오로지 이익을 얻기 위해 안간힘을 쓰던 시대였다. 각 나라 군주들은 하나같이 군권(君權)의 강화에 몰두하고 있었다. 그런 가운데서 왕도정치의 이상(理想)이 쉽사리 받아들여질 리가 없다. 맹자는 실로 저놀적인 유세활동을 전개하며 생애를 보냈지만 성공하지 못했다. 한다하는 맹자도 만년에는 유세를 단념하고 고향에서 은서(隱棲)했다고 한다.

《맹자》 7편은 그런 전투적인 이상주의자의 언행(言行)을 기록해 놓은 책이다. 전반(前半)은 주로 유세의 기록이며 후반(後半)은 제자들과의 문답을 통한 왕도정치의 이상을 설명해 놓은 기록들이다.

《맹자》 전편에 걸쳐 흘러넘치고 있는 것은, 인간에 대한 깊은 신뢰와 이상에 연관되는 정열이다. 맹자에 의하면 인간의 본성(本性)은 선(善)이란 것이다. 이른바 성선설(性善說)인데 이런 입장에서 왕도정치가 도출된다. 그 바닥에 흐르고 있는 것은 인간에 대한 깊은 신뢰이다. 그것을 그는 기백을 불어넣어 가지고 주장해 나갔던 것이다.

이상(理想)이 없는 현실주의는 언제나 타락하고 만다. 그런 의미에서 맹자의 주장은 너무나도 현실주의적인 현대 사회에 대해서도 날카로운 반성을 요구하고 있다.

맹자는 두꺼운 현실의 벽 앞에서 실패하고 떠났지만 그가 제기했던 문제는 우리가 당면하고 있는 문제이기도 하다.

이 책에서는 《논어》와 《맹자》 속에서 명언·명구들을 가려 뽑아 그 내용을 나름대로 해설하여 독자들로 하여금 공자와 맹자를 쉽게 접근하고 이해할 수 있도록 노력했다. 방대한 두 책을 모두 독파하고 이해하기에는, 바쁜 시대를 살아가는 현대인들로서는 시간의 제약을 받을 것이기에 이런 구상을 해본 것이다.

다소라도 《논어》《맹자》를 이해하는 데 도움이 된다면 필자로서는 더없는 영광이라고 생각한다. 끝으로 이 졸편저(拙編著)를 나무라지 않고 상재(上梓)해 주신 명문당(明文堂) 김동구(金東求) 사장님과 관계 직원 여러분께 심심한 감사를 드린다.

2001년 여름
편저자 씀

차 례

3 • 머리말

공자의 철학사상

25 • 실력을 쌓아나가려면……
26 • 누더기를 입었어도 마음만은 비단
27 • 익살스런 충고(忠告)
28 • 용기만 있고 의(義)가 없다면……
29 • 의(義)를 보고도 실천하지 않는 것은……
30 • 하늘은 속일 수 없다
31 • 죽음의 의미
32 • 리더의 마음가짐
33 • 상사를 섬기는 비결
34 • 긍휼히 여기는 마음
35 • 말만 잘하는 자는 싫어
36 • 당(堂)에 오를 수 있겠다
37 • 공자의 예언
38 • 자공(子貢)에 대한 인물평
39 • 자공(子貢)의 인물평
40 • 자공의 공자평(孔子評)

41 • 통치자의 과오는 일식(日蝕)과 같다
42 • 실언(失言)을 하지 마라
43 • 군자가 미워하는 것
44 • 오명(汚名)
45 • 누구에게서도 호평(好評)을 받는 인물
46 • 자공(子貢)과 안회(顔回)
47 • 안회(顔回)는 어리석지 않더라
48 • 도움이 되지 않다
49 • 인자(仁者)인 안회
50 • 안회의 공자평(孔子評)
51 • 안회의 소망
52 • 스승과 제자
53 • 아아! 하늘이 나를 망치도다
54 • 공자의 통곡
55 • 잘못을 두 번 다시 저지르지 않다
56 • 언제나 진보하는 사람
57 • 취직을 마다한 사나이
58 • 손꼽히는 효도
59 • 입을 열면 바른말만 해
60 • 아직 자신감이 없어

61 • 어눌한 것도 장점
62 • 군주(君主)가 될 만하도다
63 • 얼룩소의 새끼
64 • 이런 사람이 이런 병(病)을……
65 • 지난 일은 탓하지 않는다
66 • 군자(君子)는 속지 않는다
67 • 부모상(父母喪)은 삼년상(三年喪)
68 • 간략하게 할 수 있는 것과 없는 것
69 • 아까운 것은 전통(傳統)
70 • 태산신(泰山神)에 대한 제사
71 • 그는 내 제자가 아니다
72 • 풍부한 자를 더 살찌게 하지 않는다
73 • 안된다고 생각하지 마라
74 • 잘못임을 깨달으라
75 • 군자는 말을 꾸미는 것을 미워한다
76 • 내면적인 것, 실질적인 것
77 • 바른말을 너무 자주 하면……
78 • 교육의 순서
79 • 어떤 사람을 시킬 것인가
80 • 사람을 사랑하는 것이 인(仁)이다

81 • 참된 학문은 실천이 따라야 한다
82 • 사관(仕官)과 학문
83 • 제안하기에 앞서 신용을
84 • 큰 목표를 달성하기 위해서는……
85 • 자장(子張)에 대한 자유(子游)의 평(評)
86 • 아직 인(仁)에 이르지는 못했다
87 • 벼슬길에 나간 다음에는……
88 • 띠에 이 글을 쓰다
89 • 증자(曾子)의 유언
90 • 정책의 계승
91 • 후견인(後見人)의 자격
92 • 법관(法官)의 마음가짐
93 • 공자의 사위
94 • 극기복례(克己復禮)
95 • 내 도(道)는 충서(忠恕) 한 가지뿐
96 • 인자(仁者)는 입이 무겁다
97 • 경원(敬遠)
98 • 다섯 가지의 덕(德)
99 • 관중(管仲)의 능력은?
100 • 남을 평가할 때에는……

101 • 예(禮)의 관습을 어기지 마라
102 • 사람 됨됨이의 기량(器量)
103 • 그것은 유명인(有名人)이지 달인(達人)은 아니다
104 • 나라를 다스리는 기본
105 • 공숙문자(公叔文子)의 추천
106 • 벼슬자리 도둑질
107 • 정치의 요체(要諦)
108 • 최종 목표는 교육이다
109 • 나라를 멸망시키는 말, 한마디
110 • 부하의 의견을 들으려면……
111 • 군주는 바람, 백성은 풀
112 • 자로(子路)가 인자(仁者)인지는 모르겠다
113 • 아비와 군주를 죽이는 일에는 불참(不參)
114 • 공자가 받은 수업료
115 • 교제할 때는 경의(敬意)를
116 • 음악 애호가였던 공자
117 • 무엇이 수치인가?
118 • 집안싸움에는 끼어들지 않겠다
119 • 나는 무지(無知)하다
120 • 역사를 배워, 거울로 삼으라

121 • 열심히 살아가는 태도가 아름다워
122 • 리더는 넓은 식견과 강한 의지력을 지녀야 한다
123 • 나를 먼저 돌아보고, 반성하라
124 • 작은 것을 탐내다가는 큰 것을 잃는다
125 • 좋은 친구는 인생의 큰 자본이다
126 • 궁극적으로는 하늘의 뜻에 따라야 한다
127 • 예(禮)의 근본은 조화이다
128 • 신용할 수 없는 인간은 쓸모가 없다
129 • 교만은 인생을 망치고 만다
130 • 조화를 이룰 것이냐? 부화뇌동할 것이냐?
131 • 용기만 내세우는 사람은 위험해
132 • 깊이 살피면 모든 것이 스승
133 • 친구는 옛친구일수록 좋아
134 • 말만 앞세우는 자가 되지 마라
135 • 세상을 객관적으로 보고 판단하라
136 • 친구는 가려서 사귀라
137 • 인생에는 균형이 중요하다
138 • 과오는 그때그때 고쳐야……
139 • 후배들은 두려운 존재
140 • 인정받으려고 안달하지 마라

141 • 가면(假面)과 허식은 배제해야……
142 • 덕을 베풀어야 외롭지 않아
143 • 먼 앞날을 위해 대책을 세우라
144 • 먼저 능력을 배양하라
145 • 자기계발(自己啓發)이 무엇보다 중요해
146 • 하나를 듣고, 둘이라도 알 수 있어야……
147 • 의(義)롭지 않은 이(利)는 바라지 마라
148 • 네가 원하는 바를 먼저 남에게
149 • 가난보다 무서운 것은 불평등
150 • 배움에는 아래위가 없다
151 • 반성하는 것이 곧 자기 발전
152 • 통솔의 기본은 올바른 솔선수범
153 • 지자(知者)와 물, 인자(仁者)와 산
154 • 충고해도 듣지 않는 친구라면……
155 • 군자의 마음가짐 아홉 가지
156 • 군자가 경계해야 할 세 가지
157 • 열심히 일하라, 그리고 즐기라
158 • 남을 먼저 이해하라
159 • 도청노설(道聽塗說)
160 • 많이 듣고, 많이 보라

- 161 • 미래 예측에 대하여
- 162 • 악사(樂師)를 인도하는 예(禮)
- 163 • 참된 군자(君子)란
- 164 • 하늘은 말이 없어도……
- 165 • 그 점이 어렵다
- 166 • 승낙한 일을 미루지 않는다
- 167 • 증자(曾子)의 효도
- 168 • 삼성(三省)
- 169 • 누구에게서나 다 배우다
- 170 • 배우고, 깊이 사색하고……
- 171 • 배우기 좋아했던 공자
- 172 • 의롭지 못한 부귀는 뜬구름
- 173 • 나 하고픈 일을 하고 살리라
- 174 • 가는 길이 같지 아니하면……
- 175 • 과거를 미루어 미래를 아는 자
- 176 • 실질(實質)과 형태
- 177 • 잘났건 못났건 내 자식
- 178 • 내 잘못이 아니다
- 179 • 행실까지 확인한다
- 180 • 무능한 사람에게도 묻다

181・나는 한 가지만을 관철했다
182・인(仁)은 어디서나 통한다
183・실수할 때 그 인간성이 드러난다
184・학문에 뜻을 두다
185・군자는 다투지 않는다

맹자의 철학사상

189・하필이면 이(利)만 말하나?
190・의로운 자는 임금을 버리지 않아
191・즐기는 것도 자격이 있어야
192・오십보백보(五十步百步)
193・교육을 제대로 시키라
194・남의 탓으로 돌리지 마라
195・칼로 죽이는 것과 정치로 죽이는 것
196・짐승에게 사람을 잡아먹게 하다니
197・인자무적(仁者無敵)
198・군자는 푸줏간을 멀리한다
199・왕은 진정 왕노릇을 해야 해
200・재보아야 장단(長短)을 알 수 있어

- 201 • 무항산자무항심(無恒産者無恒心)
- 202 • 수단·방법이 잘못되어 있으면……
- 203 • 백성들과 함께 즐겨야 해
- 204 • 하늘의 뜻을 즐거워하라
- 205 • 필부지용(匹夫之勇)
- 206 • 백성들과 걱정도 함께하라
- 207 • 백성들과 재물도 함께하라
- 208 • 인재등용(人材登用)은 이렇게
- 209 • 임금이 임금답지 못하면……
- 210 • 성군(聖君)을 기다리는 마음
- 211 • 장례는 격(格)에 맞게
- 212 • 맹자의 혁명론(革命論)
- 213 • 호연지기(浩然之氣)
- 214 • 조장(助長)
- 215 • 맹자의 성인관(聖人觀)
- 216 • 왕도정치(王道政治)
- 217 • 인정(仁政)을 베풀라
- 218 • 안정되었을 때, 더욱 긴장하라
- 219 • 무적(無敵)의 정치, 5개조
- 220 • 남과 함께 선(善)을 행하라

221 • 실력을 기른 다음 때를 기다려야 해
222 • 예물과 뇌물
223 • 잘못을 시인한 관리(官吏)
224 • 실패하지 않는 군주(君主)
225 • 맹자의 민본주의(民本主義)
226 • 맹자와 교육제도
227 • 맹자와 오륜(五倫)
228 • 대장부란 이래야 한다
229 • 불의(不義)한 것은 당장 그만둬야……
230 • 정도(正道)를 지키라
231 • 높은 지위에는 인자한 사람이……
232 • 인정(仁政)을 펴면 천하를 얻는다
233 • 나 자신을 반성하라
234 • 작은 일에서부터
235 • 정치하기란 어렵지 않다
236 • 하늘의 도리를 따르라
237 • 인(仁)하지 않은 자와는 어울리지 마라
238 • 천하를 얻는 방법
239 • 자포자기(自暴自棄)
240 • 성실만이 그 인생을 보장한다

241 • 눈은 마음의 창
242 • 공손과 검소는 진심에서 우러나야 해
243 • 임기응변
244 • 친구 아들과 바꿔서 가르치라
245 • 정신적 효도가 참 효(孝)
246 • 나라는 국군(國君)이 할 나름
247 • 훼예(毁譽)에 일희일비하지 마라
248 • 하는 말은 신중하게
249 • 함부로 스승노릇하지 마라
250 • 스승에 대한 인사
251 • 인의(仁義)의 핵심은 효제(孝悌)
252 • 나라가 멸망하는 이유
253 • 도(道)는 멀리 있지 않다
254 • 진리는 시간과 공간을 초월해
255 • 소소한 일까지 간섭하지 않는 위정자
256 • 군자의 명철보신(明哲保身)
257 • 예(禮)가 아닌 예, 의(義)가 아닌 의
258 • 중용(中庸)의 덕
259 • 하지 말아야 할 일, 해야 할 일
260 • 남의 안좋은 말은 입밖에 내지 마라

261 • 대인(大人)은 의(義)에만 따를 뿐이다
262 • 어렸을 때 마음을 지닌 자가 대인(大人)
263 • 군자(君子)는 궁구하여 체득한다
264 • 선(善)을 행하여 리드하는 것이 왕자(王者)
265 • 근원이 있는 것과 없는 것
266 • 사람은 짐승과는 달라야 해
267 • 이래도 좋고 저래도 좋을 때의 처세
268 • 재능보다 중요한 게 자기향상
269 • 맹자의 학문태도
270 • 군자의 걱정거리 (1)
271 • 군자의 걱정거리 (2)
272 • 군자의 걱정거리 (3)
273 • 다섯 가지 불효(不孝)
274 • 부귀와 영달을 찾아헤매는 사람들
275 • 하늘은 말을 하지 않는다
276 • 자신이 올곧아야 남을 바로잡는다
277 • 집대성(集大成)한 공자(孔子)
278 • 벗을 사귀는 데는……
279 • 맹자의 사관론(仕官論)
280 • 국군(國君)이 간언을 받아들이지 않으면……

281 • 인간의 성(性)은 선(善)하다
282 • 만인동성론(萬人同性論)
283 • 우산(牛山)의 성(性), 인간의 성(性)
284 • 현인(賢人)만이 잃지 않는 것
285 • 소리(小利)와 대리(大利)
286 • 맹자의 학문관(學問觀)
287 • 큰 것과 작은 것을 구별해야……
288 • 소인(小人)과 대인(大人)의 차이 (1)
289 • 소인(小人)과 대인(大人)의 차이 (2)
290 • 천작(天爵)과 인작(人爵) (1)
291 • 천작(天爵)과 인작(人爵) (2)
292 • 도(道)는 끝까지 행해야……
293 • 여물지 않는 곡식은 버려진다
294 • 도(道)는 큰길을 가는 것과 같이 쉬운 것
295 • 군자(君子)가 임금을 섬기는 법
296 • 임금을 바로 섬기려면……
297 • 치국(治國)의 근본은 선(善)이다
298 • 사관(仕官)과 퇴관(退官)의 조건
299 • 하늘은 단련시킨 후에 그 사람을 쓴다
300 • 하늘을 섬기는 방법

301 • 천명(天命)을 아는 사람
302 • 부귀영화보다 인의예지를 구하라
303 • 내 안에 만물의 이치가 있어
304 • 부끄러워하는 마음이 없다면…… (1)
305 • 부끄러워하는 마음이 없다면…… (2)
306 • 참된 도(道), 참된 치세(治世)
307 • 정치는 정도(正道)를 따라야……
308 • 유세(遊說)를 하려면……
309 • 덕치정치(德治政治)의 요체(要諦)
310 • 왕도정치(王道政治)의 묘체(妙諦)
311 • 양지(良知)와 양능(良能)
312 • 군자(君子)의 본성은 인의예지(仁義禮智)
313 • 위아(爲我)・겸애(兼愛)주의에 대한 비판
314 • 군자(君子)가 즐기는 것
315 • 끝까지 인내하다
316 • 인격은 환란 속에서 연마된다
317 • 그만두어야 할 때를 아는 것
318 • 인자(仁者)는 전쟁할 필요가 없다
319 • 백성은 나라의 기본
320 • 욕심을 버려라

321 • 가는 사람 잡지 않고, 오는 사람 막지 않아
322 • 덮어놓고 책을 믿는 것은 잘못이다

323 • 해   설—《논어》와 《맹자》에 대하여
338 • 색   인(索引)

공자孔子의 철학사상

실력을 쌓아나가려면……

자로는 가르침을 듣고 그것을 아직 실천하지 못한 경우, 다른 가르침을 듣는 것을 두려워했다.(공야장편)

　자로유문　미지능행　유공유문
　子路有聞　未之能行　唯恐有聞.

자로는 무엇이든 한 가지 가르침을 받으면 그것을 곧 실행에 옮기려고 하였다. 실행하기 이전에는 또다른 새 가르침을 접하기를 두려워했다.

자로의 성(姓)은 중(仲), 이름은 유(由)이다. 자로란 그의 자(字)이다. 공자보다 아홉 살 연하였다고 하니 공자와 거의 같은 세대로서, 제자들 가운데 최장로(最長老) 중 한 사람으로 꼽혔었다. 그리고 공자와 같은 노(魯)나라 출신이었고 ── .

《사기(史記)》〈중니제자열전(仲尼弟子列傳)〉에 '자로는 성질이 난폭하고 완력을 자랑했으며 경쟁심이 강한데 수탉의 깃털로 장식한 모자를 쓰고 돼지 가죽으로 만든 자루를 옆구리에 차고 거리를 어슬렁거리다가 공자에게 폭력을 가했'고 했다. 그런 자로를 공자는 '예를 갖추어 유도했던 까닭에 나중에는 유가(儒家)의 옷을 입고 예물을 들고 와서 공자의 제자가 되었다'고 한다.

유가의 복장이란 소매가 길고 헐렁한 것인데 폭이 넓고 띠를 띠었다고 한다. 수탉의 깃털 모자라든가 돼지 가죽 주머니를 차고 다니던 자로가 유가의 복장을 갖추게 되었다는 점에, 자로의 개심(改心)하는 모습이 그려져 있다. '성품이 거칠고 용감했으며 의지가 강직했던 자로'는 이론가가 아니었던 반면 실행력이란 점에서는 두드러지는 사람이었다.

누더기를 입었어도 마음만은 비단

누더기 수삼옷을 입고 여우·담비의 털옷을 입은 자와 함께 서있어도 부끄러워하지 않는 자.(자한편)

<small>의폐온포 여의호락자립 이불치자</small>
衣敝縕袍 與衣狐貉者立 而不恥者.

'이런 사람은 자로(子路)일 것이다'라고 공자가 평한 말이다.

이 말은 자로가 언제나 누더기 옷을 걸치고도 태연했다는 뜻의 말이 아니며 또 공자가 누더기 옷을 입으라고 권장한 말도 아니다. 앞 절(節)에서도 보았듯이 자로는 대단한 멋쟁이였었고, 공자가 의상(衣裳)에 엄격했다는 것은 〈향당편(鄕黨篇)〉 등에 그 기록이 나와 있다.

또, 자로는 때와 장소에 따라 누더기를 걸치고 있더라도 그 일로 인하여 비굴해지는, 그런 사나이는 아니었다는 뜻의 말이다. 공자가 그런 점에 착안한 것은 '선비가 도(道)에 뜻을 두고도 나쁜 옷, 조잡한 음식을 부끄러워한다면 함께 이야기할 자격이 없다(이인편)'라고 하는, 이른바 선비에 대한 직업관(職業觀)을 가지고 있었기 때문이다.

선비의 임무는 통치자(統治者)의 일원(一員)으로서 의무수행에 전신전력을 기울이는 것이지, 미의미식(美衣美食)을 추구하는 것은 아니다. 때로 조의조식(粗衣粗食)을 감수해야 하는 처지가 있더라도 관심을 그것에만 기울이어 위축된다면, 그런 사람은 이야기를 함께 나눌 상대가 되지 못한다는 것이다.

말은 그러하나 그것이 쉬운 일은 결코 아니다. 하지만 자로는 그런 점에서, '함께 이야기할 수 있는 사람'이라고 언명한 것이 공자의 평가이다.

익살스런 충고(忠告)

'해치지도 않고 탐내지도 않으니, 어찌 좋지 않겠는가?' 자로는 이 구절을 종신토록 외고자 하여 공자가 말했다. "그런 도(道)만으로는 어찌 훌륭하다 하겠느냐?"(자한편)

_{불기불구 하용부장 자로종신송지 자왈 시도야 하족이장}
不忮不求 何用不臧. 子路終身誦之 子曰 是道也 何足以臧.

'해치지도 않고 탐내지도 않으니 어찌 좋지 않겠는가?'
자로는 이 한 구절의 시를 언제나 애송(愛誦)하고 있었다. 그러나 공자는 '그 정도로는 아직 좋은 것이라고 할 수 없다'라고 타일렀다.

'해치지도 않고……'는 《시경(詩經)》〈패풍(邶風)〉웅치(雄稚)의 마지막 두 구절이다.

이 절(節)은 앞의 절과 한 장(章)을 이루고 있다. 공자는 '누더기옷을 입고도…… 부끄러워하지 않는 자'라며 자로를 칭찬한 다음, '해치지도 않고 탐내지도 않으니 어찌 좋지 않겠는가'라며 다시 한 번 칭찬을 했다. 그러자 자로는 신이 나서 이 시구(詩句)를 좌우명처럼 언제나 되뇌이게 되었다.

그것을 본 공자가 '그러나 그 정도로는 어찌 좋다고 할 수 있겠는가'라며 즉석에서 충고했다는 것이 이야기의 줄거리이다. 하용부장(何用不臧)은 시구의 인용이고 공자가 말한 하족이장(何足以臧)은 그 말을 풍자한 언어 구사법이다. 물론 공자는 단순히 충고만 한 것이 아니었는데 공자가 하고자 한 뜻을 자로도 익히 알고 있었을 것이다.

얼른 시구를 애송하기 시작했다는 점이 솔직한 성격의 자로답고, 그것을 풍자하며 '그 정도로는……'이라고 말한 점이 공자다운 익살이다.

용기만 있고 의(義)가 없다면……

군자가 용맹하기만 하고 정의감이 없으면 난을 일으키고, 소인이 용맹하기만 하고 정의감이 없으면 도둑질을 한다.(양화편)

君子有勇而無義 爲亂, 小人有勇而無義 爲盜.

자로가 물었다.
"군자에게 있어 중요한 것은 용맹이라고 생각합니다만……"
공자가 대답했다.
"군자는 정의를 으뜸으로 여기느니라……"
그리고 이어서 표제의 말을 하는 공자였다.

자로로서는 다른 어떤 덕성(德性)보다도 용기·용맹이 최고의 가치였다. 일을 꾸미고 즐겨 해내는 것보다 먼저 삼군(三軍)을 이끌고 전쟁터로 달려 나가는 용기, 그것이 군자에게는 필요하다고 믿었던 것이다.

그러나 공자는 그런 용맹만 가지고는 부족하다고 충고했다. 용맹도 중요하지만 그 이상으로 중요한 것이 정의감이란 것이다. 정의감이 없는 용기는 질서파괴로 이어질 뿐이다.

이것은 군자, 다시 말해서 사람 위에 서서 일하는 사람의 경우뿐 아니라 소인, 즉 피치자(被治者)의 경우도 공통된다고 했다.

앞의 절(節)과 합쳐서 보면 어떤 일에 임할 때 소심(小心)하다고 표현될 정도로 긴장하고 숙려(熟慮)하는 것은, 그 용기가 정의에 부합되는 것이냐 아니냐로 갈음된다는 말이다.

의(義)를 보고도 실천하지 않는 것은……

의를 보고도 실천하지 않는 것은 용기가 없는 것이다.(위정편)

견의불위 무용야
見義不爲 無勇也.

공자는 말했다.
"제사지내야 할 이유가 없는 신(神)들에게 제사를 지내는 것은 아첨함이다(非其鬼而祭之 諂也)."
그런 다음에 표제의 말을 덧붙이고 있다.
여기서 귀(鬼)란 귀신이나 도깨비가 아니라 사람의 영혼을 가리킨다. 자기의 조상신들에게는 제사를 지내야 할 의무가 있지만, 그렇지 않은 것에게 제물을 차려놓고 제사를 지내는 것은 무언가 반대급부(反對給付)를 기대하기 때문이다. 그것은 곧 아첨하는 행위라고 공자는 지적했다.
인간은 초월적(超越的)인 힘에 의지하며 맡기는 것이 아니라, 의(義)임을 알면 용기를 내어 실천하라고도 했다. 의는 용(勇)보다 소중한 것인데 그와 동시에 용은 또 행동을 일으키기 위해 빼놓을 수 없는 자질이다.
이것은 공자가 한 말이라고만 기록되어 있을 뿐 어떤 상황에서 누구에게 한 말인지는 알 수가 없다. 그러나 예컨대 자로(子路)가 이 말을 가슴속에 새기고 있다가 자기의 뜻을 얻기라도 했다는 듯이, '군자는 용을 소중하게 여겨야 하는 것입니까?'라며 공자의 동의를 기대하는 장면을 상상할 수 있을 것 같다.
그리고 다음 절(節)에 소개하는 에피소드를 보면 이 말은 공자 자신의 실천을 소개하고 있는 것 같기도 하다.

하늘은 속일 수 없다

하늘에 죄를 짓게 되면 기도할 데가 없어지는 법이다.(팔일편)

획죄어천 무소도야
獲罪於天 無所禱也.

위(衛)나라 영공(靈公)의 명신(名臣)인 대부(大夫) 왕손가(王孫家)가 공자에게 물었다.
" '안방에서 기도를 하는 것보다 부엌의 부뚜막에서 기도하라'는 속담이 있는데 그게 무슨 뜻인가요(與其媚於奧 宰媚於竈 何謂也)?"
공자가 대답했다.
"그것은 잘못된 속담입니다. 하늘에 죄를 지으면 기도하고자 해도 기도할 곳이 없는 법입니다."
여기서 오(奧)란 안방의 신(神)이고 조(竈)란 화신(火神)인 축융(祝融)을 가리킴이다. 옛날 중국에는 오사(五祀)라 하여 각 집마다 치성을 드리던 곳이 이 조(竈)말고도 대문, 문, 우물, 중류(中霤 : 낙숫물이 떨어지는 곳) 등이 있었고 각기 제사지내는 시기가 따로 있었다.
왕손가는 주군(主君)인 영공(靈公)의 비위를 맞추는 것보다 치리리 실력자인 자기와의 관계에 배려를 하는 편이 나을 것이라며 공자를 슬쩍 떠본 것이다.
그러나 공자는 그 말에 대하여 어느 쪽을 선택하더라도 그것은 불순한 저의가 있어서 하는 짓인 만큼 우주만물의 창조주시요 최고신(最高神)인 하늘을 모독하는 결과가 된다. 따라서 그런 속담 자체가 잘못되어 있는 것이라는 자기의 태도를 분명히 천명하고 있는 것이다. 이 또한 용기가 없이는 극명하게 개진할 수 있는 말이 아니다.

죽음의 의미

삶의 의미도 아직 모르는데 어찌 죽음에 대하여 알겠느냐?(선진편)

<small>미지생 언지사</small>
未知生 焉知死.

자로(子路)가 신(神)들에 대해서는 어떤 태도로 섬겨야 좋은지를 질문했다. 그러자 공자는 대답했다.
"사람도 제대로 섬기지 못하는데 어찌 신(神)들을 섬길 수 있겠느냐(未能事人 焉能事鬼)."
그때 자로가 다시,
"감히 여쭙겠습니다. 죽음이란 대체 무엇입니까?"
라고 물었는데 이 질문에 대한 대답이 표제어이다.
죽음의 영역에는 들어가지 않았노라고 하는 공자의 태도를 분명하게 나타낸 절(節)이다. 그러나 죽음이란 무엇인가, 사후(死後)의 세계는 있는 것인가라는 문제는 공자의 제자들 사이에서도 화제가 되었던 것이 분명하다. 그런데 스승인 공자가 그것에 대하여 언급하지 않았던 것은 어쩐지 이상하다는 생각이 들 것이다.
그런 상상을 해보면 자로가 단지 자기 개인의 의문을 질문한 것이 아니라 말하자면 제자들을 대표하여 스승에게 질문했던 것으로 보여진다.
그런 점이 평소 자로가 맡았던 일이기도 하려니와 질문을 하는 태도도 아주 단도직입적이다. '감히 죽음에 대해서 여쭙겠습니다'라며 조금도 망설이는 일 없이 질문한 점이 자로답단 말이다.
공자의 대답에는 '신(神)들을 섬기는 일, 또는 죽음 따위를 알려고 하기보다 사람 섬기는 일이나 제대로 해라'라는 뜻이 다분히 내포되어 있다.

리더의 마음가짐

　구(求 : 염구)는 소극적이니 적극적으로 나서서 하라 했고, 유(由 : 자로)는 적극적이어서 뒤로 물러서게 한 것이다.(선진편)

<small>구야퇴　고진지　유야겸인　고퇴지</small>
求也退 故進之 由也兼人 故退之.

　어느 때 자로가 "좋은 가르침을 들으면 그 즉시 행하여야 합니까?"라고 묻자 공자가 대답했다.
　"부형(父兄)이 계시는데 어찌 내 판단만으로 행할 것인가."
　그리고 뒤이어 염유(冉有)가 똑같은 질문을 했는데 그때 공자는 "들은 즉시 행하라."고 대답하는 것이었다. 공서화(公西華)가 그 말을 다 듣고 이상하다는 생각에,
　"선생님, 자로에게는 부형과 상의해서 행하라고 답변하셨고, 염유에게는 들은 즉시 행하라고 답변하셨습니다. 똑같은 질문에 답변이 다르십니다. 저는 감히 그 이유를 여쭙고 싶습니다."
라고 물었다. 이 질문에 대한 공자의 대답이 표제어이다.
　리더의 시도법(指導法)은 케이스 바이 케이스여야 한다는 것이다. 즉 천편일률적인 지도법으로는 효과가 오르지 않는다는 점을 지적하고 있다. 그러나 인간에게는 아무래도 뜻이 통하는 사람이 있고 안 통하는 사람이 있게 마련이다. 뜻이 통하는 사이라면 지도력도 한층 효과가 상승되지만 그렇지 못한 경우에는 역효과가 날 뿐이다. 그리고 지도를 받는 측의 인간은 그런 점에 아주 민감한 법이다.
　가능성이 있는 부하가 없는 것은 아니다. 리더는 부하의 개성과 장점을 파악하지 못하는 게 아니냐며 자기자신에게 물어볼 필요가 있다.

상사를 섬기는 비결

속이지 마라. (주군과의) 충돌도 피하지 마라.(헌문편)

_{물기야 이범지}
勿欺也 而犯之.

자로가 주군(主君)을 어떻게 섬겨야 좋은지를 묻자,
"할 말은 어디까지나 하라(속이지 마라). 그리고 그것을 위해서는 주군과 충돌하는 것도 피하지 마라."
라고 공자는 대답했다.

여기서 속이지 마라(勿欺)란, 업무에 대하여 숨기지 않는 것, 전체 상황을 정확하게 보고하라는 의미일 것이다. 자신에게 불리한 사안을 적당히 해석하고 얼버무린다든가 당면한 난제(難題)를 호도(糊塗)하는 계책을 농하지 마라는 것이다.

이 정도라면 과히 어렵지 않다. 업무에 숙달되지 않으면, 정확한 진척 상황을 파악하기도 어려운 경우가 있기는 하지만 자신이 상사의 눈을 속이지는 않겠다는 마음가짐을 지닐 수는 있을 것이다.

그러나 상하관계에서 충돌이 발생하는 일이 있더라도 할 말을 굳이 피해 나가지 말라는 것은 결코 쉬운 일이 아니다. 장차 출세하려는 생각을 가지고 있다면 자기도 모르는 사이에 상사의 안색을 살피는 것이 인지상정이다. 그러나 생각을 뒤집어 보면 눈치나 보는 부하들밖에 거느리지 못하는 상사라면 별볼일 없는 상사이다. 그런 상사 밑에서는 뜻하는 대로 성장해 나갈 수 없게 마련이다

또 상사의 입장에서 본다면 할 말을 제대로 하는 부하를 얼마나 거느리고 있느냐가 그 자신의 재산이란 점을 깊이 생각할 뿐이다.

긍휼히 여기는 마음

백성들 앞에 서서 일하라. 백성들을 긍휼히 여기라. (자로편)

<small>선 지 노 지</small>
先之勞之.

자로가 정치하는 원칙에 대해서 질문을 하자 공자가 대답했다.
"백성들 앞에 서도록 해라. 그리고 백성에 대한 긍휼의 마음을 잊지 마라."
이 대답의 말이 표제어이다. 자로가 덧붙여 청했다.
"선생님, 좀더 자세히 설명해 주십시오(請益)."
"지치더라도 게을리해서는 안된다."
공자는 대답했다. 선지(先之), 즉 '이에 앞서'의 '이에'는 막연한 말 같지만 '백성' 즉 피치자(被治者)요, 서민 대중을 가리키는 것이리라. 국민 중 압도적 다수를 점하고 있는 농공상민(農工商民)이며 직접 생산자이며 납세자이기도 하다. 정치의 선두에 서는 사람은 백성들로부터 생산물의 공급을 받는 대신, 생산에 차질이 없도록 주선해 줄 책무를 진다.

그러므로 백성들의 앞에 서서 그 책무에 힘을 쏟는 한편 백성들의 노고를 생각해야 한다. 농민이 단 하루라도 논밭에 나가지 않으면 농사에 그만큼 지장이 생긴다. 게을리 있을 수가 없다. 정치도 그와 같다고 공자는 갈파했다.

자장(子張)이 정치에 대해서 물었을 때도 공자는 '자리에 있으며 게을리하지 말고 일을 할 때에는 충실하라(居之無倦, 行之以忠)'라고 대답했다. 즉 성실하게 정진(精進)하는 것만이 정치요 요체(要諦)라고 했던 것이다.

말만 잘하는 자는 싫어

그러기에 (그대처럼) 말 잘하는 사람을 미워한다.(선진편)

시고 오부영자
是故 惡夫佞者.

자로가 자고(子羔)로 하여금 비(費) 땅의 읍재(邑宰)로 추천했다. 그 말을 들은 공자가 자로에게 말했다.
"자고의 짐이 너무 무겁지 않을까? 그것은 자고를 위한 일이 아닐 것 같은걸."
자로는 반론을 폈다.
"선생님, 백성을 통치하고 사직(社稷)을 받들며 제사지내는 것은 실질적인 경험을 쌓는 일인즉, 그것도 공부일 것입니다. 저는 책 읽는 것만이 공부라고 생각하지 아니합니다."
"그러기에 (그대처럼) 말 잘하는 사람을 (나는) 미워한다."
공자는 이렇게 대답했거니와 이 말이 곧 표제어이다.
비(費)는 노(魯)나라의 지방도시로서 당시 노나라에서 실권을 장악하고 있던 귀족인 계씨(季氏)의 성(城)이 있었다. 자고는 아마도 자로의 후배였을 것이고 — .
공자가 말하고 싶었던 것은 자로의 이론은 개별론(個別論)을 일반론(一般論) 속에 해소(解消)시킨 이유에 지나지 않는다는 것이리라.
아무래도 자로 쪽이 비세(非勢)일 것 같은데 이런 식으로 스승 공자에게 대들 수 있었던 제자는 자로 외에 없었던 것이다. 그런 점으로 볼 때 공자와 자로와의 관계, 그 관계의 특징이 잘 표현되어 있는 절(節)이다.

당(堂)에 오를 수 있겠다

유(由:子路)의 솜씨는 그만하면 당(堂)에 오를 수 있겠다. 아직 실(室)에 들만하지는 못하다만.(선진편)

유야승당의 미입어실야
由也升堂矣 未入於室也.

자로가 뜯고 있는 거문고 소리를 듣고 있던 공자가,
"저렇게 거문고를 칠 바에야 어찌 우리집에서 치는고?"
라고 했는데 그 말을 들은 제자들은 자로를 존경하지 않게 되었다. 그러는 것을 안 공자가 그들에게 한 말이 곧 표제어이다. 그 말을 좀더 알기 쉽게 풀이하면,
"자로의 솜씨는 사랑방에서라면 통용되겠지만 안방에서는 무리라고 말한 것이다."
란 정도의 의미가 될 것 같다.

'승당(升堂)', 즉 '당에 오르다'란 기술이 일류 수준에 달했다는 뜻으로서 바로 이 구절이 어원(語源)이다. 그러나 본문대로 본다면 그 '승당'은 아직도 차선(次善)의 수준일 뿐, '입실(入室)'이라야 최고의 수준이 된다.

공자가 '어찌 우리집에서 치는가?'라고 평한 것은 자로의 연주하는 기술의 솜씨가 높음을 인정한 것이었는데 동료·후배들은 그 말을 저희에게 유리하도록 풀이하여 자로를 존경하지 않게 되었다는 것이다. 그런 동료·후배들의 관찰이 바로 인정(人情)의 기미(機微)라는 점으로 볼 때 실소를 금치 못하겠다. 그러는 제자들의 마음을 꿰뚫어보고 다시 예를 들어 교훈하는 공자의 혜안에는 혀가 내둘러질 뿐이고 —.

공자의 예언

유(由 : 자로)의 성격으로는 조용하게 죽기 어려울 것 같다.(선진편)

若由也不得其死然.
_{약 유 야 부 득 기 사 연}

제자들이 스승 공자를 둘러싸고 앉아 있었다. 민자건(閔子騫)은 공손한 자세로 앉아 있고 자로는 어깨를 펴고 강직한 자세로 앉아 있었다. 염유(冉由)와 자공(子貢)은 안정된 자세로 편안하게 앉아 있었다. 공자도 아주 즐거운 듯했다.

"그런데 말이다……."

공자는 자로의 강직한 성품을 늘 걱정하던 터라, 이렇게 말했다.

"자로의 그런 성격으로는 조용히 죽기 어려울 것 같구나(천수를 누리기 어렵겠다)."

과연 자로는 그후 위(衛)나라의 내란에 말려들었다가 전사(戰死)하고 만다. 이 사건은 공자의 만년(晩年)에 일어났는데 위나라에서 내란이 일어났다는 이야기를 듣자 공자는 자로의 죽음을 예감하고,

"자로는 죽을 것이야."

라는 말을 했다는 기록이 《사기(史記)》에 기록되어 있다.

《사기》의 기록은 바로 이 절(節)에 바탕을 둔 것인지 모르겠으나 공자가 자로의 성격에 대하여 크게 걱정해 왔었다는 것을 나타내고 있는 에피소드이다. 또 다른 기록에서는 자로가 위나라에서 순직(殉職)하고 염장(鹽藏 : 옛날 중국에서는 중죄인을 죽여 젓갈로 절여서 일벌백계하던 일이 있었다)되었다는 보고를 받자 공자는 가인(家人)에게 명하여 집안에 있던 젓갈을 모두 버리게 했다는 것이다.

자공(子貢)에 대한 인물평

"너는 그릇이다." "어떤 그릇입니까?" "호련(瑚璉)이다."(공야장편)

여 기 야 하 기 야 호 련 야
女器也 何器也 瑚璉也.

자공(子貢)은 성(姓)이 단목(端木), 이름은 사(賜), 자(字)가 자공이며 공자보다 31세 연하이다. 《사기(史記)》〈화식열전(貨殖列傳)〉에도 그의 이름이 올라있을 정도로 그는 장사에 센스가 있었고 투기도 하여 1천금의 재산을 모은 사업가이자 변설가(辯舌家)이기도 했다.

이 자공이 공자에게 자신에 대한 인물평을 청했다.

"너는 그릇[器]이야."

공자의 대답에 자공은 다시 물었다.

"어떤 그릇입니까?"

"호련(瑚璉)이지."

자공이 자신의 인물평을 해달라고 말한 것은 당돌하다는 느낌이 드는데 그것을 받아들이어 '너는 그릇이다'라며 아리송한 대답을 한 점이 이 문답의 묘미이다. 수수께끼 풀기는 자공의 특기였었으니까 —.

공자의 문하에서는 그릇[器]이 되지 말라고 가르쳤으니 결코 호평은 아니다. 그릇은 식기라면 국이나 밥만을 담고 찻잔이라면 차만 담는 등, 용도가 한정된다. 군자라면 한 가지 용도에만 쓰이는 게 아니라, 넓게 교양을 쌓아서 전체의 통치자가 되어야 한다는 발상이다.

호련은 종묘 대제 때 곡물을 담아 신주 앞에 바치는 중요한 제기이다. 똑같은 그릇이라 하더라도 일상 사용하는 식기·찻잔 따위와는 다르다. 자공의 톡톡 튀는 재기(才氣)를 공자는 경고해 주고 싶었던 것 같다.

자공(子貢)의 인물평

자공은 현명해서 저러는 거겠지. 나는 저렇게 할 틈이 없구나.(헌문편)

_{사야현호재 부아즉불가}
賜也賢乎哉 夫我則不暇.

　자공은 자주 남들을 비교하면서 인물평을 했다(子貢方人). 그러는 자공을 보고 한 말이 표제어의 말이다. 좀더 알기 쉽게 풀이하면,
　'자공은 너무 똑똑해. 나는 도저히 그렇게 할 시간적 여유가 없구나.'
라는 정도의 의미가 될 것 같다. 자공은 스승에게 자신의 인물평을 해달라고 청했을 정도이니 자신이 남의 인물평을 하기도 좋아했었으리라. 그리고 그가 하는 인물평은 듣는 사람들을 즐겁게 해주었을 것임에 틀림없다.
　인물평은 자칫 잘못했다가는 무심결에 진실을 털어놓을 위험이 있지만, 정곡을 찌르기만 한다면 신변 가까운 화제(話題)로 이보다 더 재미있는 것도 없다.
　자공의 인물평이 구체적으로 어떤 것이었는지는, 〈공야장편〉에서 '안회(顔回)는 하나를 들으면 열을 알지만 저는 하나를 들으면 둘밖에 알지 못합니다'라며 솔직히 털어놓아서, 공자의 동의를 받았던 대목만 보더라도 짐작할 수 있듯이 어딘가 객관성을 띠고 있었다.
　그런 자공이었기에 인물평에 있어 일류의 대접을 받았을 것은 가히 추측하고도 남음이 있다. 또 그런 재능이 있었으므로 여러 사람들의 인물평을 주저없이 했을 것이고 —.
　그러나 공자 자신은 자공의 그런 재능을 평가해 주지 않은 듯하나 그것은 이 절(節)의 비아냥거리는 말 가운데 잘 나타나 있다.

자공의 공자평(孔子評)

선생님은 우리가 따르지 못할 분이오. 마치 사다리를 놓고 하늘에 오를 수 없는 것과 같소.(자장편)

부자지불가급야 유천지불가계이승야
夫子之不可及也 猶天之不可階而升也.

이 말은 자공이 스승 공자를 평한 말 가운데 한 구절이다. 어느 때 진자금(陳子禽)이 자공에게 이런 말을 했다.
"그대는 너무 겸손해서 그러는 것이지, 공자가 그대보다 더 현명한 것은 아닐 것이오."
그러자 자공은 그 의견을 물리쳤다.
"군자란 자기가 뱉은 말 한마디로 평가를 받는 법이외다. 그런 어리석은 말은 삼가는 것이 좋을 것이오. 우리 선생님은 우리가 도저히 따를 수 없는 분입니다. 마치, 하늘에 사닥다리를 놓고 오르려 해도 오르지 못하는 것과 같소이다."
이 구절의 후반부 대목이 표제어이다. 자공의 말은 이어진다.
"우리 선생님이 일단 나라를 맡아서 다스리기만 한다면 옛말에도 있듯이 '백성들에게 생업을 주어 그들을 자립(自立)케 하시고, 백성들을 교화 인도하여 바른 길을 가게 하시고, 백성들을 순화 평안케 하여 먼곳에서도 귀순케 하시고, 또 백성들을 고무하여 일어서게 하심으로써 모두가 화목 단결하게 될 것이오. 그러므로 선생께서는 살아 계시면 백성들로부터 존경을 받고 돌아가시면 백성들은 슬퍼하며 애통할 것'이외다. 내가 어찌 그런 분에게 미칠 수가 있겠소이까."
진자금은 자공의 제자였다는 설도 있다.

통치자의 과오는 일식(日蝕)과 같다

군자의 과오는 일식·월식과 같다. 과오가 있으면 남들이 모두 보고, 과오를 고치면 남들이 모두 우러러본다.(자장편)

군자지과야 여일월지식언 과야인개견지 경야인개앙지
君子之過也 如日月之食焉 過也人皆見之 更也人皆仰之.

자공이 한 말이다. 좀더 알기 쉽게 풀이하면,
"군자가 범하는 과오는 일식이라든가 월식에 비유할 수 있다. 군자가 과오를 범하면 모든 백성들이 두 눈을 똑바로 뜨고 바라볼 것이다. 그러나 그 과오를 고친다면 모든 백성들이 존경하며 우러러볼 것이다."
라는 정도의 의미이다.

공자의 문하(門下)에서는 군자상(君子像)이 자주 화제로 떠올랐고 그 이상상(理想像)이 추구되었다. 군자란 요즘 말로 엘리트로서 이른바 사회적 지도층에 있는 사람을 가리킴이다. 지배 계급에 속하는 사람을 인간성이란 측면에서 보는 상(像)이 군자이고 신분에 따라 이야기한다면 사(士)이다.

엘리트는 언제나 중인(衆人)의 시선을 받게 마련이란 것이 자공의 발상이다. 톱(Top)이 과오를 범하게 되면 중인의 지탄을 받게 되는데 그 잘못을 버리고 궤도 수정을 한다면 그 명예는 대단해진다는 것이다.

공자는 단순히 '과오가 있으면 즉시로 꺼리지 말고 고치라(過而勿憚改)' 또는 '과오를 범하고도 고치지 않는 것이 바로 과오이다(過而不改 是謂過矣)'라고 했는데 자공은 화려한 수식을 하지 않으면 직성이 안 풀린다. 그러기에 과오와 그 선후책에 대해서 뼈있는 말을 했던 것이다.

실언(失言)을 하지 마라

가석(可惜)하도다. 그대의 군자에 대한 견해는—. 사두마차도 그대의 혀를 따르지 못하리라.(안연편)

석호부자지설군자야 사불급설
惜乎夫子之說君子也 駟不及舌.

"군자에게 있어 제일 중요한 것은 실질(實質)이다. 형태(形態)는 2차적인 것에 불과하다."
라고 극자성(棘子成)이 한 말에 대하여 자공이 평한 말이다. 좀더 알기 쉽게 의역하면,
 '모처럼 군자론(君子論)을 폈는데 유감스럽게도 실언(失言)을 했군. 실언이란 사두마차를 타고 추격을 해도 따라잡을 수가 없는 것이야.'
라는 정도의 뜻이 되겠다. 그리고 자공은 이렇게 말을 이었다.
 "실질과 형태는 표리일체(表裏一體)인 것이다. 예를 든다면 호랑이라든가 표범의 가죽도 무두질을 해놓으면 개나 양의 가죽과 구분이 안 되는 것과 같은 것이다."
 극성자란 사람은 위(衛)나라 내부(人夫)였었던 듯하다.
 원문의 사(駟)는 역문(譯文) 그대로 사두마차, 즉 네 마리의 말이 끄는 수레로서 당시에는 고속의 교통수단이었을 것이다. 말이란 것은 한 번 입밖으로 튀어나오면 두 번 다시 주워담을 수 없는 것—. 그러기에 '입은 화(禍)의 근원이다'라는 격언도 있지 아니한가.
 '사두마차가 추격을 해도 따라잡지 못한다'라는 자공의 비유는 즉물적(卽物的)이어서 설득력이 있다.

군자가 미워하는 것

남의 실수를 보고 떠들어대는 것을 미워하고, 아랫사람이 상사를 험담하는 것을 미워하며, 난폭하기만 하고 예의를 모르는 것을 미워하고, 과감하면서 막힌 것을 미워한다.(양화편)

오 칭 인 지 악 자　오 거 하 류 이 산 상 자　오 용 이 무 례 자　오 과 감 이 질 자
惡稱人之惡者　惡居下流而訕上者　惡勇而無禮者　惡果敢而窒者.

자공이 공자에게 물었다.
"군자도 남을 미워하는 일이 있습니까?"
그러자 공자가 대답한 말이 표제어의 내용이다.
"있고말고. 남의 실패를 기뻐하는 자, 하급자로서 상사에 대한 험담을 하는 자, 난폭한 것을 용기로 착각하고 있는 자, 독단(獨斷)을 결단이라고 생각하는 자 등을 군자는 미워하느니라."
이상적 인간인 군자도, 미움이라는 안좋은 감정 때문에 괴로워하는 일이 있느냐는 것이 자공의 의문이었으리라. 이 질문에 대하여 공자는 군자도 인간인 이상, 미워하는 일이 있다고 했다.
그런데 이 문답에 이어서 공자가,
"그대도 사람을 미워하는 일이 있었는가?"
라고 자공에게 물었다. 이에 대한 자공의 대답은 다음과 같다.
"예, 남의 지혜를 훔치어 지혜자인 척하는 자가 밉고, 불손한 태도를 용감하다고 생각하는 자가 미우며, 남의 비밀을 폭로하면서 염직(廉直)한 척하는 자를 미워합니다."

오명(汚名)

군자는 하류(下流)에 있기를 싫어한다. 하류에 있으면 천하의 악(惡)이 그에게 모두 모여들기 때문이다.(자장편)

군자오거하류 천하지악개귀언
君子惡居下流 天下之惡皆歸焉.

표제어는 자공의 말인데 그는 이 말에 앞서 다음과 같이 말하고 있다. "은(殷)나라 주왕(紂王)은 포학무도한 군주의 대표적 인물로 전해 오는데 오늘날 우리가 알고 있는 것처럼 그렇게 심하지는 않았었다."

주왕(紂王)은 은왕조(殷王朝)의 마지막 황제이다. 재지(才智)는 중인(衆人)을 훨씬 능가했고 변설(辯舌)에 뛰어났으며 맨손으로 맹수를 때려눕힐 정도로 힘이 장사였다고 한다. 그런 반면 음란하고 잔혹하기 그지없어서 간언하는 신하들을 모조리 죽였는데 그것도 포락지형(炮烙之刑)에 처했다.

포락지형이란 시뻘건 숯불을 잔뜩 피워놓은 다음 그 위에 기름칠을 한 동봉(銅棒)을 걸쳐놓고 그 동봉 위를 걸어가게 하는 형이다. 형벌을 받는 사람은 미끄럽고 뜨거운 동봉 위를 걸어가다가 떨어져서 불에 타 죽게 마련이었다.

자공이 말하고 있는 바는, 인간이란 그 전체상(全體像)에 의해 객관적으로 평가되는 것이 아니라, 일부분이 확대되는 결과에 따라 평가되기 쉬운 것이다, 혹은 인간의 가치판단 능력은 통상 그렇게밖에 기능하지 않는 것이다란 점을 지적하는 것이다.

이것은 또 여론 형성의 원리와도 들어맞는다고 할 수 있겠다.

누구에게서도 호평(好評)을 받는 인물

마을 사람들 중 착한 사람들이 좋아하고, 착하지 못한 사람들이 미워하는 사람만 같지 못하다.(자로편)

_{불여향인지선자호지 기불선자오지야}
不如鄕人之善者好之 其不善者惡之也.

자공이 공자에게 이런 질문을 했다.
"마을 사람들 모두에게서 호평을 받는 사람이라면 더 이상 없이 좋은 사람일 것으로 생각합니다만 어떻습니까?"
공자가 대답했다.
"글쎄다……. 그것만으로는 안좋을 것 같다마는…….'
"그럼 마을 사람들 모두에게서 미움을 받는 사람이라면 어떻겠습니까?"
자공이 다시 묻자 공자는 이런 대답을 했다.
"그것도 안좋지. 마을 사람늘 가운데 착한 사람들로부터는 호평을 받고, 마을 사람들 가운데 악한 사람들로부터는 미움을 사는 사람, 이런 사람만 같지 못하니라."
앞에서도 설명하였거니와 공자는 '남의 실패를 기뻐하는 사람'을 미워한다 했고, 자공은 '남의 비밀을 폭로하면서 염직(廉直)한 척하는 자'를 미워한다고 했으니 그런 사람들로부터는 자기네들도 미움을 받는 처지였을 것이다.
덮어놓고 누구에게서나 호감을 받는 사람은 오히려 경계해야 한다는 것이 공자의 생각이었다. 그런 사람보다는 악인들을 적(敵)으로 가지고 있는 인물, 이런 인물이야말로 신용할 수 있다는 뜻이다.

자공(子貢)과 안회(顔回)

회(回 : 안회)는 도(道)에 가까웠다. 쌀독이 비었어도 태연했다. 사(賜 : 자공)는 천명(天命)을 그대로 받아들이고자 아니했고 재산을 불려나갔다. 그러나 슬기로운 그의 추측은 거의 적중되었다.(선진편)

회야기서호 누공 사불수명이화식언 억즉누중
回也其庶乎 屢空 賜不受命而貨殖焉 億則屢中.

공자가 한 말인데 좀더 알기 쉽게 풀이하면 다음과 같다.
'안회의 인격은 거의 완전에 가깝다. 빈곤한 생활을 영위하면서도 천명(天命)을 즐기고 있으니 말이다. 한편 자공은 천명에 순응하려 하지 않고 돈 모으는 데 열심이다. 그러나 먼 앞날을 내다보는 그의 예측은 빗나가는 일이 없다.'

자공과 좋은 대조를 보이는 인물이 안회이다. 이 절(節)은 이 두 사람의 가장 대조적인 차이점, 즉 안회의 안빈낙도(安貧樂道)와 자공의 축재(蓄財)에 대한 공자의 감상(感想)이다. 공자는 안회가 그토록 빈곤하게 살면서도 오로지 독서에 열중하는 생활태도를 보고 입에 침이 마르도록 칭찬한 일도 있다.

그것은 아무나 할 수 있는 일이 아님을 공자도 인정했던 것이다. 한편 여기서는 자공의 그 빼어난 상재(商才)도 나름대로 평가해 주고 있다. 공자 문하(門下)에서는 '사생(死生)은 명(命)에 달려 있고 부귀(富貴)는 천(天)에 달려 있다'란 말과 같이 부귀는 어디까지나 천명에 있다고 생각하는 것이 보통이었는데 자공은 그 천명에 얽매이지 않고 화식(貨殖)의 길에 매진했던 것이다. 그러면서도 실수가 없었으니 공자로서도 인정해 주지 않을 수 없었으리라.

안회(顔回)는 어리석지 않더라

안회와 종일 이야기해도 한마디의 반대도 아니하여 그가 어리석게 보이더라. 그러나 물러가서 생활하는 태도를 보건대 내 말을 충실하게 이행하니 안회는 결코 어리석은 자가 아니다.(위정편)

오여회언 종일불위여우 퇴이성기사 역족이발 회야불우
吾與回言 終日不違如愚 退而省其私 亦足以發 回也不愚.

공자가 안회를 평한 말이다. 좀더 알기 쉽게 의역하면,
'안회와 이야기를 나누고 있노라면 그는 언제나 잠자코 긍정만 한다. 따라서 그는 어리석은 것처럼 보일 정도이다. 그런데 평소의 생활태도를 관찰해 보면 깜짝깜짝 놀라게 할만큼 내 교훈을 철두철미하게 이행하고 있다. 안회는 결코 어리석은 사람이 아니야.'
라는 정도의 의미가 될 것 같다.

안회는 성(姓)이 안(顔)이고 회(回)는 이름이며 자(字)는 자연(子淵)이다. 노(魯)나라 출신으로서 공자보다 30세 연하이다. 자공과는 띠동갑이고—.

자공이,
"나는 하나를 듣고 둘을 알지만 안회는 하나를 들으면 열을 안다."
라고 평한 수재(秀才)이기도 하다. 《사기(史記)》〈중니제자열전(仲尼弟子列傳)〉에 의하면 29세 때 완전히 백발이 되어 조사(早死)했다고 한다.

이 정도의 수재였으므로 안회는 자로라든가 자공과는 달리 공자와 주고받는 말수가 적었다. 한편 공자의 안회에 대한 인물평이 《논어》에는 많이 실려 있다.

도움이 되지 않다

안회는 나에게 도움을 주는 사람이 아니었다. 그는 내 말에 대하여 무엇이나 모두 이해하고 기뻐했다.(선진편)

회 야 비 조 아 자 야   어 오 언 무 소 불 열
回也非助我者也 於吾言無所不說.

이 말도 공자가 한 것으로서 알기 쉽게 풀이하면 다음과 같다.
'안회는 나에게 조금도 도움이 되지 아니했다. 내가 하는 말에 언제나 감탄만 하고 있었다.'

무소불열(無所不說)은 '기뻐하지 않는 바가 없었다'로서 부정(否定)의 부정 —. 즉 '기뻐했다'는 뜻이다.

안회는 공자의 말을 듣기만 해도 그 진의(眞意)를 이해했던 것 같다. 하나를 듣고 열을 이해할 수 있었으니 반문(反問)할 필요가 없었던 것이다. '나를 돕는 자가 아니다'란 어법(語法)은 앞 절(節)의 '종일 말을 해도 잠자코 있어서 어리석은 것 같다'와 비슷하며, 공자가 안회의 이해력을 인정했음이 역설적으로 잘 표현되어 있다.

공자의 안회평(顔回評)에는 '내 말을 듣고 즉시 실천하는 사람은 역시 안회 정도이리라'는 말도 있다. '물러가서 하는 그의 생활태도를 보면 내 말을 충분히 행동으로 실천하더라'(앞 節)고 한 것만 보더라도 안회가 공자의 말을 얼마나 충실하게 이행했었는지를 알 수가 있다.

앞 절과 이 절 등 두 절은 모두 배움을 좋아하고 배운 것을 반드시 실천에 옮기는 안회의 사람 됨됨이를 평한 공자의 말이다. 공자의 안회평으로는 또 '두 번 거듭 실수를 하지 않았다(不貳過)'라는 유명한 말도 있다.

인자(仁者)인 안회

한 그릇 밥과 한 쪽박의 물을 먹으면서 누추한 거리에 살다보면 사람들은 모두 괴로움을 참지 못하거늘 안회는 즐거움을 변치 않고 있으니 참으로 안회는 어질구나.(옹야편)

<small>일단사일표음 재누항 인불감기우 회야불개기락 현재회야</small>
一簞食一瓢飮 在陋巷 人不堪其憂 回也不改其樂 賢哉回也.

공자가 한 말이다. 즉,

'안회는 훌륭한 사람이다. 식사는 언제나 한 그릇 밥에 국 한 대접, 사는 곳은 뒷골목의 허술한 집이야. 보통사람 같으면 불평불만을 많이 하련만 그의 신조(信條)는 미동(微動)도 하지 않더라. 실로 훌륭한 사람이야.'

이런 의미로 한 말이다. 안회가 얼마나 청빈하게 살았는지를 알 수 있겠다. '일난사(一簞食), 일표음(一瓢飮)'은 청렴결백한 생활의 표어가 되었을 정도이다. 그런 점에서도 상재(商才)에 뛰어났고 또 그 재능을 유감없이 발휘하여 재산을 모았던 자공과 좋은 대조를 이루고 있다 하겠다.

안회가 현명했다는 것은 '불개기락(不改其樂)', 즉 '도(道)를 지니고 살기를 고치지 아니했기' 때문인데 그 앞 구절의 '인불감기우(人不堪其憂)' 즉 '보통사람 같으면 불평불만을 많이 했을 것이다'라는 관찰과 표현에 가슴 뭉클해지는 면이 있다.

공자 자신도 젊었을 때에 궁핍한 생활을 했었기에 가난의 괴로움을 누구보다도 이해하고 있었을 것이다. 그런 실제의 경험이 여기에 그대로 배어있다는 느낌이 든다. 또 '안회의 신조는 미동도 하지 않았다'고 한 공자의 칭찬의 말이 귓가에 들려오는 것 같기도 하다.

안회의 공자평(孔子評)

선생님의 덕은 우러러보면 더욱 높게 보이고, 뚫어 파면 더욱 굳으며, 앞에 보이는 듯하다가는 홀연히 뒤에 있는 듯하다.(자한편)

<small>앙 지 미 고   찬 지 미 견   첨 지 재 전   홀 언 재 후</small>
仰之彌高 鑽之彌堅 瞻之在前 忽焉在後.

안연(顔淵 : 안회)이 크게 탄식하며 한 말이라고 되어 있다. 그리고 이어서 다음과 같이 덧붙였다는 것이다.

"학문으로 나를 넓게 해주시고 예(禮)로써 내 행동의 길을 잡아주신다. 그만 배우려고 해도 그만둘 수 없게 잘 가르쳐 주시므로 나도 모르게 내 재능을 다하여 쫓아가서 배우지만 다시 그 앞에 새로운 지표를 세워놓으신다. 자꾸 쫓아가지만 끝내 쫓아갈 방도가 없다."

공자는 안회를 거의 완전에 가까운 인간으로 보았지만, 안회가 보는 공자는 거대하고 바닥을 알 수 없는 심연(深淵)이었음을 짐작케 한다. 또 공자의 거대함을 꿰뚫어 볼 수 있었던 것은 안회와 같은 완벽한 사람이었기에 가능했을 것이리라.

자공이 그린 공자상도 일월(日月)이요, 굉장한 궁궐이어서 오르래야 오를 수 없으며, 그 전모를 안다는 것은 불가능하다고 했다. 그러나 그것은 제삼자에게 해설하는 말에 불과했다. 그것에 비하면 여기서는 상대방에 따라 변환자재로 모습을 바꾸는 공자가 그려져 있다. 그리고 안회가 크게 탄식하며 말했다는 대목을 주시해야 할 것이다.

《논어》에 자공의 말은 많이 기록되어 있어서 그의 뛰어난 변설을 알 수 있겠는데 안회의 경우는 고명(高名)에 비해 기록된 말이 비교적 적은데 그런 점에서도 이 절(節)은 귀중한 자료이다.

안회의 소망

착한 일을 남에게 자랑하지 않으며 남에게 힘드는 일을 강요하지 않겠다.(공야장편)

<small>원무벌선 무시로</small>
願無伐善 無施勞.

어느 날 안회와 자로(子路)가 스승 공자를 모시고 앉아 있는데 공자가,
"너희의 이상(理想)을 각각 말해 보아라."
라고 말했다. 그러자 자로가 선뜻,
"고급 수레와 고급 의복을 벗들과 공용(共用)하되 그것이 낡아도 신경을 안쓰는, 그런 우정관계를 맺고 싶습니다."
라고 대답했다. 이어서 안회가 한 말이 표제어인데 '선행(善行)을 자랑하지 않고 힘든 일을 남에게 강요하지 않는 인간이 되고 싶습니다'라는 소망을 말했던 것이다.

그런 다음에 자로가,
"선생님께서 원하시는 바를 들려주십시오."
라고 청하자 공자는 이렇게 대답했다.
"연장자들을 편안하게 해주고 동년배에게는 신의(信義)를 지키며 연소자들을 사랑하는 것, 그것이 나의 원하는 바다."

자로가 먼저 입을 연 것, 그것은 언제나 있었던 일이다. 그가 원하던 것은 '누더기 옷을 입고 고급 모피옷을 입은 사람들과 나란히 있더라도 당당할 수 있는 자는 자로뿐일 것이다'라는 평을 공자로부터 받은 것과 어울리는 것이었다. 안회의 희망도 궁핍을 궁핍으로 생각하지 않으면서 독서삼매경에 빠지는 그다운 희망이었고 ― .

스승과 제자

"나는 네가 죽은 줄 알았다." "선생님이 생존해 계신데 어찌 제가 감히 죽겠습니까."(선진편)

<u>오이여위사의   자재 회하감사</u>
吾以女爲死矣. 子在 回何敢死.

공자와 그 일행이 광(匡) 땅에서 폭도들에 의해 포위당했을 때의 일이다. 안회가 눈에 띄지 않는 것이었다. 한참만에야 뒤따라온 안회를 보자 공자가 외쳤다.

"나는 네가 죽은 줄만 알았었다!"

그러자 안회가 말했다.

"선생님께서 살아계신데 제가 어찌 감히 죽을 수 있겠습니까?"

공자가 방랑생활을 할 때에 일어난 사건으로서, 광(匡) 땅은 송(宋)나라에 있었다. 위(衛)나라 땅이라는 설도 있다.

노(魯)나라 장군 양호(陽虎 : 《논어》에서는 陽貨로 기록하고 있다)가 이 광(匡) 땅에서 난동을 부리고 다닌 적이 있는데 공자의 용모가 이 양호와 비슷했기 때문에 그곳 주민들은 공자 일행을 잡아 5일간이나 감금해 놓은 일이 있었던 것이다. 붙잡힌 공자는 아무리 찾아도 안회가 안 보이자 그의 생사(生死)가 걱정되어 몹시 긴장하고 있는 장면이다.

'나는 네가 죽은 줄 알았었다'라는 대사(臺詞)에서 공자의 긴장된 불안감을 읽을 수 있다. 그리고 안회의 대답, 즉,

"선생님께서 살아계신데 제가 어찌 감히 죽을 수 있겠습니까."

라는 대목은 읽는 이의 가슴을 뭉클하게 해준다. 이때 공자는 56세였고 안회는 26세의 한창 나이였다.

아아! 하늘이 나를 망치도다

　안연(顏淵 : 안회)이 죽자, 공자가 말했다. "아아! 하늘이 나를 망치시는 구나! 하늘이 나를 망치시는구나!"(선진편)
　　　안 연 사　자 왈　희　천 상 여　천 상 여
　　　顏淵死　子曰　噫　天喪予　天喪予.

　안회가 죽었다. 공자는 절망했다.
　"아아! 하늘이 나를 망치시는도다(하늘이 나를 버리셨도다)! 하늘이 나를 망치시는도다!"
　공자는 광(匡) 땅에서 안회의 생사를 걱정했던 때에, '하늘이 중국의 문화를 멸망시킬 의지가 없는 한, 그 문화의 전통을 계승하고 있는 나를, 광 땅이 어찌할 수 있겠느냐'고 자신있게 말한 바 있다. 또 방랑하던 중 송(宋)나라에서 환퇴(桓魋)가 이끄는 군단(軍團)에 포위당하여 생명이 위태로워졌을 때도 '하늘이 나에게 인격(人格)을 부여하셨거늘 환퇴 따위가 나를 어찌하겠는가'라며 하늘에 대한 자신의 확신을 말한 적이 있다.
　그 하늘이 이제 자신을 망치신 것은, 지금 죽은 안회가 아니라, 공자 자신이 죽은 것이나 마찬가지라는 것이 안회를 잃은 공자의 슬픔이었던 것이다. 공자는 안회를 자신의 반신(半身)으로 생각했었고 그에게서 자기자신의 모습을 보고 있었던 것이리라.
　안회가 죽은 것은 41세 때라고 한다. 그때 공자는 71세의 노인이었고—. 더구나 공자는 70세 때에 50세된 아들 공리(孔鯉)를 잃은 쓰라림이 있었다. 사랑하는 아들을 먼저 보내고 이어서 가장 사랑하던 제자의 죽음 앞에서 이 노사상가이자 노학자는 자기자신의 무너짐으로 받아들이며 깊이 탄식했던 것이다.

공자의 통곡

안연(顔淵 : 안회)이 죽었다. 공자는 곡을 하다가 마침내 통곡을 하고야 말았다. 같이 갔던 사람이 "선생님께서 통곡을 하셨습니다."라고 말하자 공자는 "내가 통곡을 했다고? 하기야 그를 위해 통곡을 하지 않으면 누구를 위해 통곡하겠는가?"라고 말하였다.(선진편)

<small>안연사 자곡지통 종자왈 자통의 왈 유통호 비부인지위통 이</small>
顔淵死 子哭之慟 從者曰 子慟矣 曰, 有慟乎 非夫人之爲慟 而
<small>수위</small>
誰爲.

안회가 죽었다. 공자는 체면불구하고 통곡을 했다. 함께 갔던 사람이,
"선생님, 선생님께서 그렇게까지 통곡하실 줄은 몰랐습니다."
라고 말하자, 공자는,
"내가 그렇게 통곡을 했단 말이냐? 하기야 안회가 죽었거늘 그를 위해 통곡하지 않는다면 누구를 위해 통곡하겠느냐?"
라고 말했다는 것이다.

곡(哭)은 소리를 내어 우는 것을 뜻함이다. 곡례(哭禮)라 하여 장례 때의 의례 중 하나가 곡을 하는 것이었다. 통(慟)은 몸부림까지 치면서 더욱 심하게 우는 것이다. 공자는 곡례를 할 때, 곡의 수준을 심히 하면서 울었던 것이다. 상상도 할 수 없을 만큼 공자의 태도는 몸부림치는 통곡이었던 것이다.

냉철하게 예의를 지켜오던 공자도 체면을 가리지 않고 울었다. 공자 역시 마음 약한 인간미를 지니고 있었던 것이다. 가장 사랑하던 제자의 죽음 앞에서 그런 감정이 표출되고 만 것이다.

잘못을 두 번 다시 저지르지 않다

　안회라는 자가 배우기를 좋아했습니다. 노여움을 드러내지 아니했고 과실을 두 번 거듭하지 않았습니다. 불행하게도 단명(短命)으로 죽어 지금은 없습니다. 그후로는 배우기를 좋아하는 사람이 누군지 들은 바 없습니다. (옹야편)

　　　유안회자　호학　불천노　불이과　불행단명사의　금야즉망　미문호
　　　有顔回者　好學　不遷怒　不貳過　不幸短命死矣　今也則亡　未聞好
　　　학자야
　　　學者也.

　노(魯)나라 애공(哀公)이 공자에게,
　"제자들 가운데 누가 배우기를 좋아합니까?"
라고 물었을 때 공자가 대답한 말이다. 좀더 알기 쉽게 해석하면 다음과 같다.
　'안회입니다. 그는 오로지 배움에만 마음을 기울였습니다. 함부로 화를 내는 일이라고는 전혀 없었고 또 한 번 저지른 과오는 두 번 다시 범하는 일이 없었습니다. 그런데 가엾게도 일찍 세상을 떠나, 지금은 고인(故人)이 되고 말았습니다. 이 안회말고는 진정으로 배우기를 좋아하는 사람이 없는 것으로 생각합니다.'
　공자 일문(一門)은 이른바 두뇌집단(頭腦集團)을 형성하고 있었다. 그것은 노나라에서만 알고 있었던 것이 아니라 여러 나라에서 널리 인정하고 있었다. 이 애공의 질문도 막연하게 떠도는 소문만 듣고 했던 것은 아니었으리라. 공자 또한 그런 점을 충분히 알고 있었지만 '배우기 좋아한다는 점'에서는 이미 고인이 되어 버린 안회말고는 없다고 대답할 수밖에 없었던 것이다.

언제나 진보하는 사람

아깝도다. 내가 보건대 그는 언제나 진보했었다. 한 번도 멈춘 일이 없었다.(자한편)

_{석호 오견기진야 미견기지야}
惜乎 吾見其進也 未見其止也.

공자가 안연(顔淵 : 안회)을 회상하면서 한 말이다.

'참으로 아까운 사람을 떠나보낸 것이야(죽은 것이야). 안회는 멈출 줄을 모르고 오로지 전진만 하던 사람이었는데······.'

이런 뜻의 말이다. 공자의 문하에 모여들었던 청년들 중 대다수는 벼슬길에 나가서 출세를 하려던 사람들이었다고 보아도 좋은데 안회만큼은 그들과 달라서 출사(出仕)할 생각은 거의 없었던 듯하다.

자로(子路)와 자공(子貢) 등이 사(士)가 갖춰야 할 자격에 대해서 질문하고, 군자론(君子論)을 피력하는가 하면, 인(仁)을 논하고 용(勇)을 자랑했다는 기록이 여러 군데 나오는 것에 비하여 안회의 경우는 전무(全無)하지는 않더라도 지극히 적다.

공자는 안회를 가리켜 '현명하도다. 안회여!'라며 칭찬의 말을 아끼지 아니했는데 안회는 권세욕이라든가 금전욕에서는 완전히 자유로웠고, 사회의 그런 틀속에서, 즉 체제 속에서 벗어나 있으면서 오로지 독서만을 즐기고 있었던 것이다. 따라서 우리가 상상하는 안회의 모습은 은사(隱士)에 가깝다.

그리고 공자는 이러한 안회에 대하여 보통 이상의 공감을 하고 있었다. 공자의 마음속 깊은 곳에 은사의 생활이 언제나 자리잡고 있었기 때문이리라.

취직을 마다한 사나이

바라건대 나를 위해 거절해 주십시오. 만약 또다시 나를 부른다면 나는 반드시 문수강(汶水江) 가에 가있을 것입니다.(옹야편)

<small>선위아사언   여유부아자   즉오필재문상의</small>
善爲我辭焉 如有復我者 則吾必在汶上矣.

계씨(季氏)가 민자건(閔子騫)을 비(費) 땅의 장관(長官)에 임명하고자 했다. 민자건이 그 소식을 전하러 온 계씨의 사자(使者)에게 한 말이 표제어의 말이다.

"돌아가시거든 제발 나를 위해 거절해 주십시오. 만약 두 번 다시 이런 일이 또 있다면 나는 문수강 가로 도망쳐 버릴 각오입니다."

민자건은 성(姓)이 민(閔)이고 자건은 자(字)이다. 공자보다 15세 연하이며 노(魯)나라 출신이다.

계씨(季氏)는 노나라의 유력한 귀족 중 한 가문이며 비(費) 땅은 계씨 가문의 영지(領地)이다. 자로(子路)가 일찍이 젊은 자고(子羔)를 이 비 땅의 장관으로 천거했을 때 공자는,

"짐이 너무 무겁지 않을까?"

라고 나무랐던 적이 있었다.

문수(汶水)는 노나라 북쪽 변경과 제(齊)나라 사이를 흐르는 강이다. 여기서 민자건이 말한 문수강 가란 제나라 땅을 가리키는 말이다.

민자건은 노나라 공실(公室)을 무시하는 계씨의 횡포를 미워했었다고 한다. 그의 태도는 자고(子羔)를 적극적으로 취직시키려고 했던 자로의 그것과는 대조적으로서 취직 문제에 있어서는 안회(顔回)와 가깝다. 공자 문하의 반취직파(反就職派) 중 한 사람이었다.

손꼽히는 효도

효성스럽도다, 민자건(閔子騫)은! 부모형제들이 그를 칭찬해도, 다른 사람으로서 이의를 제기하지 않도다.(선진편)

<small>효재민자건 인불간어기부모곤제지언</small>
孝哉閔子騫 人不間於其父母昆弟之言.

공자가 제자인 민자건을 극구 칭찬한 말이다. 좀더 실감나게 의역하면,

'민자건의 효행은 실로 뛰어나도다. 부모와 형제들이 그를 아무리 칭찬해도 이상히 여기는 사람이 하나도 없으니 말이다.'

란 뜻이 될 것 같다. 민자건은 일찍이 어머니를 여의고 계모 슬하에서 자라났는데, 그 계모가 아무리 학대를 해도 참아냈을 뿐 아니라 오히려 계모를 두둔했다는 효도 일화가 《설원(說苑)》 등 고전에 전해지고 있다.

민자건의 아버지는,

"우리 아들은 착하고 효성스럽다오."

라는 자랑, 즉 자식 자랑을 많이 했었다고 한다. 옛날에도 자식 자랑하는 자는 팔불출로 취급했었는데 그러나 민자건의 부모형제가 민자건에 대해서 자랑하는 것만은 예외였다는 것이다. 그들의 자랑을 팔불출이라며 흉보는 사람은 없다는 것이 공자가 말한 표제어이다.

이 대목을 '남들이 부모형제의 말도 모두 신용한다'고 풀이하는 사람도 있다. 그렇게 풀이하면 '세상에서는 민자건의 부모형제에 대해서 이러쿵 저러쿵 헐뜯는 사람이 없다'란 의미와도 통하게 된다.

즉 민자건의 감화를 받고, 그 부모형제들까지 인격이 변했다고 하는 것이다. 그러나 표제어대로 읽는 편이 딱딱하지 않고 오히려 재미가 있다.

입을 열면 바른말만 해

그 사람은 말이 없는 사람이지만 말을 하면 그의 말은 반드시 사리에 적중한다.(선진편)

<small>부인불언 언필유중</small>
夫人不言 言必有中.

노(魯)나라 관원이 국가의 재산을 보관해 두는 창고를 개축(改築)했다. 그것을 보자 민자건이 말했다.
"지금까지 사용해 오던 건물이니 그대로 두고 수리를 하면 될 일이지 무엇 때문에 굳이 고쳐 짓는단 말인가?"
이런 민자건의 평(評)을 들은 공자가 한 말이 바로 표제어의 말이다. 좀더 알기 쉽게 의역한다면,
'평소에는 입이 무거운 민자건인데 입을 열었다 하면 사리에 맞는 말을 한단 말이다.'
란 뜻이 될 것이다. 공자가 흐뭇해하는 모습이 떠오르는 구절이다.
민자건도 안회(顔回)와 마찬가지로 입이 무거웠다고 한 공자의 평어(評語)에 그가 민자건에 대해 신뢰감과 호감을 가지고 있었음이 엿보인다. 그러한 민자건이 입을 열어 세금을 남용하는 관리를 비판했다. 공자는 바로 그 점에 공감했던 것이리라.
민자건이 계씨(季氏)의 초빙에 반대했던 이면에는 이러한 행정부 비판이 있었기 때문이기도 했었다. 국가 재산을 보관하던 창고를 원문은 '장부(長府)'로 기록하고 있는데 이 장부는 노나라 소공(昭公)이 국정을 전청하던 세도가 계씨를 토벌하기 위해 거병(擧兵)했던 거점이었고 그 거병이 실패로 돌아가자 계씨는 그곳을 점유한 다음 개축한 것이란 설이 있다.

아직 자신감이 없어

공자가 칠조개(漆雕開)에게 벼슬을 시키려고 하자, "저는 아직 벼슬을 감당할 자신감이 없습니다."라고 했다. 이에 공자는 기뻐했다.(공야장편)

_{자 사 칠 조 개 사   대 왈   오 사 지 미 능 신   자 열}
子使漆雕開仕 對曰 吾斯之未能信 子說.

공자가 제자인 칠조개에게 사관(仕官)하도록 추천을 했던바 칠조개는,
"선생님, 저는 아직 자신이 없습니다."
라며 사양했다.

공자는 그 대답을 듣고 마음속으로 기뻐했다는 내용이다.

칠조개는 칠조(漆雕)가 성(姓)이고 개(開)가 이름이다. 공자보다 11세 연하인 그는 자로(子路) 등과 거의 연배간이었다.

이 칠조개에 대한 기사는 《논어》에서는 이곳 한 군데만 나온다.

민자건(閔子騫)이 계씨(季氏)로부터 출사하라는 이야기가 있을 때 거절했다는 것을 듣고 공자가 어떤 생각을 했었는지는 쓰여 있지 아니한데 이 칠조개의 예(例)에서 추측컨대 공자의 마음을 짐작할 수 있을 것 같다. 이 칠조개 역시 탈속파(脫俗派)의 한 사람이었으리라.

예를 들어 공자는 이런 말을 하고 있다.

"3년이나 학문을 하고 벼슬에 뜻을 두지 않는 사람은 드물다(三年學不至於穀 不易得也 : 태백편)."

즉 '3년쯤 학문을 하면 누구든지 벼슬길에 나가고 싶어한다'는 것이다. 이 한 구절을 '3년쯤 학문을 하면 누구나 벼슬길에 나아갈 수 있다'로 해석하는 사람도 있지만 칠조개와 자고(子羔)의 예 등을 보아 앞에서 해석한 것처럼 읽는 편이 좋을 것 같다.

어눌한 것도 장점

어찌 말을 잘할 필요가 있겠는가. 남을 대할 때 말재주만 부리면 흔히 남으로부터 미움을 받게 된다. 내가 그의 인덕(仁德)은 잘 모르겠지만 어찌 말 잘할 필요가 있겠는가?(공야장편)

_{언용영 어인이구급 누증어인 부지기인 언용영}
焉用佞 禦人以口給 屢憎於人 不知其仁 焉用佞.

염옹(冉雍)에 대하여 이렇게 비평하는 사람이 있었다.
"그 사람은 인자(仁者)인지는 모르겠습니다만 영 구변(口辯)이 없군요."
그러자 공자가 한 말이 바로 표제어의 말이다.
"어눌하기 때문에 좋은 게야. 구변이 좋아서 입만 나불거리는 사람은 오히려 남으로부터 미움을 사게 되지. 염옹이 인자(仁者)인지 아닌지는 차치하고 어눌한 점이 오히려 장점이 될 수 있네."
염옹의 성(姓)은 염(冉), 이름은 옹(雍), 자(字)는 중궁(仲弓)이다. 공자보다 29세 연하였으니 자공(子貢)·안회(顔回) 등과 연배였다.
질문한 사람의 견해로는 말을 잘하는 것이야말로 굉장한 장점이어서, 염옹이 가령 인자(仁者)이고 거기에다가 말까지 잘하여 달변가라면, 더 바랄 것이 없는 인격자이겠다는 말을 하고 싶었던 것이리라.
다분히 달변의 재능에 대한 세간의 일반적 통념은 그만큼 가치가 높았었다. 염옹을 비평한 사람의 말에서 드러나듯이 달변은 사회인에게 있어 꼭 필요한 것으로 생각했던 게 틀림없다. 그러나 공자는 이런 상식에 이따금 일격을 가했었다. '교언영색(巧言令色) 선의인(鮮矣仁)'도 그 한 가지 예이다.

군주(君主)가 될 만하도다

염옹(冉雍)은 임금으로서 가히 남면(南面)할 만하다.(옹야편)

<small>옹 야 가 사 남 면</small>
雍也可使南面.

공자가 제자인 염옹을 평한 말이다.
"염옹은 한 나라의 군주가 되어도 이상할 것이 없는 사람이다."

원문의 '남면(南面)'이란 무엇인가? 옛날 천자(天子)나 제후(諸侯)는 남쪽을 향해 앉도록 되어 있었다. 따라서 신하들은 모두 북면(北面)하고 앉아서 군주와 대면하게 마련이다. 즉 남면이란 곧 군주의 자리, 또는 그 군주를 뜻한다. 염옹은 식견만 넓었던 것이 아니라 풍채도 당당했었던 것이리라.

이 구절 다음에 다음과 같은 사제간의 대화가 이어진다. 염옹이 공자에게 자상백자(子桑伯子)에 대하여 인물평을 해주기를 청했다.

"관대하고 훌륭한 인물이다."

"자기자신에게는 엄격하되 남에게는 관대하다면 정치가로서 그 이상 없을 것으로 생각합니다. 그러나 남에게 관대하고 자기자신에 대해서도 관대하다면 이는 지나치게 소탈하고 간략하여 보잘것없지 않을까요(無乃大簡乎)."

염옹의 이같은 말에 공자가 대답했다.

"그렇다. 네 말 그대로이다(雍之言然)."

이것은 어눌했던, 즉 달변가가 아니었던 염옹의 생각이었다. '옹지언연(雍之言然 : 네 말 그대로이다)'은 민자건에 대하여 공자가 말한 '말하면 반드시 사리에 맞는다(言必有中)'를 생각나게 하는 대목이다.

얼룩소의 새끼

얼룩소의 새끼로서 털이 붉고 뿔이 곧으면 희생 제물로 쓰지 않으려고 하겠지만 산천(山川)의 신(神)이 가만 내버려두겠느냐?(옹야편)

<small>이우지자 성차각 수욕물용 산천기사제</small>
犁牛之子 騂且角 雖欲勿用 山川其舍諸.

공자가 염옹(冉雍 : 字는 仲弓)의 신분을 걱정해서 해준 말이다. 즉 염옹은 미천한 신분의 출신이었는데 그 점을 한탄하는 제자에게 공자는 표제어의 말로 격려해 주었던 것이다.

"아주 평범한 소의 새끼라 하더라도 만약 그 털이 붉고 뿔이 잘생겼으면 비록 인간들이 제단(祭壇)에 제물로 바치지 않는다 하더라도 제사를 받을 신(神)들이 결코 그냥 두지 않을 것이다."

라는 것이 공자의 말이다.

붉은 털이 나고 뿔 모양이 가지런한 소는 제단에 바치는 희생용으로 귀중히 여겼었다. '보통 소의 새끼라 하더라도'라고 한 것은 염옹이 하층 계급의 출신임을 비유한 말이고 ─ . 출신은 비록 미천해도 교육을 받으면 얼마든지 출세할 수 있다는 격려의 뜻이다.

이 염옹은 출세를 할 수 있을 정도가 아니라 공자의 평가로는 '남면(南面)'할 수 있는 자격, 즉 군주가 될 자격이 있다고까지 칭찬했던 인물이다.

얼룩소의 새끼라는 비유는 다분히 공자 자신의 인생 체험에서 나온 것 같다. 공자 역시 귀족 출신이 아니였고 어떤 면에시는 그 출생·배경 자체가 평민 이하였었다. 그리고 공자는 출신에 따라 사람을 차별하는 일이 결코 없었다.

이런 사람이 이런 병(病)을……

　　이럴 리가 없는데…… 운명이로구나. 이런 사람이 이런 병에 걸리다니!
이런 사람이 이런 병에 걸리다니!(옹야편)

　　　　무지　병의부　사인야　이유사질야　사인야　이유사질야
　　　　亡之　命矣夫　斯人也　而有斯疾也　斯人也　而有斯疾也.

　　제자인 염백우(冉伯牛)가 불치병에 걸렸다. 공자는 염백우를 문병하러 갔는데 창 너머로 그의 손을 잡고 한 말이 바로 표제어의 말이다.
　　'이미 치유될 가망성이 없는 것 같은데 이것도 운명이란 말인가? 그야 어쨌든 이런 사람이 어찌하여 이런 병에 걸리다니……?'
　　알기 쉽게 의역하면 이런 의미의 말이다.
　　백우의 성(姓)은 염(冉), 이름은 경(耕), 자(字)가 백우이다. 제자들 가운데는 나이가 가장 많은 그룹에 속했었다.
　　《사기(史記)》에 의하면 백우의 병은 불치병이었다고 한다. 창 너머로 손을 내밀었다는 묘사는 그 병과 어떤 관계가 있는 것이리라. 문둥병이었다고도 하는데 그것은 아마도 이 《논어》의 묘사에서 생긴 억측 같다. 요컨대 공자는 찾아가서 문병하기 어려운 환자, 즉 가까이 대하기 곤란한 환자까지도 굳이 찾아가서 문병했다는 내용이다.
　　안회(顔回)를 비롯, 민자건(閔子騫), 염옹(冉雍), 염백우 등 4명은 《논어》 사과십철장(四科十哲章)의 덕행부(德行部)에 그 이름이 올라 있다. 염백우는 그 덕행부에 올라있는 이름 외에는 이 절(節)에서 보일 뿐인데 이 네 사람은 공자가 친밀감을 가지고 있었다는 것, 과묵한 인품이었다는 것, 출세욕과는 인연이 멀었다는 것 등 그 인물상(人物像)에 공통성이 느껴진다.

지난 일은 탓하지 않는다

다 되어진 일은 비평을 하지 않고, 끝난 일은 간(諫)하지 않으며, 지난 일은 탓하지 않겠다만 네가 한 말은 잘못이다.(팔일편)

성사불설 수사불간 기왕불구
成事不說 遂事不諫 旣往不咎.

노(魯)나라 애공(哀公)이 토지신(土地神)의 신목(神木)에 대해서 공자의 제자인 재아(宰我)에게 질문을 했다. 재아는,
"하(夏)나라 시대에는 소나무를 사용했고 은(殷)나라 시대에는 잣나무를 사용했습니다. 그리고 주(周)나라에 들어와서는 밤나무[栗]를 사용하고 있습니다."
라고 대답했다. 그리고 이렇게 덧붙였다.
"율(栗 : 밤나무)은 율(慄)입니다. 밤나무를 심은 것은 백성들을 권위 앞에 전율(戰慄)케 하기 위해서입니다."
이 말을 들은 공자가 한 말이 표제어의 말이다.

원문의 '성사불설(成事不說) 수사불간(遂事不諫) 기왕불구(旣往不咎)'는 세 가지 모두 지나간 일은 나중에 이러쿵 저러쿵 말해보았자 아무 소용도 없다는 의미이다.

여기서 주(周)나라란 공자·재아 또는 애공에게 있어 '현재'에 해당하는데 재아는 노나라 최고 통치자인 애공에게 밤나무[栗]는 그 통치권의 상징이며 백성들을 벌벌 떨게 하기 위해서 사용하는 것이라고 굳이 주석까지 달고 싶었던 것이리라. 당시 노나리는 소위 삼환씨(三桓氏)가 정권을 좌지우지하고 있었으니 애공이 줏대있게 권위를 세우라는 간언이었다. 그러나 공자는 그 간언 자체가 경솔하다고 충고한 것이다.

군자(君子)는 속지 않는다

어찌 그렇게 하겠느냐? 군자는 가기는 하겠지만 남의 속임수에 빠지지는 않는 것이며, 일시적으로 속는다 할지라도 끝내 사리에 어둡지는 않을 것이다.(옹야편)

하위기연야 군자가서야 불가함야 가기야 불가망야
何爲其然也 君子可逝也 不可陷也 可欺也 不可罔也.

재아(宰我)가 스승 공자에게 이런 질문을 했다.
"인자(仁者)라면 만약 어떤 사람이 우물 속에 사람이 빠졌다고 말할 경우, 얼른 우물 속으로 들어갈까요?"
이 질문에 대한 공자의 대답이 표제어의 말이다.
'말도 안될 소리다. 군자라면 그 우물가에까지 가기는 하겠지만 들어가지는 않을 것임이야. 즉 군자를 표면상으로는 속일 수가 있겠지만 이성(理性)까지 속일 수는 없는 법이다.'
알기 쉽게 풀이하면 이상과 같은 뜻이 되겠다. 원문에는 재아가 질문하는 대목에 '정중인언(井中仁焉)'이라 하여 '우물 속에 인(仁)이 빠져 있다면'으로 되어 있는데 인(仁)과 인(人)의 음이 같다 하여 '사람이 빠져 있다면'으로 해석하는 설이 맞다고 한다.
그야 어쨌든 인자(仁者)일 경우, 우물 속에 사람이 빠졌든, 인(仁)이 빠졌든 간에 그 우물 속으로 들어갈 수 있느냐는 발상(發想) 그 자체가 기발하다는 생각이 든다.
재아는 공자가 평소 인(仁)의 체득(體得)을 역설하는 것을 듣고, 그렇다면 이런 식으로 질문을 할 경우 선생님은 어떻게 대답할까 시험해 본 것은 아닐까? 그런 상상을 해보고 싶은 문답이기도 하다.

부모상(父母喪)은 삼년상(三年喪)

자식은 태어나서 3년이 지나야 비로소 부모의 품을 벗어나는데, 이처럼 부모의 상을 3년간 모시는 것은 천하의 공통된 상례법이다. 너도 네 부모로부터 3년 동안 사랑을 받았을 텐데.(양화편)

<small>자생삼년 연후면어부모지회 부삼년지상 천하지통상야</small>
子生三年 然後免於父母之懷 夫三年之喪 天下之通喪也.

<small>여야유삼년지애어기부모호</small>
予也有三年之愛於其父母乎.

부모상은 3년이라는 규정이 있었는데 재아(宰我)는 1년이면 충분할 게 아니냐고 주장했다. 군자가 3년씩이나 공생활(公生活)을 떠나면 조직 운영에 지장이 생기며, 1년이면 해도 바뀌고 또 곡물도 완숙(完熟)하니 1년이면 족할 것이라고 공자에게 말했던 것이다. 그러자 공자는,
"부모가 돌아가신 지 1년만에 호의호식을 해도 마음이 편하겠느냐?"라고 물었다. '그렇다'고 대답하는 재아에게 공자는 표제어의 말로 훈계하고 있다. 단, 훈계 앞에 이런 말을 전제하고 있다.
"그렇다면 그렇게 하도록 해라. 군자는 부모의 상을 당하면 맛있는 음식의 맛을 알지 못하고 음악을 즐길 마음도 일지 아니한다. 또 편한 자리에 있어도 편한 줄을 모르느니라. 그러나 그렇게 해도 네 마음이 편할 것 같으면 네 마음대로 해라."
효율적인 관점에서 본다면 재아의 말이 옳을 것이다. 그러나 공자는 인간이 형성하고 있는 사회란 것은 효율이 모두는 아니라는 것이다. 공자는 재아의 주장을 충분히 설득한다는 것은 어렵다고 생각했던 것 같다.

간략하게 할 수 있는 것과 없는 것

삼실로 만든 면관(冕冠)이 예법에 맞지만 지금 사람들은 명주실로 만든 면관을 쓴다. 절검(節儉)하기 위해서인데 나도 그것을 따르겠다. 당(堂) 아래서 배례하는 것이 예법인데 지금 사람들은 당 위에서 배례한다. 이는 교만이므로 나는 그들과 달리 당 아래에서 배례하련다.(자한편)

<small>마면례야 금야순검 오종중 배하례야 금배호상태야 수원중 오</small>
麻冕禮也 今也純儉 吾從衆. 拜下禮也 今拜乎上泰也 雖遠衆 吾

<small>종하</small>
從下.

공자가 한 말로서 좀더 알기 쉽게 의역하면,
'관(冠)은 마(麻)로 만드는 것이 예법에 맞는 일이지만 오늘날에는 간소화하기 위해 비단으로 만든다. 그것은 나도 찬성한다. 그러나 군주를 뵙고 배례하는 것을 당상(堂上)에 올라가서 하는, 최근의 관례는 너무나도 불손하다. 남들이야 어떻게 하든 간에 나는 예법에 맞추어 당하(堂下)에서 하련다.'
란 의미가 될 것이다. 관을 만드는 소재(素材)를 바꾸는 것은 간소화하는 방향이 좋다고 했다. 그러나 예란 것은 지나치게 사치스러움보다 질소(質素)를 마음에 새기라는 사고방식이다.

그러나 주군에 대한 배례는 장유유서(長幼有序)의 문제로서 바꾸는 것이 꼭 좋은 것은 아니라고 했다. 앞 절(節)의 3년상 문제와 비슷한 내용이며, 당상에 올라가는 것은 아무래도 심리적으로 저항이 생긴다는 뜻이리라. 그러기에 남들이야 어떻게 하든, 자신의 그런 기분에 솔직히 따르겠다고 한 것이다.

아까운 것은 전통(傳統)

　자공(子貢)이 고삭례(告朔禮)에 바치는 산양(山羊)을 치우려고 하자 공자가 말했다. "사(賜)야, 너는 양을 아끼지만 나는 예(禮)를 아끼고자 한다."(팔일편)

자공욕거고삭지희양　자왈　사야　이애기양　아애기례
子貢欲去告朔之餼羊. 子曰 賜也 爾愛其羊 我愛其禮.

　노(魯)나라에서는 고삭(告朔)의 의례(儀禮)가 사라지고 희생으로 양을 바치는 습관만이 남아 있었다. 자공은 그것조차도 폐지해야 한다고 주장했다. 그러자 공자가 말했던 것이다.
　"사야! 너는 양이 아까운 것이지? 나는 전통을 아까워한다."
　'고삭례', 즉 고삭의 의식은 매달 삭일(朔日 : 음력 초하루)이 되었음을 조상신에게 고하는 의식이다. 고대(古代)에는 달이 차고 이지러지는 것을 기준으로 하여 1년간의 역(曆)을 결정하는 것이 아주 중대한 행사였으며 천자(天子)만이 할 수 있는 특권이기도 했다.
　주(周)나라 때는 천자가 전년(前年) 겨울에 이듬해의 역(曆)을 만들어 제후들에게 반포하는데, 제후들은 이것에 근거하여 매월 삭일을 조상신에게 고했다. 이 고삭의 의식은 국군(國君)이 손수 행해야 하는 것이었는데 시대가 흐름에 따라 희생제물만 바치는 형식적인 행사가 되고 말았다. 자공도 재아(宰我)의 삼년상(三年喪)에 대한 주장과 마찬가지로 효율주의적 발상이었다. 그들 문하의 수재(秀才)의 눈으로 볼 때 공자의 자세는 전통을 묵수(墨守)하려는 옛 사상에 지나지 않았던 것이리라. 그러나 공자로서는 양을 바치는 행위가 인간의 진정에서 나온 것인지 어떤지가 문제였던 것이다.

태산신(泰山神)에 대한 제사

아아! 태산의 예(禮)를 물었던 임방(林放)만큼도 중하게 여기지를 않는구나!(팔일편)

_{오 호 증 위 태 산 여 임 방 호}
嗚呼 曾謂泰山如林放乎.

노(魯)나라의 유력한 귀족인 계씨(季氏)가 태산에 제사를 지내려고 했다. 그 소식을 접한 공자는 계씨의 가재(家宰 : 귀족의 집안에서 일을 보는 으뜸 家臣)였던 제자 염유(冉有)에게 말했다.

"네 힘으로 막을 수 없겠느냐?"

"제 힘으로는 막을 수가 없겠습니다."

공자는 크게 탄식했다. 그리고 한 말이 표제어의 말인데 좀더 쉽게 의역을 하면 다음과 같다.

'아아! 태산의 신에게 제사지내는 일을, (예의에 대해서 질문했던) 임방만큼도 중하게 여기지 않는구나.'

원문 머리의 '계씨여어태산(季氏旅於泰山)' 중, 여(旅)는 여행간다는 뜻이 아니라 산신(山神)을 제사지내는 제사명(祭祀名) —. 태산은 노나라 영지 안에 있는 산으로서 중국의 4대 명산 중 으뜸으로 꼽는 산이다. 여(旅)의 제사를 지낼 수 있는 것은 국군(國君)뿐이며 배신(陪臣)인 계씨(季氏)로서는 감히 지낼 수 없는 일이다.

임방(林放)은 인명(人名)이며 공자에게 예(禮)의 근본 뜻은 무엇이냐고 질문했던 사람이다. '예는 사치하는 것보다 검소하게 해야 한다'라고 공자는 대답한 일이 있었다(팔일편). '태산의 신(神)을 임방만큼도 중하게 여기지 않는다' 함은 '임방은 예의를 알거늘……'이란 의미이다.

그는 내 제자가 아니다

    그는 나의 제자가 아니다. 너희는 전고(戰鼓)를 치며 그를 공격해도 좋다.(선진편)

<small>비오도야   소자명고이공지가야</small>
非吾徒也 小子鳴鼓而攻之可也.

  노(魯)나라의 유력한 귀족인 계씨는 지난날 주공(周公)을 능가할 만한 재산을 축적하고 있었다. 그런데도 불구하고 염유(冉有 : 冉求)는 이 계씨 밑에서 백성들로부터 세금을 거두어들이기에 동분서주하여 점점 더 계씨의 사복(私腹)을 채워주는 데 힘을 기울이고 있었다. 이때 공자가 제자들에게 한 말이 표제어의 말이다. 좀더 알기 쉽게 의역하면,
    '그놈은 우리 동지(同志)가 아니야. 너희는 북을 치면서 나아가 그 놈을 무찔러라!'
란 뜻이다. 주공(周公)은 노나라 국조(國祖)인 주공단(周公旦)을 가리킴이다. 또 단지 당시의 노나라 군주를 가리키는 말이라고 하는 설도 있는데, 그 어느 쪽도 주가(主家)를 가리키는 의미는 마찬가지이다.
  염유(冉有)는 '정사(政事)에는 염유와 계로(季路 : 子路)'라고 했듯이 공자 문하에서는 자로와 함께 행정수단을 인정받고 있었던 인물이다. 그는 이런 점이 인정되어, 계씨로부터 중용(重用)되고 있었다.
  사서(史書)에는 계씨의 군단(軍團)을 이끌고 나아가 제(齊)나라 군사를 대패(大敗)시켰다는 기록도 있다. 그러나 앞 절(節)이나 이 절에서 보다시피, 주인에게는 나약하여 정면에서 간언을 하는 용기는 전혀 없었던 듯하다. 보좌역으로서 책임 회피나 하는가 하면 이 절에서 보는 바와 같이 부정(不正)의 공범자라는 것이 공자가 격노한 이유이다.

풍부한 자를 더 살찌게 하지 않는다

자화(子華)가 제(齊)나라에 갈 때 살진 말을 탔고 값진 옷을 입어 호화로웠다. 내가 들은 바로는 '군자는 남이 다급해졌을 때는 도와줘도, 풍부한 데 더 늘여주지는 않는다'고 하더라.(옹야편)

<small>적지적제야 승비마의경구 오문지야 군자주급불계부</small>
赤之適齊也 乘肥馬衣輕裘 吾聞之也 君子周急不繼富.

자화가 공자의 대리(代理)로 제(齊)나라에 출장을 갔을 때의 일이다. 염유(冉有)가 자화의 어머니를 돌봐주어야겠다며 곡식을 좀 달라고 청했다. 그러자 공자는,
"1부(釜 : 약 12ℓ의 곡식)만 주면 되겠지."
라고 말했다. 이에 염유가 좀더 주자고 했다.
"그럼 1유(庾 : 약 24ℓ)를 주면 되겠느냐?"
공자가 말했는데 염유는 독단으로 5병(秉 : 釜의 120배)이나 보냈다. 그때 공자가 한 말이 표제어의 말이다. 쉽게 의역하면 다음과 같다.
'적(赤 : 子華)이 제나라로 떠날 때 살진 말을 탔으며 고급 갓옷을 입었어. 생활이 어려운 사람은 도와주지만 부자에게 더욱 보태주지는 않는 것이 군자가 아니겠느냐!'
자화는 공자의 제자이다. 여기서도 사자역(使者役)을 맡고 있는데 외교 절충에 뛰어난 자질을 가지고 있었던 듯하다.
앞에서 한 계씨(季氏)의 이야기에서도, 그리고 이 이야기에서도 염유는 가난한 자를 도와주는 게 아니라 도리어 부자를 더욱 살찌게 해주는 사람이었다. 공자의 관찰은 날카롭다. 염유에게는 군자의 태도가 아니라고 일갈했는데 공자의 군자론은 이런 현실감각에 그 근거가 있다.

안된다고 생각하지 마라

힘이 모자라는 자는 도중에서 그만두게 마련이지만, 지금 너는 스스로 선(線)을 긋고 움츠리고 있어!(옹야편)

<small>역부족자 중도이폐 금여획</small>
力不足者 中道而廢 今女畫.

염유(冉有)가 스승 공자에게 이런 말로 하소연을 했다.
"선생님께서 설명하시는 도(道)가 납득되지 않는 것은 아닙니다. 다만 너무나도 고원(高遠)하기 때문에 힘이 미치지를 못합니다."
그러자 공자가 한 말이 표제어의 말이다. 좀더 알기 쉽게 의역하면, '힘이 모자라서 미치지 못한다면 중도에서 포기하고 말 게 아니겠느냐. 그것보다 스스로 못하겠다고 생각하는 것이 더 나쁜 게야. 지금 너는 너 자신이 못하겠다고 스스로 포기하는 것밖에 안돼.'
라는 뜻이 되겠다.

이런 문답을 포함하여 공자는 '염유는 소극적이다(선진편)', 즉 '염유는 적극성이 없어 퇴보적이다'라고 질책을 했던 것이리라.

앞에서 소개한 바 있는, 계씨(季氏)의 부정행위를 저지시킬 수 없겠느냐는 공자의 추궁에 대하여 '할 수 없습니다'라며 거절했던 것도 그의 퇴보적인 일면이라 하겠다.

자화가 제나라에 출장갔을 때 그 어머니를 돕겠다며 독단적인 용기를 냈던 것은 그런 소극적 성격에, 만용을 한번 부린 결과가 아닐까. 염유는 속된 표현으로 '사람좋은 성격'이었다는 느낌도 드는데 공자는 군자의 조건에 맞지 않는 인품이라며 나무라곤 했던 것이다.

잘못임을 깨달으라

호랑이와 들소가 우리 밖으로 뛰쳐나오고, 궤 속에 넣어둔 귀옥(龜玉)이 깨어졌다면 그것이 누구의 잘못이겠는가?(계씨편)

호시출어합 귀옥훼어독중 시수지과여
虎兕出於柙 龜玉毀於櫝中 是誰之過與.

계씨(季氏)가 전유(顓臾)를 쳐서 합병하려고 했다. 계씨를 섬기고 있던 염유(冉有)와 자로(子路)가 공자를 찾아와서 보고했다.
"계씨가 전유에게 무력을 행사하려고 합니다."
그러자 공자는 염유에게 말했다.
"설마 네가 선동한 것은 아니겠지? 전유는 선왕시대에 동몽산(東夢山)의 제주(祭主)로 임명된 유서깊은 나라이다. 더구나 노(魯)나라의 직속국이야. 그런 나라에 계씨가 공격을 가하다니 그것은 말도 안돼!"
"이것은 계씨의 생각일 뿐, 저희 두 사람은 반대했었습니다."
"주임(周任 : 古代의 史官)은 이런 말을 했느니라. '벼슬자리에 나아갔다면 그 직무에 전력을 다 쏟아야 하지만 제 힘으로 감당하시 못하겠음을 깨달았으면 즉시 물러나야 한다'고 했어. 나라가 위태로운데도 바로세우려고 하질 않는구나. 그렇다면 무엇을 하자는 보좌관이더냐? 너희는 반대했다고 말하지만 앞뒤가 안맞는 이야기야."
그리고 이어서 한 말이 표제어이다.
"호랑이와 물소가 우리에서 뛰쳐나왔다면 그 책임은 누구에게 있느냐? 보옥(寶玉)이 망가졌다면 그 책임은 누구에게 있느냐? 감시자에게 있지 않겠느냐?"
무책임함을 나무라는 공자의 명언이다.

군자는 말을 꾸미는 것을 미워한다

군자는 겉으로 탐내지 않는 척하면서 말을 꾸미는 것을 미워한다.(계씨편)

군자질부사왈욕지 이필위지사
君子疾夫舍曰欲之 而必爲之辭.

공자는 말했다.
"염유야, 군자라면 본심을 감추고 이것저것 꾸미어 말하지 않는 법이다. 이런 격언이 있어. '나라를 맡아 다스리는 자는 백성이 적음을 걱정하지 않고 고르게 해주지 못하는 것을 걱정하며, 가난을 걱정하지 않고 불안함을 걱정한다'고 했느니라.

위정자가 불평 등을 해소한다면 나라는 자연히 부유해지는 법이고 백성이 안심하고 살아간다면 인구가 줄지 않는 법이다. 즉 민생의 안정이 나라를 튼튼하게 하는 것이지. 만약 남의 나라를 종속시키고 싶으면 무력에 의해서가 아니라 문화에 의해 해야 하느니라. 문화를 발전시킴으로써 타국 백성들이 동경하게 만들고 동경해서 찾아오는 백성은 그 생활을 보장해 줄 일이야.

그런데 너희 두 사람은 주군을 보좌하는 처지에 있으면서 타국 백성이 찾아오게 하지 못하고 있어. 나라 안은 분열되어 붕괴 직전에 있건만 구해낼 생각은 하지 않고 내전(內戰)을 일으키려고 하는구나. 내 생각컨대 계씨가 걱정해야 할 것은 전유가 아니라 자기 울타리 안의 일이야."

염유는 자로와 같은 시기에 계씨를 섬기고 있었던 듯하다. 그러나 공자는 오직 염유만을 상대로 하고 있다. 염유가 책임있는 입장에 있었는지도 모를 일이다. 문제는 조직의 장(長)이 폭주하는 것을 막지 못하는 보좌역은 자격이 없다는 것이다.

내면적인 것, 실질적인 것

선배들의 예악(禮樂)은 소박하고 야성적인 것이었으나 지금 후배들의 예악은 화려하고 군자적이다. 만약 내가 이 둘 가운데 하나를 택한다면 선배들의 것을 따르겠다.(선진편)

선 진 어 예 악 야 인 야 후 진 어 예 악 군 자 야 여 용 지 즉 오 종 선 진
先進於禮樂 野人也 後進於禮樂 君子也 如用之 則吾從先進.

공자가 한 말이다. 좀더 이해하기 쉽게 의역하면 다음과 같다.
'선배들은 예(禮)에 있어서나 악(樂)에 있어서는 야성미가 넘쳐흘렀는데 그 후배들은 세련되어 있다. 나보고 어느 쪽을 택하겠느냐고 묻는다면 나는 역시 선배들의 예악에 따르련다.'

선진국(先進國), 후진국(後進國)이란 성어(成語)의 어원은 바로 공자가 말한 이 구절이다.

공자는 55세부터 68세까지 14년 동안 노(魯)나라를 떠나 위(衛) · 제(齊) · 초(楚)나라 등 여러 나라를 방랑했다. 여기서 말하는 선진(先進)이란 그 방랑기 이전에 제자로 입문했던 자로(子路) · 자공(子貢) · 안회(顔回) 등 연장자 그룹을 가리키는 것이고, 후진(後進)이란 방랑기 이후에 입문한 젊은층의 제자들, 즉 자하(子夏)라든가 증자(曾子) 등을 가리키는 것이다.

한편 공자는 〈옹야편〉에서 '바탕이 외식보다 두터우면 야(野)하고 외식이 바탕을 누르면 간사하다. 바탕과 외식이 서로 잘 어울려야 비로소 군자이다'라고 했는데 예악은 내면적인 실질과 외식적인 문화(文華)가 서로 어울려야 한다며 자신은 야(野)할지언정 실질적인 것을 따르겠다고 말한 적도 있다.

바른말을 너무 자주 하면……

임금을 섬기는 데 지나칠 만큼 자주 간언(諫言)을 하면 욕을 당하고, 친구에게도 지나치게 자주 간하면 소원당한다.(이인편)

　　事君數　斯辱矣　朋友數　斯疏矣.
　사군삭　사욕의　붕우삭　사소의

공자의 제자인 자유(子游)가 한 말이다. 좀더 알기 쉽게 풀이하면 다음과 같다.

'애써서 하는 진언도 너무 자주 했다가는 주군에게 큰 욕을 당하게 된다. 진정한 우정(友情)에서 하는 충고도 너무 자주 했다가는 도리어 경원당하게 된다.'

이 자유에게 스승 공자가 '닭을 잡는 데 어찌 소 잡는 칼을 쓰느냐(割鷄焉用牛刀)'라는 비판을 한 일이 있고 그 비판의 말이 고사성어(故事成語)가 된 것으로도 유명하다. 그 이야기는 대략 이러하다.

자유가 다스리고 있던 무성(武城)에 간 공자는 예악(禮樂) 소리가 들려오자 빙그레 웃으면서,

"닭을 잡는 데 어찌 소 잡는 칼을 쓰느냐?(작은 고을을 다스리는 데 예악까지……)"

라고 했다. 자유는 곧 반박했다.

"전에 선생님께서는 '군자가 도를 배우면 백성을 사랑하고, 소인이 도를 배우면 부리기 쉽다'고 가르치셨습니다."

그러자 공자는, 진지한 표정을 짓고 있는 자유를 보면서 말했다.

"자유의 말이 옳다. 아까 한 말은 농담이었다."

듣고 있던 제자들은 젊은 자유를 칭찬해마지 않았다는 것이다.

교육의 순서

자하(子夏)의 문인(門人) 중 어린아이들은 청소와 손님 응대, 그리고 드나드는 일은 잘하지만 그런 것들은 지엽적(枝葉的)인 것이다. 본질적인 학문은 배우지 못했으니 곤란한 일이 아닐 수 없다.(자장편)

자하지문인소자　당쇄소응대진퇴　즉가의　억말야　본지즉무　여
子夏之門人小子　當洒掃應對進退　則可矣　抑末也　本之則無　如

지하
之何.

자유(子游)가 자하(子夏)의 문중 제자들을 평한 말이다. 좀더 이해하기 쉽게 의역한다면 다음과 같다.

'자하 문중의 어린 제자들은, 청소하고 손님 접대하고, 드나드는 예의는 더 말할 나위도 없다. 그러나 그런 것들은 모두 지엽말단적인 것이다. 중요한 근본문제인 교육은 전혀 못 받고 있으니 이렇게 되어서는 곤란하지 않은가?'

이 말을 들은 자하는 다음과 같이 반론을 제기했다.

"사유는 모르는 말을 하는군. 교육과정은 상대에 따라서 탄력성을 가져야 하는 법―. 초목(草木)도 그 종류에 따라 기르는 법이 다르잖은가. 수준에 맞지 않는 것을 억지로 가르치는 것은 교육이 아니다. 초보와 고등이론을 겸해서 갖출 수 있는 것은 성인(聖人)만이 할 수 있는 일이지."

어느 쪽 말이 옳은지는 차치하고 공자학교(孔子學校)의 젊은 제자들은 교육과정을 상당히 정비하고 있었음을 알려주는 대목이다.

어떤 사람을 사귈 것인가

좋은 사람과는 사귀고 좋지 못한 사람은 거절하라고 하셨습니다.(자장편)

_{가자여지 기불가자거지}
可者與之 其不可者拒之.

자하(子夏)의 제자가 자장(子張)을 찾아와서 교제 방법에 대하여 질문했다. 그러자 자장은 그에게 반문(反問)하는 것이었다.
"자하는 무어라고 하더냐?"
"훌륭한 인물을 골라서 사귀되 안좋은 사람은 사귀지 말라고 하셨습니다."
"그래? 나는 이렇게 들었다. '어진 사람을 존경함과 동시에 안좋은 사람도 관용하는 태도로 접하는 것이 군자다'라고 —. 가령 내가 어질다면 상대가 누구라도 포용할 수가 있지. 그러나 내가 불효하면 상대는 다가오지 않게 마련이야. 굳이 사람을 가릴 필요가 없어."

자하의 성(姓)은 복(卜), 이름은 상(商)이며 자하는 자(字)이다. 자장의 성은 전손(顓孫), 이름은 사(師), 자가 자장이다.

이 두 사람에 대해서는 공자의 인물평이 있다. '사(師)와 상(商), 어느쪽이 더 현명합니까?'라는 자공의 질문에 대답한 것으로서 '사(師)는 지나치고' '상(商)은 미치지 못한다'란 것이었다. 굳이 구별을 한다면 지나치다는 평을 받은 자장은 적극적인 자로(子路) 타입이고, 미치지 못한다는 평을 받은 자하는 소극적인 염유(冉有) 타입이었다.

공자는 이 두 사람의 성격 차이에 따라 그때그때 다른 교훈을 주었었다. 따라서 이 두 사람의 교육방침에 그런 영향이 드러나 있다고 해도 이상할 것이 없다. 지금 이들의 논점(論點)은 바로 그것이다.

사람을 사랑하는 것이 인(仁)이다

번지(樊遲)가 인(仁)에 대해서 묻자 공자는 '사람을 사랑하는 것이다'라고 대답했다. 또 지(知)에 대해서 묻자 '사람을 아는 것이다'라고 대답했다. (안연편)

<small>번지문인 자왈 애인 문지 자왈 지인</small>
樊遲問仁 子曰 愛人. 問知 子曰 知人.

번지가 인(仁)이란 무엇이냐고 공자에게 물었다.
"사람을 사랑하는 것이 인이다."
이어서 지(知)는 무엇이냐고 물었다.
"사람을 꿰뚫어보는 것이다."
"그것만으로 지(知)라고 할 수 있습니까?"
"올바른 사람을 요직에 발탁하면 아랫사람은 그 감화를 받아 부정을 저지르지 않게 되지."
번지는 이해를 못한 채 물러나와서 자하에게 공자가 한 말을 들려주고 보충설명을 해달라고 청했다
"그 말씀은 참으로 함축성이 있는 대답이오. 순(舜)이 제위(帝位)에 올라 현인(賢人) 고요(皐陶)를 등용하자 어질지 못한 자들은 모두 떠났소. 탕(湯)이 제위에 올라 현인인 이윤(伊尹)을 등용하자 역시 어질지 못한 자들은 모두 떠났었던 게요."
번지는 공자의 제자로서 성이 번, 이름은 수(須), 자(字)는 자지(子遲)이며 공자보다 36세 연하이다. 순(舜)은 전설상의 고대 성왕(聖王)이며 고요는 순을 섬긴 5명의 현인 중 한 사람이다. 탕(湯)은 은왕조(殷王朝)의 시조이고 이윤은 탕을 도운 공신이다.

참된 학문은 실천이 따라야 한다

어진 사람을 어질게 여기고 여색(女色)을 경계하며, 힘을 다하여 부모를 섬기고 몸을 바쳐 임금을 섬기며, 마음에 없는 말을 친구에게 하지 않는 사람이면, 비록 학문을 하지 않았노라고 말하더라도 나는 반드시 학문한 사람이라고 하겠다.(학이편)

_{현현역색 사부모능갈기력 사군능치기신}
賢賢易色 事父母能竭其力 事君能致其身.

_{여붕우교 언이유신 수왈미학 오필위지학의}
與朋友交 言而有信 雖曰未學 吾必謂之學矣.

자하(子夏)가 한 말이다. 좀더 쉽게 의역하면 다음과 같다.
'현명한 사람을 현명한 사람으로 예우하고, 여색을 삼가며 부모를 섬기되 최선을 다하고 주군(主君)을 섬기는 데는 충성을 다하며 친구에게는 결코 신의를 버리는 일이 없는 사람 ─. 이런 사람이라면 비록 그 자신이 나는 무학(無學)이라고 하더라도 나는 그런 사람은 반드시 학문을 한 사람이라고 말할 것이다.'

학구파였던 자하라 하더라도 일상생활 속에서의 실천을 중시하고 있었던 것 같다. 요즘처럼 고학력(高學力) 사회가 아니었던 40~70년대의 우리나라에서도 연세가 지긋한 사람들 가운데는 실로 풍부한 교양을 느끼게 해주는 이들이 많았었다. 즉 고등교육을 받은 일은 없지만 교양은 있었다는 말이다.

이런 점은 남녀 구별 없이 그러했었다. 여성 중에는 학교에 전혀 다니지 않았건만도 품위있고 교양이 넘치게 행동하는 사람이 있었다. 이런 사람들은 자하가 말하듯 실인생(實人生)을 걸어온 것이리라.

사관(仕官)과 학문

일을 하고도 여력(餘力)이 있으면 배우고, 배우고도 여력이 있으면 사관을 하라.(자장편)

_{사이우즉학 학이우즉사}
仕而優則學 學而優則仕.

자하(子夏)가 한 말이다. 알기 쉽게 의역을 하면,
'사관(仕官)을 하고도 여유가 생기거든 공부를 하라. 공부를 하다가도 여유가 생기거든 사관을 하라.'
라는 뜻이 되겠다.

학구파인 자하도 노(魯)나라 거보(莒父) 땅의 장관이 되어 사관했었다는 기록이 《논어》에 있다. 그 역시 행정관으로서 실무 경험을 쌓았던 것인데 당시 학문을 하는 사람이 사관하는 것은 사계급(士階級)에 속하는 사람들의 공통 책무였고 또한 목표이기도 했다.

실무에 임하는 것, 즉 행동하는 것과 배우는 것, 즉 진리를 탐구하는 것은 기본적으로 같은 것이다. 진리 위에서 행농을 하고 행동을 통하여 신리를 깊이 탐구해 나갈 수 있는 것이다.

행동과 진리, 경험과 학문은 서로 보완해 나가면서 발전하게 마련이기에 뗄래야 뗄 수 없는 관계에 있다.

원문 두 구절을 자세히 살펴보면 '사(仕)'와 '학(學)'만 바뀔 뿐 완벽한 대구(對句)의 형태이다. 어떻게 보면 장난스럽다고 할는지 모르겠으나 이러한 대구는 중국인들이 자랑하던 것이고 또 즐겨 쓰던 형식이기도 하다. 그 수사(修辭)의 묘(妙)에 의해 공자의 제자들이 목표로 삼았던 '학(學)'과 '사(仕)'의 보완관계를 간결하게 표현해 놓은 구절이다.

제안하기에 앞서 신용을

군자는 신임을 받은 연후에 백성을 부려야 한다. 신임을 받지 못하고 백성을 부리면 백성들은 자기네를 괴롭히는 것으로 생각한다. 또 신임을 받은 연후에 간(諫)해야 한다. 신임을 받지 못한 채 간하면 자기를 훼방하는 줄로 생각한다.(자장편)

군자신이후노기민　　　　미신즉이위여기야　　신이후간　미신즉이위방
君子信而後勞其民　未信則以爲厲己也. 信而後諫　未信則以爲謗
기야
己也.

역시 자하가 한 말로서 좀더 알기 쉽게 의역하면,
'위정자는 국민들로부터 신뢰를 받아야만 국민들을 공역(公役)에 동원할 수 있다. 만약 신뢰받지 못한다면 국민들은 정부가 우리를 괴롭힌다고 생각하게 될 것이다. 또 상사의 신뢰를 받은 다음에야 이쪽의 제안이 채용된다. 신뢰는 없는데 아무리 제안을 해보았자 귀찮게 구는 자라는 인상만 받게 된다.'
라는 의미가 될 것이다.

자하의 실무 경험에서 나온 말이다. 앞부분은 오늘날에도 불공평한 세제(稅制), 개선되고 있지 아니한 세제의 문제 등과 맥을 같이한다.

뒷부분은, "만약 상사에게 과오가 있다면 정면에서 간언해야 한다."라고 밀한 공자의 말을 상기시켜 주는 대목인데 그런 간언도 이쪽에 실적이 있을 때라야 효력이 있다고 자하는 주상하고 있다. 또 애써서 하는 진언(進言)도 너무 빈번히 하다가는 주군(主君)으로부터 미움만 사게 된다고 자유(子游)가 말했던 것을 보완하는 말이라 하겠다.

큰 목표를 달성하기 위해서는……

비록 작은 기술에도 반드시 도리가 있고 볼만한 점이 있다. 그러나 원대한 뜻을 달성함에는 그것으로 말미암아 오히려 방해가 될 우려가 있으므로 군자는 그것을 힘써 배우지 아니한다.〈자장편〉

<small>수소도 필유가관자언 치원공니 시이군자불위야</small>
雖小道 必有可觀者焉 致遠恐泥 是以君子不爲也.

자하가 한 말이다. 좀더 알기 쉽게 풀이하면,
 '비록 어떤 작은 기능도 도움이 안되는 것이라곤 없다. 그러나 보다 큰 목표를 달성하기 위해서는 그것이 도리어 방해가 되는 경우도 있다. 군자가 말초적인 기능에 눈길을 주지 않는 것은 이 때문이다.'
라는 의미가 될 것이다.
 공자는,
 "나는 어렸을 때 빈곤했으므로 보잘것없는 일을 많이 했었다. 군자는 다방면의 기능을 가질 필요가 있다."〈자장편〉
라고 술회한 적이 있다. 그런 공자의 말도 자하의 염두에 남아 있었을 것이다. 또 공자는 자하가 임지(任地)로 떠나기 전에,
 "작은 이(利)를 돌아보지 마라."
고 가르친 적이 있다. 자하의 학술연구는 지극히 치밀했었다고 하는데 그 대신 사소한 것에 치우치는 경향이 있었던 것은 아닐까?
 자유(子游)가 자하의 제자들을 평하여,
 "청소를 하고 손님 응대를 하는 것은 잘하지만……."
이라고 한 말이 상기되기도 한다. 그렇다면 자하가 한 표제어의 말은 자계(自戒)의 말이었을까?

자장(子張)에 대한 자유(子游)의 평(評)

나의 친구인 자장은 남이 잘하지 못하는 바를 능히 해낸다. 그러나 아직 인애(仁愛)하다고 할 수는 없다.(자장편)

오 우 장 야 위 난 능 야 연 이 미 인
吾友張也 爲難能也 然而未仁.

'내 친구 자장은 웬만한 일은 모두 할 수가 있다. 하지만 아직 인(仁)에 도달했다고는 말할 수 없다.'

자유가 한 말로, 좀더 쉽게 의역하면 이상과 같은 뜻이 되겠다. 이 자장에 대해서는 증자(曾子)도 평을 하고 있다. 즉,

"당당하도다, 자장의 풍채는……. 그러나 함께 인(仁)을 실천해 나가기는 어렵다."

라고 평한 말이 역시 〈자상편〉에 실려 있다.

앞에서 소개한 바 있는, 자유와 자하(子夏)가 벌였던 논쟁, 자하와 자장이 벌였던 논쟁 등과 비슷하게 이 절(節)은 자유와 증자에 의한 자장의 평이다. 이 자장의 평만 보더라도 그들 젊은 제자들 사이에서는 이따금 상호간에 비판이 오고갔었던 것을 알 수 있겠다. 이것 역시 선진(先進) 그룹의 제자들에게서는 볼 수 없었던 현상이다.

한편 《논어》에 실려있는 기사를 보면 자하에게는 단독적인 발언이 많고 질문형(質問形)은 적다. 자장은 이것과 좋은 대조를 이루고 있다. 즉 단독형의 발언이 적은 반면 질문형 기사가 많다. 자장만큼 욕심을 내면서 공자에게 다항목(多項目)에 걸친 질문을 하고 있는 제자는 없을 정도이다. 공자로부터 '지나치다'란 평을 들은 자장과 '미치지 못하다'란 평을 들은 자하의 차이가 이런 형태로도 나타나고 있다.

아직 인(仁)에 이르지는 못했다

아직 지혜롭지 못한즉 어찌 인(仁)을 얻었다 하겠느냐? (공야장편)

_{미 지 언 득 인}
未知 焉得仁.

자장(子張)이 공자에게 초(楚)나라 자문(子文)에 대한 평을 해달라고 청했다.
"그는 세 차례나 재상의 자리에 임명되었다가 면직되었는데 기뻐하거나 노여워하지 않으면서 그때마다 업무 인수인계를 했다고 합니다. 어떻게 생각하십니까?"
"자기 직무에 충실했다."
"그럼 인(仁)하다고 보아야겠군요?"
자장이 덧붙여 묻자 공자가 한 말이 바로 표제어의 말이다.
"아직 지(知)에 이르지 못했은즉 어찌 인(仁)하다고 하겠느냐?"
아직 지자(知者)의 범주에 달하지 못했다. 하물며 어찌 인(仁)에 이르렀겠느냐고 하는 말이다. 자장은 이어서 진문자(陳文子)의 예를 든다. 이 진문자는 최자(崔子 : 崔杼)가 주군을 시해하는 것을 보고는 재산을 팽개친 채 타국을 전전했는데 어느 나라에 가도 신하가 권력을 사물화(私物化)하고 있으므로 '여기에도 최자가 있다'며 머무르려고 하지 않았는데 이 사람의 경우는 어떠냐고 물었다. 공자는,
"아직 지(知)에 이르지 못했은즉 어찌 인(仁)하다 하겠느냐?"
라며 같은 대답을 했다. 자장의 눈으로 볼 때, 초나라의 자문은 분명 직무에 충실한 사람이었고, 제나라 진문자는 청렴한 사람이었다. 그러나 공자의 평가는 그 두 사람 모두 인자(仁者)와는 거리가 있었던 것이다.

벼슬길에 나간 다음에는……

많이 듣되 의아스런 것은 빼놓고 나머지를 신중하게 말하면 허물이 적을 것이다. 많이 보되 확고하지 않은 것을 제외하고 나머지만 실천하면 뉘우침이 적을 것이다. 말에 허물이 적고 행동에 뉘우칠 바가 적으면 녹(祿)은 스스로 있게 마련이다.(위정편)

_{다문궐의 신언기여 즉과우 다견궐태 신행기여 즉과회}
多聞闕疑 愼言其餘 則寡尤 多見闕殆 愼行其餘 則寡悔.
_{언과우 행과회 녹재기중의}
言寡尤 行寡悔 祿在其中矣.

자장이 벼슬하여 녹(祿)을 얻기 위한 학문 방법에 대해서 물었던 바 공자가 대답한 말이 표제어의 말이다. 의역을 하면 다음과 같다.

'지식을 많이 얻을 일이다. 이해 안되는 것을 그냥 받아들여서는 안되고 —. 의문은 의문나는 그대로 남겨두고 납득되는 것만을 흡수해서 실천해라. 이렇게 해서 사상(思想)이 견실해지고 행동에 확신이 서도록 자기 연마를 해나간다면 그렇게 하는 일들이 녹(祿)과 자연스럽게 연결될 것임이야.'

자장이 질문을 한 핵심은 수험공부하는 방법과 그 대책이었을 것인데 그 질문에 대한 공자의 답변 내용은 학문 연구의 원칙론으로서, 취직을 하기 위해 특별한 공부를 하는 방법이란 있을 수 없다는 것이다.

'의심이 나는 것은 빼놓고(闕疑), 애매한 것은 빼놓고(闕殆)'의 궐(闕)은 결(缺)이란 뜻으로서 옆으로 제쳐놓는다는 의미이다. 의문나는 점을 유보함을 '궐의', 자신없는 행동이기에 유보하는 것을 '궐태'라고 한다.

띠에 이 글을 쓰다

자장은 이 말씀을 자기 띠에 적었다.(위령공편)

<small>자 장 서 제 신</small>
子張書諸紳.

자장이 자기 띠에 적었다는 이 말씀이란 무엇인가? 그것은 자장의 의지(意志) 전달 방법에 대한 질문을 했을 때 대답한 공자의 말이다.

"하는 말에 거짓이 없고(忠信), 일단 한 말은 반드시 실행한다(篤敬). 이렇게 하면 비록 변두리 오랑캐 땅에 가더라도 의지전달이 가능하다. 그러나 그 반대의 경우에는 자기 동네에서조차 의지전달이 불가능할 것임이야. 걸어갈 때에는 이 충신(忠信)과 독경(篤敬)이 눈앞에 보이고 수레에 타고 갈 때에는 이 충신과 독경이 멍에에 걸려 있음이 보인다. 이렇게 되어야만 자기 의지가 전달될 수 있는 것이니라."

'오랑캐 땅'이라고 번역한 원문은 '만맥지방(蠻貊之邦)' ─ . 역사가 다르고 인종이 다르고 언어가 다르고 풍속과 습관이 다르더라도 충신과 독경이 있으면 인간 상호간에 이해가 가능하다는 것이다. 오늘날의 말로 표현한다면 이것은 공자의 국제하론이요, 국제인론(國際人論)이다.

신(紳)은 폭이 넓은 예장용(禮裝用)의 띠를 가리킨다. 《논어》는 주지하는 바와 같이 공자 자신의 저술이 아니라 자장 등 직제자(直弟子) 이후 2대, 3대, 4대로 내려가는 세대들의 손에 의해 기록된 것을 집대성한 책이다.

자장은 공자가 한 말을 잊지 않기 위해 그 자리에서 즉시 '띠에 적었다'는 것인데 이 이야기는 구체적으로 《논어》가 어떻게 기록되어 내려온 것인지를 나타내고 있어서 흥미롭다.

증자(曾子)의 유언

새가 죽으려 할 때는 그 울음소리가 애처롭고, 사람이 죽으려 할 때는 그의 말이 선하다고 합니다.(태백편)

조지장사 기명야애 인지장사 기언야선
鳥之將死 其鳴也哀. 人之將死 其言也善.

증자가 무거운 병에 걸렸다는 소식을 듣고 달려온 맹경자(孟敬子)에게 증자가 마지막으로 충고를 했다. 그 첫머리가 바로 표제어이다.

"새는 죽어갈 때 그 우는 소리가 애처롭고, 임종을 맞는 사람의 말은 진실되다고 합니다."

그러므로 지금부터 하는 내 말을 주의깊게 들어주기 바란다는 의미이다. 그런 다음 증자는 다음과 같은 말을 덧붙이고 있다.

"사람들 위에 서서 일을 처리하는 사람(군자)으로서 예(禮)를 따라야 하는 데는 세 가지의 의미가 있습니다. 첫째로 행동이 예에 맞으면 난폭함을 멀리 할 수 있습니다. 둘째로 표현이 예에 맞는다면 신의(信義)를 가까이 할 수가 있구요. 셋째로 하는 말이 예에 맞으면 억지와 천박함에 빠지지 않게 됩니다. 이상 세 가지입니다.

예란 이런 근본정신이 필요한 것입니다. 그밖의 일, 즉 제사를 지내는 것 등은 그 담당자에게 맡기면 되는 것입니다."

증자는 공자의 제자로 성(姓)이 증(曾)이고 이름은 삼(參), 자(字)는 자여(子輿)이다. 공자보다 46세 연하이고 ─ . 맹경자는 공자와 나이가 비슷했던 노(魯)나라 대부(大夫) 맹의자(孟懿子)의 손자이다. 그는 언어 행농이 거칠었던 것 같다. 그리고 하급 관료에 맡겨도 될 사질구레한 일까지 직접 참견을 하여 주위의 빈축을 샀다.

정책의 계승

맹장자(孟莊子)는 효도를 했다. 다른 것은 아무나 할 수 있다손치더라도 그가 선친(先親)의 가신(家臣)과 정치를 고치지 않고 그대로 쓴 것은, 남들이 하기 어려운 것이다.(자장편)

_{맹장자지효야 기타가능야 기불개부지신 여부지정 시난능야}
孟莊子之孝也 其他可能也 其不改父之臣 與父之政 是難能也.

스승 공자에게 들은 말이라면서 증자(曾子)가 한 말이다. 좀더 이해하기 쉽도록 의역하면 다음과 같다.

'선생님은 이렇게 말씀하셨다. 맹장자의 효행은 실로 대단한 것이었다. 그 아버지가 세상을 떠난 후, 가신도 정책도 그대로 계승했으며 조금도 변경하지 않았다. 다른 효(孝)라면 더러 예가 있으나 이것만큼은 흉내낼 수가 없느니라고 말씀하셨다.'

맹장자는 공자가 세 살쯤 되었을 때 죽은, 노(魯)나라의 대부로서 그 아버지 맹헌자(孟獻子) 역시 현대부(賢大夫)로 알려진 인물이다. 하극상(下剋上)이 다반사처럼 일어나던 풍조 속에서 맹장자는 아버지가 썼던 가신들과 정치 방침을 그대로 이어받음으로써, 가신들과의 신뢰관계를 조금도 손상시키지 않았으며 단기(短期)·장기(長期)의 예측에도 착오가 없었던 것이다.

효행이라고 칭송을 한 이 말에는 물려받은 유산(遺産)을 잘못 사용하는 일 없이 유지한 그 역량도 포함되어 있다. 공자는 또 이런 말도 하고 있다. '아버지가 살아있을 때는 어떤 일에든 아버지의 의사를 존중하고, 아버지가 세상을 떠난 후에도 3년쯤은 아버지가 살아 있을 때의 관습에 따른다. 이래야만 참효도라고 할 수 있다는 것이다'라고

후견인(後見人)의 자격

어린 임금을 부탁할 수 있고, 사방 백 리의 나라를 맡길 수 있고, 존망(存亡)을 건 위급함에 임해서도 굽히지 않으면 군자다운 사람이라 할 수 있다. 군자다운 사람이다.(태백편)

가이탁육척지고 가이기백리지명 임대절이불가탈야
可以託六尺之孤 可以寄百里之命 臨大節而不可奪也.

군자인여 군자인야
君子人與 君子人也.

증자(曾子)가 한 말이다. 당시의 육척(六尺)은 오늘날의 140㎝가 채 안되는 길이이고 고(孤)는 고아(孤兒)란 뜻이다. 따라서 육척고(六尺孤)라고 하면 나이 13~14세 정도의 소년이란 의미가 된다. 즉 여기서는 미성년자인 주군(主君)을 가리킨다. 백리(百里)란 사방 백 리의 나라란 뜻으로 제후국(諸侯國)을 의미하고 —.

이 절(節)에서 말하는 군자인(君子人)이라면 얼른 떠오르는 사람이 삼국시대(三國時代) 촉한(蜀漢)의 승상(丞相)인 제갈공명(諸葛孔明)일 것이다. 촉한의 2세황제인 유선(劉禪)은 17세에 아버지 유비(劉備)의 뒤를 이어 즉위했다. 그러나 그는 최고 지도자로서 한 나라의 명운을 짊어지기에는 너무나 유약한 범인(凡人)이었다. 선천적으로 정치적 자질이 없었던 것 같다.

유비는 그런 아들의 성격을 알았음인지 제갈공명에게 내가 죽은 다음에는 그대가 제위(帝位)에 앉으라고 유언했다. 그런데도 불구하고 제갈공명은 유세(幼帝)의 후견인이 되어 약소국 촉한의 경영에 부심함으로써 유비의 신뢰에 보답했던 것이다.

법관(法官)의 마음가짐

윗사람이 바른 길을 잃어서 백성들이 흩어진 지 오래이다. 만약 백성들의 죄가 드러나더라도 불쌍히 여기라. 결코 기뻐하지 마라.(자장편)

<small>상실기도 민산구의 여득기정 즉애긍이물희</small>
上失其道 民散久矣 如得其情 則哀矜而勿喜.

노(魯)나라 실권자인 맹손씨(孟孫氏)가 양부(陽膚)를 법관으로 임명했다. 양부는 취임하기에 앞서 선생인 증자를 찾아가서 법관의 마음가짐에 대하여 물었다. 그때 증자가 대답한 말이 표제어이다.

"위정자가 실정(失政)을 거듭했기에 백성들은 토지를 잃고 가족들이 이산(離散)하여 헤매다니고 있어. 그런즉 그대는 만약 그들의 죄상이 드러나더라도 죄를 범한 사람들에게 긍휼을 베풀어야 하네. 자기의 공적을 자랑하며 기뻐해서는 안돼."

양부는 증자의 제자라고 주(註)하고 있다. 이 양부는 민완한 사람이었는데 그점을 자랑하고 다녔던 것이리라. 그랬기에 증자는 그점을 충고해 주었던 것이고 —.

백성들이 범죄하는 것도 따지고 보면 위정자의 책임이 크다는 것이 증자의 설명이다. 정치는 덕(德)으로 백성을 교화해 나가는 것이며 그렇게 함으로써 백성들을 잘살도록 교도해 나가고 보호해 주는 것이지 백성들을 법망(法網)에 얽어 무자비하게 처단하는 것이 아니다.

더구나 처단한 것을 공으로 생각하며 자랑을 한다면 그것은 위정자가 도리어 백성들에게 큰 죄를 범하는 것이 된다. 공자의 덕치(德治)·인정(仁政)이 그대로 반영되고 있는 충고라 하겠다.

공자의 사위

공야장(公冶長)은 사위로 삼을 만하다. 비록 그가 감옥에 갇혀 있다 하더라도 그의 죄는 아니다.(공야장편)

_{공야장 가처야   수재누설지중 비기죄야}
公冶長 可妻也. 雖在縲絏之中 非其罪也.

공자가 공야장을 평해서 한 말이다. 즉 알기 쉽게 의역하면,
'공야장이라면 사위를 삼아도 괜찮으리라. 지금은 비록 감옥에 갇혀 있는 몸이지만 그것은 그가 지은 죄 때문이 아니야.'
란 의미가 될 것이다. 그리고 공자는 실제로 자기 딸을 공야장에게 시집보냈던 것이다.

공야장은 공자의 제자인데 어떤 인물인지는 자세한 기록이 없어 알 수가 없다. 그는 새소리를 듣고 그 의미를 이해했다고 하며, 새소리를 듣고는 사람의 시체가 있는 곳을 관원(官員)에게 알렸기 때문에 의심을 받아 감옥에 갇히게 되었다고 한다. 공야장은 초능력의 소유자였었는지도 모른다.

그야 어쨌든 공자가 인물을 판단할 때는 상식적으로 판단하는 일이 없었다. 즉 이력(履歷)이라든가 세상 평판에 따라 판단하지 않았다는 것을 보여주는 삽화(揷話)이다.

아무리 생각해 봐도 공야장은 대단한 인물이 아니었던 것 같은데 공자는 굳이 그를 사위로 삼았다고 하니, 이런 점에서도 공자의 과감한 결단력과 신념이 굳은 인간관(人間觀)을 엿볼 수가 있다. 한번 믿었다 하면 비록 그가 감옥에 갇히어도 변함없이 신뢰했던 것이다.

극기복례(克己復禮)

자기를 이기고 예(禮)로 돌아가는 것이 인(仁)이다. 하루라도 자기를 이기고 예로 돌아간다면 천하가 인(仁)으로 돌아가게 될 것이다. 인(仁)을 이룩함은 나로부터 시작되는 것이지 남에게 의존할 일이 아니다.(안연편)

<small>극기복례위인 일일극기복례 천하귀인언 위인유기 이유인호재</small>
克己復禮爲仁 一日克己復禮 天下歸仁焉 爲仁由己 而由人乎哉.

인(仁)이란 어떤 것이냐고 안회(顔回)가 물었을 때 공자가 대답한 말이 표제어이다. 좀더 이해하기 쉽도록 의역을 하면 다음과 같다.
'자기와 싸워서 이기고 예(禮)의 본질과 합치된 행동을 하는 것이 인(仁)이다. 하루라도 그것을 할 수가 있다면 세상이 그 인(仁)에 동화(同化)된다. 따라서 인을 행하는 것은 개개인의 문제이지 남에게 의존하는 것이 아니다.'
이런 문답에 이어서 안회는 다시 질문하고 있다.
"좀더 구체적인 실천 항목을 들려주십시오."
그러자 공자는 말했다.
"예(禮)와 일치되지 않는 것은 보지도 않고, 예와 일치되지 않는 것은 듣지도 아니하며, 예와 일치되지 않는 것은 말하지도 않고, 예와 일치되지 않는 행동은 취하지도 말 일이다."
공자와 제자들 사이에서는 인(仁)에 대한 논의가 많았었다. 제자들뿐만 아니라 당시 공자를 알았던 사람들은 모두 공자가 말하는 인(仁)이란 도대체 무엇인가? 그것을 알고 싶어했음을 《논어》는 기록하고 있다. 공자는 번지(樊遲)가 인(仁)을 물었을 때는 단지 '남을 사랑하는 것이다'라고 간단히 대답했다.

내 도(道)는 충서(忠恕) 한 가지뿐

선생님의 도(道)는 충서(忠恕)일 뿐이시다.(이인편)

부 자 지 도   충 서 이 이 의
夫子之道 忠恕而已矣.

공자가,
"삼(參 : 曾子)아, 나는 오직 한 가지 원칙에만 충실해 왔다."
라고 말했을 때, 증자는 다만,
"예."
라고 대답했을 뿐이다. 공자가 자리에서 일어나 나가자 함께 있던 문인이 증자에게 물었다.
"무슨 의미의 말씀을 하신 것인지 전혀 이해가 되지 않습니다."
그러자 증자가 설명해 준 말이 표제어의 말이다.
"선생님께서는 양심을 속이지 않는 것[忠]과 남을 긍휼히 여기는 것[恕]이 인륜의 근본이라고 말씀하신 것이다."
이 충(忠)과 서(恕)는 공자의 제자인 자공(子貢)의 표현을 빌자면 '평생을 두고 행하여야 할 것'이었다. 즉 그가 스승 공자에게,
"평생을 두고 지켜야 할 일을 한마디로 요약한다면 무슨 말이 되겠습니까?"
라고 물었을 때 공자가 해준 대답이 바로 이 충서(忠恕)였던 것이며 자공은 그 말을 가슴에 깊이 새기고 살았던 것이다.
충서는 곧 인(仁)과 통한다. 공자는 '나는 오로지 한 가지를 가지고 관철할 따름이다(予一以貫之)'라고 말한 바 있거니와 이 한 가지가 곧 충서요, 인이었던 것임은 두말할 나위도 없다.

인자(仁者)는 입이 무겁다

인자(仁者)는 말하기를 어려워한다……. 실천하기가 어려우니 말하기가 어렵지 않을 수 있겠느냐.(안연편)

仁者其言也訒……言之得無訒乎.

사마우(司馬牛)가 스승 공자에게 인(仁)이란 무엇이냐고 묻자 공자가 대답했다.

"인자는 말하기를 어려워한다(인자는 입이 무겁다)."

사마우가 다시 물었다.

"입이 무겁다구요? 그것만으로 인(仁)이라고 할 수 있겠습니까?"

그러자 공자가 대답했다.

"인을 열심히 실천하려는 사람은 그것이 어렵다는 것을 모를 리 없다. 따라서 자연히 입이 무거워지게 마련이지."

인(仁)과 인(訒)은 음이 같다. 공자는 이같은 음의 조합으로 인(仁)의 의미를 가르치고자 했다. 그런데 사마우는 인(仁)이란 아주 심원(深遠)하고 숭고한 철리(哲理)인 것으로 생각했던 것이리라. 하지만 공자의 입에서 나온 대답은 의외로 너무나도 간단한 것이었다.

공자는 말보다도 실천을 중시했고 말한 것은 반드시 실행하는 신의가 있는, 언행일치(言行一致)를 생활의 바탕으로 삼아왔었다. 사마우가 인(仁)에 대해서 묻자 공자는 인생을 살아감에 있어서는 행동과 실천을 염두에 두고 말을 해야 한다.

따라서 말을 함부로 하는 것은 불인(不仁)이며 스스로 함정을 파는 것과 같다는 요지의 말로 훈계를 했던 것이다.

경원(敬遠)

인간이 지켜나가야 하는 도의(道義)에 힘을 쓰고 귀신은 공손히 다루되 멀리하면 그것이 지(知)이다.(옹야편)

務民之義 敬鬼神而遠之.
무민지의 경귀신이원지

번지(樊遲)가 지(知), 즉 지혜란 무엇이냐고 스승 공자에게 물었다. 공자의 대답이 표제어인데 좀더 알기 쉽게 의역하면,

'우리 인간들은 자칫하다가는 인간을 초월한 존재에 의지하려는 생각을 하기 쉽다. 그러나 먼저 인간으로서 하지 않으면 안되는 것이 무엇인지를 생각하는 것, 그것이 지혜이다.'

라는 뜻이 되겠다. 번지는 다시 이번에는 인(仁)에 대해서 물었다.

"남보다 먼저 어려운 일을 하되, 그 보답은 남보다 늦게 얻는다면 그것이 곧 인(仁)이다."

라고 공자는 대답했는데 이 말도 좀더 이해하기 쉽게 의역을 한다면,

'인간으로서 올바른 일이라면 비록 힘이 든다 하더라도, 그리고 보수가 적다는 것을 알더라도 꼭 실천하는 태도, 그것이 인(仁)이다.'

란 뜻이 될 것이다. 지(知)에 대한 공자의 대답, 즉 '귀신은 공손히[敬] 다루되 이를 멀리한다'에서 나온 말이 '경원(敬遠)'이다.

인간은 어디까지나 인간의 차원에서 판단하고 행동할 일이다. 그러는 한편으로 귀신에 대해서는 존숭(尊崇)의 마음을 지니면서도 어디까지나 인간을 초월한 존재로서 받들고 모시라는 것, 즉 이 두 가지를 엄연하게 구별하는 것이 지혜라고 말했던 것이다. '무턱대고 귀신에게 제사를 지내는 것은 아첨이다〈위정편〉'라고 했던 공자이기도 하다.

다섯 가지의 덕(德)

공손·관대·신의(信義)·민활·은혜 등 다섯 가지이다. 공손하면 욕을 당하지 않고, 관대하면 여러 사람이 따르며, 신의가 있으면 남들이 일을 맡기게 되고, 민활하면 일을 성취시킬 수 있으며, 은혜로우면 남을 감화시키어 쓸 수가 있다.(양화편)

_{공관신민혜 공즉불모 관즉득중 신즉인임언 민즉유공 혜즉족이}
恭寬信敏惠 恭則不侮 寬則得衆 信則人任焉 敏則有功 惠則足以
_{사인}
使人.

자장(子張)이 스승 공자에게 무엇이 인(仁)이냐고 물었을 때 공자가, "천하 어디서든지 다섯 가지를 실천한다면 그것이 곧 인(仁)이다." 라고 대답했다. 자장이 다시 그 다섯 가지를 물었을 때 공자가 구체적으로 설명해 준 말이 표제어의 말이다. 좀더 알기 쉽게 의역을 하면,

'신중·관대·성실·근면·자애 등 다섯 가지이다. 사람이 신중하면 남들로부터 경시(輕視)당하는 일이 없을 것이고, 관대한 사람은 인망(人望)을 모을 수가 있다. 성실한 사람은 틀림없이 신뢰를 받을 것이고, 근면한 사람은 하는 일에 당연히 실적이 오르게 마련이다. 그리고 자애로우면 사람들이 기꺼이 따르게 될 것이야.'

란 뜻이다. 《논어》 뒷부분에는 숫자를 매겨가면서 사항을 열거하는 형식의 글이 자주 나온다. 이 절(節)은 5개 항목을 나열한 것으로서 그런 글의 한 예이다. 실제의 대화내용과는 다소 다르게 기록한 것으로 생각되기도 하는데 이 다섯 글자에 어떤 내용을 담으려고 했었는지, 그것은 기록한 사람의 의도와 수단이 숨어 있다는 생각도 든다.

관중(管仲)의 능력은?

환공(桓公)이 제후(諸侯)들을 규합하는 데 병거(兵車) 따위 무력을 쓰지 않았던 것은 관중의 힘이었다. 역시 어질다고 할 수 있다.(헌문편)

<small>환공구합제후 불이병거 관중지력야 여기인 여기인</small>
桓公九合諸侯 不以兵車 管仲之力也 如其仁 如其仁.

제(齊)나라 환공(桓公)이 즉위하기 전 공자(公子) 시절에 형인 공자 규(糾)를 죽였을 때 규의 가정교사였던 소홀(召忽)은 자결을 함으로써 공자 규를 위해 순사(殉死)했다.

그러나 같은 가정교사였던 관중은 살아 남았다. 그랬는데도 관중을 어질다고 할 수 있겠느냐는 질문을 자로(子路)가 했을 때 스승 공자가 대답한 말이 표제어의 말이다.

자공(子貢)도 관중의 인(仁)에 의문을 품고 똑같은 질문을 한 적이 있다. 환공은 춘추시대 초기, 제나라의 군주로서 중국 역사상 최초로 군주동맹의 맹주(盟主), 즉 패자(覇者)가 되었다.

제나라에서는 양공(襄公)이 암살당한 다음, 공자 규(糾)와 소백(小白 : 후일의 桓公) 사이에 후계자 싸움이 벌어졌는데 소홀과 관중은 규의 가정교사로서 소백과 싸웠다.

이때 관중이 쏜 화살이 소백의 혁대에 맞았으나 죽지 않았고 도리어 규가 전사했다. 그리고 소홀은 자결했으나 관중은 친구인 포숙아(鮑叔牙)의 천거로 환공을 도와 패자로 만들었다. 소홀의 순사는 관중의 패업 달성을 보좌한 업적에 비하면 보잘것없는 것이라고 평한 것이 공자의 말이다.

남을 평가할 때에는……

충성과 신의에 힘쓰고, 정의를 향하여 나간다면 그것이 덕(德)을 높이는 것이다. (상대방을) 좋아하면 살기를 바라고 미워하면 죽기를 바라는데 이처럼 살기를 바랐다가 또 죽기를 바라는 것이 미혹이다.(안연편)

주충신 사의 숭덕야 애지욕기생 오지욕기사 기욕기생 우욕기
主忠信 徙義 崇德也. 愛之欲其生 惡之欲其死 旣欲其生 又欲其

사 시혹야
死 是惑也.

자장(子張)이 도덕의식의 향상과, 시비(是非)의 변별법에 대하여 스승 공자에게 가르침을 청했다. 이때 대답한 말이 표제어인데 이해에 도움이 되도록 의역하면 다음과 같다.

'사람들과 접할 때, 성실을 근본에 놓고 의(義)를 규준으로 하는 것, 그것이 도덕의식을 향상시키게 된다. 만약 감정적으로 사람과 접하게 되면 상대방에게 호감을 가지고 있을 때는 상대방이 오래 살기를 바라고, 상대가 미워지기 시작하면 이번에는 죽어주기를 바라게 된다. 즉 똑같은 상대방에 대하여 생과 사라고 하는 정반대를 바라게 되는 것이다. 이렇게 된다면 시비(是非)의 변별력이 있다고 할 수가 없다.'

그는 믿을 수 있다, 그는 좋은 사람이다라며 남에게 칭찬의 말을 해댄다. 그러나 그것은 그 상대방이란 존재가 자기에게 있어 무언가 이익을 가져다 주는 것의 반영(反映)에 지나지 않으며 그 상대방이 무언가의 동기로 인하여 불이익을 가져다 주는 작용을 하기 시작하면 손바닥을 뒤집듯, 이번에는 욕설을 퍼붓게 마련이다. 변한 것은 자기 생각이요, 자기 사정일 뿐, 상대방이 바뀐 것은 아무것도 없는데 말이다.

예(禮)의 관습을 어기지 마라

맹의자(孟懿子)가 효도에 대하여 묻자 공자가 대답했다. "어기지 마십시오."(위정편)

맹의자문효 자왈 무위
孟懿子問孝 子曰 無違.

맹의자가 공자에게 효도에 대해서 질문을 했던바 공자가,
"어기지 마십시오."
라고 대답했다. 이런 문답이 있은 다음 공자는 어자(御者)인 번지(樊遲)가 모는 수레에 올라 그에게 이야기했다.
"맹손(孟孫 : 맹의자)이 나에게 효도에 대해서 묻기에 어기지 말라고 내가 대답했다."
"그게 무슨 뜻입니까?"
번지가 물었다. 그러자 공자가 대답했다.
"부모가 살아있을 때는 예(禮)로써 섬기고 죽어 장사지낼 때도 예로써 섬기고 제사도 예로써 지내야 한다(禮의 관습을 어기지 마라)는 의미이다."
당시 노(魯)나라에서는 맹손(孟孫)·숙손(叔孫)·계손(季孫) 등 세 가문이 실권을 장악하고 예를 어겨 가면서까지 정치를 좌지우지하고 있었다. 이 세 가문은 노나라 환공(桓公)의 후손들이기 때문에 삼환(三桓)이라고도 한다.
맹의자는 맹손씨 가문의 사람으로서 이름은 하기(何忌), 의(懿)란 시호이다. 아버지의 유언을 받들어 공자의 문하에서 배웠다고 하는데 공자하고는 같은 연배의 친구였다.

사람 됨됨이의 기량(器量)

아아! 한 말들이밖에 안되는 조그마한 기량을 가진 사람이야 논할 바가 못된다.(자로편)

희 두소지인 하족산야
噫 斗筲之人 何足算也.

선비의 자격에 대하여 자공(子貢)이 물었다.
"어떻게 하면 선비라고 할 수 있겠습니까?"
공자가 대답했다.
"자신의 언행에 대해서 언제나 부끄럽게 생각하고 외교사절로 여러 외국에 파견되더라도 나라의 명예를 욕되게 하지 않는 사람이라면 선비라고 할 수 있겠다."
"그럼 그 다음 단계는요?"
"그 아래 단계로는 친척들로부터 효자라는 칭찬을 받고 온 마을 사람들로부터 우애롭다는 칭찬을 받는 사람이다."
"감히 묻겠습니다. 그 다음 단계로는 어떤 사람을 들 수 있겠습니까?"
"말을 하면 반드시 실천하고 실행하면 반드시 성과를 거둔다면…… 딱딱하고 강직한 소인이겠으나 그래도 역시 선비 속에 포함시킬 수 있겠다."
"오늘날의 정치가 중에 선비가 있겠습니까?"
자공의 물음에 공자가 한 대답이 표제어의 말이다. 즉,
'기량들이 작아. 그런 사람들은 논할 가치조차 없다.'
라는 뜻이다. 선비라면 농상공(農商工)의 위에 서서 일하는 사람인즉, 신분에 어울리는 사상과 인격을 가져야 한다는 뜻의 말이다.

그것은 유명인(有名人)이지 달인(達人)은 아니다

그것은 명성(名聲)이지 통달한 것이 아니다.(안연편)

시 문 야 비 달 야
是聞也 非達也.

자장(子張)이 스승 공자에게 물었다.
"선비는 어떻게 해야 세상에서 달인(達人)이란 평을 들을 수 있겠습니까?"
그러자 공자가 반문했다.
"달인이란 어떤 뜻인고?"
"자신의 주변에서는 말할 것도 없고 온 나라 안에 명성이 떨치는 인물을 말함입니다."
"명성이 떨친다구? 그것은 유명인일 뿐이야. 달인이라고는 할 수 없지. 달인이란 실질적으로 내용을 갖추고 있어서, 의(義)에 맞도록 행동을 하는 것이야. 남의 의견을 경청하고 그 마음의 움직임을 찰지(察知)하되 사려 깊고 겸허하게 대처한다. 그러기에 주위 사람들은 물론이고 나라 안의 사람들로부터 달인(達人)이라는 인정을 받게 되는 것이다. 그러나 유명인은 그렇지 아니하다. 표면으로는 인자(仁者)인 척 행동을 하지만 실은 딴판이며, 더구나 그런 위선적(僞善的)인 행동에 대하여 조금도 의문을 가지지 아니한다. 따라서 이런 사람을 주위에서는 말할 것도 없고 온 나라 안에서 유명인의 취급을 받게 되는 것이다."
달인에 대하여 자장이 잘못 알고 있는 것을 지적해 준 공자의 말이다. 자장은 달인 외에도 명(明)과 행(行)에 대하여 공자에게 물은 적이 있다. 공자에 대하여 질문을 한 항목이 많기로는 자장이 으뜸이다.

나라를 다스리는 기본

하(夏)나라의 역법(曆法)을 쓰고, 은(殷)나라의 수레를 타고, 주(周)나라의 예관(禮冠)을 쓰고, 음악은 소무(韶舞)를 쓰고, 정(鄭)나라의 음악을 몰아내고, 아첨배를 멀리하라. 정나라 음악은 음란하고 아첨배는 위태롭다.(위령공편)

행하지시 승은지로 복주지면 악즉소무 방정성 원영인
行夏之時 乘殷之輅 服周之冕 樂則韶舞 放鄭聲 遠佞人

정성음 영인태
鄭聲淫 佞人殆.

안회(顔回)가 국정(國政)의 기본방침에 대해 질문했을 때, 공자가 대답한 말이 표제어이다. 좀더 이해하기 쉽게 의역하면,

'역법(曆法)은 하왕조(夏王朝)의 것이 좋다. 수레는 은(殷)나라 때의 것, 관(冠)은 주(周)나라 때의 것을 쓰도록 하라. 그리고 음악은 순(舜) 임금 때의 대소(大韶)가 좋다. 배척해야 할 것은 정(鄭)나라 음악과 아첨배이다. 정나라 음악은 사람을 타락시키고 아첨배는 위태롭다.'
란 의미가 될 것이다.

하·은·주 삼대(三代)의 문명이 우수함을 피력한 말이다. 순임금 때의 대소(大韶)에 대해서 공자는 선(善)과 미(美)의 극치라고 평가한 바가 있다. 정나라의 음악은 지극히 관능적(官能的)이었다고 한다.

안회가 인(仁)에 대해서 질문을 했을 때, 공자는 예(禮)에 합치하지 않는 것은 보지도 않고, 듣지도 않고, 말하지도 않는 것이라고 대답했었다. 이 절(節)에서 한 공자의 대답은 그것과 대응하고 있다. 정치의 근본을 예악의 정비(整備)에 둔 것은, 다른 제자의 물음에 대한 대답과 다소 다른데 그것은 상대가 학구파인 안회였었기 때문이리라.

공숙문자(公叔文子)의 추천

　　공숙문자의 신하인 대부(大夫) 선(僎)이 공숙문자의 추천으로, 같은 공(公)의 반열에 올랐다. 공자는 이 말을 듣고 '문(文)'이란 시호에 어울리는 인물이었다'라고 말했다.(헌문편)

공숙문자지신대부선　여문자동승제공　자문지왈　가이위문의
公叔文子之臣大夫僎 與文子同升諸公 子聞之曰 可以爲文矣.

　　공숙문자는 자신의 가신(家臣)인 선(僎)을 자기와 같은 반열인 공(公)의 지위에 발탁한 적이 있었다. 공자는 그 말을 듣더니 이렇게 말했다는 것이다.
　　"문(文)이란 이름에 어울리는 인물이로구나."
　　공숙문자는 위(衛)나라 헌공(獻公)의 손자로서 이름은 발(拔)이다. 공자보다는 1세대 위인 사람이다. 문자(文子)란 시호(諡號)인데 시호란 본인이 세상을 떠난 다음에 지어 올리는 명호(名號) —.
　　주(周)나라를 창건한 무왕(武王)의 아버지는 문왕(文王)인데 역시 시호가 문(文)이다. 또 춘추시대 패자(覇者)의 한 사람이었던 진(晋)나라 문공(文公)도 시호가 문(文)인데 이 문(文)은 생전에 지극히 높은 업적을 올렸던 사람에게 지어 바치는 시호이다.
　　공자는 위나라 대부 공어(孔圉)가 공문자로 불려지게 된 이유를,
　　"그는 총명한데다가 향학심이 있었는데 후배에게 가르침을 청하는 것도 부끄러워하지 않았기[不恥下問] 때문이다."
라고 말한 바 있다. 여기서는 다시 가신인 선(僎)을 자기와 같은 반열에 천거했기 때문에 문(文)의 시호를 받았다고 했다. 공평무사하고 겸손했던 공숙문자를 공자는 높이 평가했던 것이다.

벼슬자리 도둑질

장문중(藏文仲)은 벼슬자리를 도둑질하고 있는 사람이다. 유하혜(柳下惠)가 어진 사람임을 알고도 추천하여 함께 좋은 정치를 하려 하지 않았다.(위령공편)

<ruby>장문중기절위자여<rt></rt></ruby> <ruby>지유하혜지현<rt></rt></ruby> <ruby>이불여입야<rt></rt></ruby>
藏文仲其竊位者與 知柳下惠之賢 而不與立也.

공자가 한 말인데 이해하기 쉽도록 의역을 하면,
'장문중과 같은 인간을 벼슬자리 도둑이라고 하는 것이야. 유하혜의 재능을 너무나도 잘 알고 있으면서 끝내 그를 천거하지 않았으니 말이야.' 란 의미가 될 것이다.

앞의 절(節)과는 정반대로 현재(賢才)를 천거하지 않았던 케이스이다.

장문중은 공자보다 백 년쯤 이전의 노(魯)나라 사람으로서 사서(史書)에는 공자가 살아가던 시대에도 명재상(名宰相)으로서의 이름이 전해지고 있었다 한다. 그러나 공자는 다른 절(節)에서도, 그가 자기 집안에 군주에게만 허용되어 있었던 시설과 장식을 갖추고 있었다는 점을 비판하면서 이런 인물이 지자(知者)였을 리 없다고 지적한 바 있다. 공자는 세간(世間)의 평판을 무턱대고 믿었던 것은 아니다.

유하혜도 노나라 사람이다. 유하(柳下)는 그가 살고 있었던 지명(地名)이라는 설도 있다. 혜(惠)는 시호(諡號) ― . 이런 이야기가 《논어》에 있다. 유하혜는 세 번 사법장관에 임명되었다가 그때마다 파면당했다. 어떤 사람이 '노나라를 왜 안 떠나느냐'고 묻자 '도를 지키며 정치를 바로하면 어디에 간들 쫓겨나지 않겠는가? 도를 굽히고 정치를 바로하지 않을 바에야 굳이 고국을 떠날 필요가 있겠는가?'라고 답했다.

정치의 요체(要諦)

자고로 사람은 누구나 한 번은 죽게 마련이다. (그러나) 백성들이 (위정자를) 믿지 않는다면 나라가 존립할 수 없느니라.(안연편)

<small>자고개유사 민무신불립</small>
自古皆有死 民無信不立.

자공이 정치의 요체는 무엇이냐고 물었을 때 공자는 이렇게 대답했다.
"식량의 충족, 군비(軍備)의 충실, 백성들로 하여금 믿게 하는 것이다."
"그 세 가지 가운데 만부득이하여 한 가지를 포기해야 한다면 어떤 것을 포기해야 합니까?"
"군비를 포기해야지."
공자가 대답하자 자공이 또 물었다.
"나머지 두 가지 가운데 또 한 가지를 포기해야 한다면 어떤 것을 포기해야 합니까?"
"그렇다면 물론 식량을 포기해야 한다……."
그리고 이어서 한 말이 표제어의 말인데 좀더 알기 쉽게 의역을 한다면, '인간은 언젠가는 죽게 마련이야. 죽음을 피할 수는 없다. 그런데 신의(信義)를 잃게 되면 비록 살아 있다 하더라도 아무런 존재가치가 없다. 특히 위정자로서는 나라를 존립시킬 수 없느니라.'
란 뜻이 되겠다. 정책으로서의 안보(安保)를 포기하는 일이 있더라도, 그리고 경제발전·식량증산의 중대한 민생문제를 포기하는 일이 있더라도 국민들에게 신망(信望)을 잃어서는 안된다는 것이 공자의 대답이다. 신의가 없어지면 인간의 사회도 정치도 붕괴된다. 즉 인간이 인간답지 못하게 되니 신의만큼은 꼭 지켜야 한다는 명언이다.

최종 목표는 교육이다

"백성들이 부(富)해진 다음에는 더 보태야 할 것이 무엇입니까?" "그것은 교육이니라."(자로편)

既_기富_부矣_의 又_우何_하加_가焉_언. 曰_왈, 敎_교也_야.

공자가 위(衛)나라에 갔을 때의 일이다. 스승을 모시고 가던 염유(冉有)에게 말했다.

"대단한 인구(人口)로구나."

염유가 맞장구를 쳤다.

"그렇습니다. 선생님, 굉장한 인구입니다. 이처럼 인구가 많아진 연후에는 무엇을 더 보태야 합니까?"

"생활의 향상이지. 생활을 향상시켜야 하느니라."

"생활이 향상된 다음에는요?"

"그것은 교육이야. 백성들을 가르쳐야 하느니라."

자공(子貢)이 '정치의 요체(要諦)'를 물었던 것에 대한 답변과는 대조적으로 인구·생활향상·교육을 너해 나가야 한다는 구성(構成)이다.

인구가 많다는 것은 그만큼 선정(善政)을 베풀었다는 증거로 보아도 좋다. 역시 이 〈자로편(子路篇)〉에,

'위정자가 정치를 올바르게 하면 즉, 예(禮)를 좋아하고, 도의를 잘 지키고 신의를 저버리지 않는다면 사방에 있는 이웃나라의 백성들까지도 제 자식을 포대기로 싸서 업고 찾아올 것이다.'

라고 했는데 이것이 인구가 많아지게 하는 인(仁)의 정치였다.

나라를 멸망시키는 말, 한마디

사람들이 전해오는 말에 '나는 임금된 것을 즐거워하지 않고, 오직 내 말에 아무도 반대하지 않는 것을 즐거워한다'는 말이 있습니다.(자로편)

<u>인 지 언 왈   여 무 락 호 위 군   유 기 언 이 막 여 위 야</u>
人之言曰 予無樂乎爲君 唯其言而莫予違也.

노(魯)나라 정공(定公)이 '한마디 말로 나라를 멸망시키는 것을 경고하는 말이 있느냐고 물었을 때, 대답한 공자의 말 중 한 대목이 표제어의 말이다.

"격언(格言)에 '나는 군주가 되는 것을 즐거워하지는 않지만 내가 하는 말에 대해서 이러쿵저러쿵 하며 거역하는 자가 없는 것을 즐거워한다'란 말이 있습니다. 만약 그런 군주의 말이 언제나 선(善)한 말이어서 거역하는 자가 없다면 그 얼마나 좋겠습니까마는, 군주가 악한 말을 해도 두려워서 입을 다문다면 이 격언의 한미디는 나라를 멸망시키는 것을 경고하는 말이 될 것입니다."

이 말은 국가에만 해당되는 말이 아니다. 어떤 조직이든 기업이든 간에 톱(Top)에 대한 비판의 목소리가 나오질 않는다면 그것은 불행을 초래하게 마련이다.

주변 인물들이 진짜로 심복(心腹)하고 있는 것이라면 그런대로 좋겠지만, 원맨(oneman)이 마음대로 전횡하는 그대로 내버려 두고 있는 것이라면 위태롭기 짝이 없을 것이니 말이다.

고언(苦言)을 하는 부하를 멀리하는 것은 조직의 붕괴, 기업의 도산을 자초하게 된다. 내외(內外)의 소리 없는 소리까지 경청할 수 있느냐 없느냐가 조직의 장(長)으로서는 빼놓을 수 없는 자질인 것이다.

부하의 의견을 들으려면……

군자는 말만으로 사람을 높이 쓰지 아니하고, 또 사람 됨됨이 때문에 그 말까지 버리는 일이 없다.(위령공편)

군자불이언거인 불이인폐언
君子不以言擧人 不以人廢言.

공자가 한 말로서 좀더 알기 쉽게 의역을 한다면,
'군자는 여론만 믿고 어떤 인물을 등용하지는 아니한다. 그러나 타당한 의견이라면 아무리 낮은 지위에 있는 인물의 발언이더라도 반드시 귀를 기울인다.'
란 뜻이 되겠다. 즉 지도적 입장에 있는 사람은 부하의 의견에 어떻게 대처할 것인가에 대한 문제이다. 공자는 이런 말을 한 적이 있다.
 "전에 나는 남을 대함에 있어, 그의 말만을 듣고 그의 행실을 믿었지만 이제 나는 남을 대함에 있어 그의 말을 들은 다음에도 그의 행동을 살피게 되었다. 이는 재아(宰我)로 인하여 사람 대하는 태도를 바꾸게 된 것이다."
 공자는 여론이나 언론만을 믿있다가 실수했었다는 것이다.
 하지만 그렇다고 해서 남의 말을 모두 의심한다면 커뮤니케이션이 성립되지 아니한다. 당연한 말이지만 타당한 말에는 귀를 기울여야 하는데, 타당한 말인지 아닌지를 분별하는 귀를 가지고 있느냐가 문제이다. 이런 귀를 가지려면 역시 평소의 마음가짐이 올바라야 하고, 그 올바른 마음으로 그런 능력(분별력)을 길러나가야 한다. 공자가 '불치하문(不恥下問)'했다며 칭찬했었던 공문자(孔文子)는 그런 마음가짐을 가졌던 인물의 예(例)였던 것이 아닐까?

군주는 바람, 백성은 풀

군자의 덕(德)은 바람과 같고 소인의 덕은 풀과 같습니다. 바람이 불면 풀은 반드시 그 바람에 쏠리어 따르게 마련입니다.(안연편)

<ruby>君子之德風<rt>군자지덕풍</rt></ruby> <ruby>小人之德草<rt>소인지덕초</rt></ruby> <ruby>草尙之風必偃<rt>초상지풍필언</rt></ruby>.

계강자(季康子)가 정치에 대하여 공자에게 물었다.
'나는 범죄자를 사형(死刑)에 처해서라도 백성들을 인도해 나갈 수 있다면 그렇게 할 생각입니다만……'
그러자 공자는 말했다.
"사형이라니요? 귀공은 정치를 하겠다면서 살인(殺人)을 할 작정이십니까? 귀공이 덕치(德治)에 철저하시다면 백성들은 그 선(善)에 동화(同化)되지 않을 리 만무합니다."
그리고 덧붙인 말이 표제어인데 좀더 이해하기 쉽게 의역을 하면,
"위정자와 국민의 관계는 바람과 풀과 같은 것입니다. 바람이 불면 풀은 그 바람결에 따라서 반드시 나부끼게 마련이지요."
란 의미가 되겠다.
군자와 소인 ―. 이 말은 직접적으로는 제도상의 신분을 나타내는 말은 아니지만 이따금 치자(治者)와 피치자(被治者)란 의미와 같은 뜻으로 사용된다. 이 절(節)도 그런 경우이다.
사(士) 이상의 치자(治者) 계급은 절대다수인 백성들로부터 세금을 징수한다. 따라서 그것으로부터 발생하는 반대급부(反對給付)로서의 통치책임은 지극히 큰 것이다. 공자의 군자론(君子論)과 덕치주의(德治主義)는 그것에 입각한 군자책임론(君子責任論)인 것이다.

자로(子路)가 인자(仁者)인지는 모르겠다

유(由 : 자로)는 천승(千乘)의 나라에서 병사(兵士)를 다스릴 수는 있겠지만 그가 인자(仁者)인지 아닌지는 잘 모르겠소이다.(공야장편)

유야 천승지국   가사치기부야   부지기인야
由也 千乘之國 可使治其賦也 不知其仁也.

맹무백(孟武伯)이 공자에게 물었다.
"자로는 인자(仁者)일 것으로 생각합니다만……."
"글쎄요, 잘 모르겠습니다."
공자가 확답을 하지 않자 맹무백이 거듭 물었다. 그러자 공자가 대답한 말이 표제어의 말인데 이해하기 쉽게 의역을 하면 다음과 같다.
'자로는 대국(大國)의 군정을 맡아볼 수단은 있습니다. 그러나 인자인지 아닌지는 잘 모르겠소이다.'
맹무백은 다시 염유(冉有)와 자화(子華)에 대해서도 같은 질문을 했다. 그 질문에 대하여 공자는 대답했다.
"염유는 큰 고을의 장관은 감당해낼 수 있겠지만 그가 인자인지 어떤지는 모르겠소이다. 자화는 예복 속대를 하고 조정에 나가 빈객의 접대는 할 수 있겠지만 그가 인자인지 어떤지는 모르겠소이다."
이 맹무백을 비롯한 노(魯)나라의 귀족들은 공자의 문하생들을 인재(人材)로 주목하고 있었던 것이다. 어쩌면 이런 식의 문답이 있었기에 공자의 제자들은 그런대로 취직을 할 수 있었을 것이다.
그렇다면 공자가 '그렇습니다. 그는 인자(仁者)입니다'라고 한마디만 해주었더라면 그대로 등용되어 벼슬길에 나아갈 수 있었을 것이지만 공자는 어디까지나 엄정했던 것이다.

아비와 군주를 죽이는 일에는 불참(不參)

아비와 군주를 죽이는 일에는 그들도 따르지 않을 것입니다.(선진편)

시부여군 역부종야
弑父與君 亦不從也.

노(魯)나라 정치를 전횡하던 이른바 삼환(三桓) 중 한 가문인 계씨(季氏) ─. 이 계씨의 실권자인 계자연(季子然)과 공자가 나눈 문답의 일부이다. 계자연이 공자에게 물었다.

"자로(子路)와 염구(冉求)는 대신(大臣)감이 될 것으로 생각합니다만……."

그러자 공자가 대답했다.

"뜻밖의 질문을 하시는군요. 자로와 염구가 대신감이라니요? 대신이라고 하면 정도(正道)를 가지고 주군을 섬겨야 하며 그러지 못할 경우에는 물러나는 사람을 대신이라고 하는 것입니다. 자로와 염구는 보통 관원의 자리는 감당할 수 있겠지만 대신은 되지 못할 것입니다."

"그럼 내가 시키는 대로 일을 할 수는 있을 게 아닙니까?"

계자연의 이 질문에 대답한 공자의 말이 바로 표제어의 말이다.

공자는 염구가, 가신(家臣)의 자리에 있으면서 전수(顓臾)를 공격하는 주군인 계씨(季氏)에게 간하지 않았던 것을 나무란 일이 있다. 또 염유가 계씨를 위해 사방에서 세금 징수를 강행했던 것도 나무랐었다. 그것은 계씨 등 삼환(三桓)이 국군(國君)을 밀어내고 노나라 국정을 좌지우지한 것을 비판한 것이기도 했다. 그렇다면 이 절에서 '아비와 군주를 죽이는 일에는 따르지 않을 것'이라고 한 것은 비유 이야기가 아니라 정면으로 계씨를 비판한 것이다.

공자가 받은 수업료

> 속수(束脩)의 예(禮) 이상을 치르는 사람들에게, 내가 일찍이 가르치지 않은 바가 없다.(술이편)
>
> 자행속수이상 오미상무회언
> 自行束脩以上 吾未嘗無誨焉.

공자가 한 말인데 좀더 이해하기 쉽게 의역하면,
'규정된 절차만 밟는다면 상대방이 어떤 인간이든 상관치 않고 나는 입문(入門)을 허락했었다.'
라는 뜻이 될 것이다. 속수(束脩)는 육포(肉脯)를 묶은 다발이란 의미이다. 제자로 입문을 할 때 내는 수업료로서, 사례품으로는 제일 값싼 것이었다고 한다. 거금(巨金)을 내지 않더라도 속수를 바침으로써 배우겠다는 의지만 나타내면 누구든 가르쳐 주었다는 것이다.

공자의 제자 중에는 맹의자(孟懿子)라든가 남궁경숙(南宮敬叔) 등 고위고관(高位高官)의 자제들도 있었지만 그런 사람들은 오히려 예외였고, 대다수는 자로(子路)라든가 안회(顔回)와 같은 빈궁한 사족(士族)의 자제들이었다. 공자 자신도 그런 빈궁한 사족 출신이었지만—.

자로와 증석(曾皙 : 曾子의 아버지) 등 일찍이 맞아들인 제자들은 공자가 30세를 넘었을 무렵 입문했었다. 30대 중반 공자가 주(周)나라 도읍에서 유학을 끝내고 귀국한 다음 자로·증석 이후의 제자들이 입문했으리라. 공자가 만약 속수 정도가 아닌, 많은 입문료(入門料)를 받았더라면 그들 빈곤한 사족(士族)의 자제들은 교육받을 기회를 얻지 못했을는지도 모른다. 가난한 사족의 자제들을 열심히 지도하는 서당을 만든 것은 공자가 사상(史上) 처음이었던 것이다.

교제할 때는 경의(敬意)를

안평중(晏平仲)은 남과 잘 사귀었다. 오래 사귀어도 남을 공경했었다.(공야장편)

_{안평중선여인교 구이경지}
晏平仲善與人交 久而敬之.

공자가 한 말이다. 알기 쉽게 의역을 하면,
'안평중이 교제하는 태도는 참으로 훌륭했었다. 오래 두고 사귀어서 아무리 친해지더라도 상대방에 대한 경의(敬意)를 잃지 아니했었다.'
란 의미가 될 것 같다.

안평중은 대국이었던 제나라의 명재상(名宰相)인 안영(晏嬰)을 가리킴이다. 영(嬰)이 이름이고 평중(平仲)은 자(字)이다. 그는 제나라 영공(靈公)·장공(莊公)·경공(景公) 등 3대의 군주를 섬기면서 여러 차례나 나라의 위기를 극복한 정치가로서 후세에 그 이름을 떨쳤다.

경공 32년, 즉 공자가 노(魯)나라 소공(昭公)을 따라 제나라에 간 이듬해(소공은 季平子를 치다가 패하여 제나라로 망명했었다) 경공은 혜성이 나타난 것을 보고 흉사(凶事)의 징조라며 걱정하던 끝에 재액(災厄)에서 벗어나기 위해 제사를 지내려고 했다. 이때 안영이 경공에게 말했다.

"제사를 지내도 혜성은 사라지지 않습니다. 전하의 재액은 혜성이 아니라 궁궐에서 사치를 하시면서 백성들에게 무거운 세금을 부과함으로써 일어날 것인데 그것을 고치지 않으시면 혜성보다 더 무서운 재액이 찾아올 것입니다."

안영은 합리적 사고를 하던 사람인데 공자는 정치철학에서는 안영과 견해가 달랐지만 안영의 이런 합리적 사고를 높이 평가했던 것이다.

음악 애호가였던 공자

공자가 제(齊)나라에 있을 때 소(韶)라는 음악을 듣고 석 달 동안이나 고기맛까지 잊었다. 공자가 말했다. "음악이 이렇게까지 훌륭한 경지에 이르리라고는 생각하지도 못했었다."〈술이편〉

_{자재제문소 삼월부지육미 왈 부도 위악지지사야}
子在齊聞韶 三月不知肉味. 曰, 不圖 爲樂之至斯也.

공자가 제나라에 체재하고 있을 때 대소(大韶)를 듣고 깊은 감명을 받아 몇달 동안이나 아무리 맛있는 요리를 먹어도 그맛을 모를 정도였다. 공자는 말했다.

"꿈속에서도 생각하지 못했었다. 음악이 이토록 마음을 움직여 주리라고는……"

소(韶)는 고대의 성왕(聖王)인 순(舜)임금 시대에 만들어진 고전음악이다. 공자는 그것을 들을 기회가 있어서, 음악에 대한 인식을 새롭게 했다는 것이다. 공자는 원래 음악 애호가였고 명연주가(名演奏家)이기도 했던 것 같다. 그는 인간적 정조(情操)는 음악에 의해 높일 수 있다는 말도 했는데 이 절(節)에서 보여주는 그의 깊은 음악 체험이 그런 음악관(音樂觀)을 형성하는 계기가 된 것이 아닐까. 공자는 소(韶)를 들은 감동을 '진선진미(盡善盡美)하다〈팔일편〉'라는 음악 비평도 하고 있다.

30대 후반의 몇년 동안을 제나라에서 보내며 안영(晏嬰)의 반대에 부딪치고, 경공(景公)에게 버림을 받아 생명까지 위험해지자, 정치면에서는 끝내 얻은 것 없이 노(魯)나라로 돌아올 수밖에 없었던 공자였는데 제나라의 문화 환경에서 받은 수확은 상당한 것이었던 듯하다.

무엇이 수치인가?

나라에 도(道)가 있으면 녹(祿)을 먹지만 나라에 도가 없는데도 녹을 먹는 것이 수치이니라.〈헌문편〉

<small>방유도곡 방무도곡 치야</small>
邦有道穀 邦無道穀 恥也.

원헌(原憲)이 군자(君子)의 치욕에 대해서 물었을 때 공자가 한 대답이 표제어의 말이다.
 '도(道)가 행해지는 시대에는 벼슬길에 나아가 크게 활약하는 것이 좋다. 그러나 도가 행해지지 않는 시대에 벼슬자리에 태연히 앉아서 녹을 받아 먹는 것은 군자로서 부끄러워해야 한다.'
 알기 쉽게 의역을 한다면 이런 말이 될 것이다.
 원헌(原憲)은 공자의 제자이며 헌(憲)이 이름이고 자(字)는 자사(子思)이다. 공자는 이 절(節)과 비슷한 말을 〈태백편〉에서도 하고 있다. 즉,
 "나라에 도가 있는데 가난하고 미천하면 부끄러운 일이고, 나라에 도가 없는데도 부유하게 살며 고귀한 자리에 있으면 부끄러운 일이다."
라고 했는데 〈헌문편〉에서는,
 "나라에 도가 있을 때는 말과 행실이 대담해야 하고, 나라에 도가 없을 때는 말을 조심해야 한다."
라고 했다. 한편 공자는 안회(顔回)에게,
 "일단, 등용되면 전력을 발휘하여 일해야 하지만, 인정받지 못할 때는 정관(靜觀)해야 한다. 이렇게 할 수 있는 사람은 하나, 너 안회뿐일 것이다."〈술이편〉
라고 말한 적도 있다.

집안싸움에는 끼어들지 않겠다

자기네들이 인(仁)을 얻고자 했다가 인을 얻었거늘 어찌 원망하겠느냐.
(술이편)

구인이득인 우하원
求仁而得仁 又何怨.

위(衛)나라 영공(靈公) 때, 조정에서는 권력 투쟁이 극에 이르렀다. 공자의 제자인 염유(冉有)가 자공(子貢)에게 물었다.
"선생님께서는 위나라 군주를 도와서 일을 하실까요?"
"글쎄요…… 내가 가서 확인해 보겠소."
이렇게 말한 자공이 공자에게로 갔다.
"선생님께서는 백이(伯夷)·숙제(叔齊)를 어떻게 생각하십니까?"
"그들은 옛날의 성인(聖人)이다."
"그들은 왕위(王位)를 양보했던 일을 후회했을까요?"
이 질문에 답변한 공자의 말이 표제어이다. 좀더 이해하기 쉽게 의역한다면 다음과 같다.
'아니다. 인(仁)을 행하는 것이 목적이었던 그들로서는 그 목적을 실현한 것이었으니 후회할 리가 없지.'
자공은 물러나와 염유에게 말했다.
"선생님은 위나라 군주를 돕는 일에 가담하지 않으실 게요."
백이·숙제는 은왕조(殷王朝) 때, 고죽군(孤竹君)의 왕자들로서 현인(賢人)이다. 백이는 부군(父君)의 유언에 따라 군위(君位)를 동생인 숙제에게 양보했는데 숙제는 장유유서를 내세우며 받지 않았다. 결국 다른 형제가 아버지의 뒤를 잇게 되었던 것이다.

나는 무지(無知)하다

내가 아는 것이 있겠는가? 아는 것이 없다. 단지 무식한 사람이 나에게 성심껏 물어오면 나는 곰곰이 생각하여 그에게 가르쳐 줄 뿐이다.(자한편)

오유지호재 무지야 유비부 문어아 공공여야
吾有知乎哉 無知也. 有鄙夫 問於我 空空如也
아고기양단이갈언
我叩其兩端而竭焉.

공자가 한 말로서 좀더 이해하기 쉽게 의역하면,
'나는 과연 아는 게 있는 것일까? 그렇지 못하다. 나는 무지한 인간이다. 단, 교육을 받지 못한 사람이 모르는 것을 나에게 질문을 해올 경우, 나는 곰곰이 생각하여 그 의문점을 풀어줄 뿐이다.'
라는 의미가 될 것이다.

'나는 무지하다'란 말은 겸손이 아니라 공자의 자기인식(自己認識) 바로 그것이 아니었나 하는 생각이 든다. 말하자면 자기를 언제나 무엇이든 써넣을 수 있는 백지(白紙)라고 하는 의식 말이다. 그는 언제나 공복(空腹)으로서, 지식에 대해서는 기아상태였던 것이다.

무식한 사람들에게까지도 즉석에서 대답을 해줄 처지가 되지 못한다. 그런 무식한 사람이 던지는 질문에 대해서도 곰곰이 생각하지 않을 수 없었던 것이다. 그런 사람들에게 공자가 해줄 수 있었던 것은 그들이 가지고 있는 의문점에 대하여 이것저것 물어본 다음 그 의문의 정체를 확실하게 해주는 것뿐이라고 했다. 그것은 지식을 넣어 주는 교육이 아니라 계발(啓發)해 나가는 데 도움이 되는 교육이었다.

공자는 〈술이편〉에서도 '나는 천재가 아니다. 다만 노력을 해서 터득했을 뿐이다'라는 말도 하고 있다.

역사를 배워, 거울로 삼으라

지난 것을 익히어 새 것을 알게 된다.(위정편)

<small>온고이지신</small>
溫故而知新.

하루하루의 자기계발(自己啓發)은 그 누구에게도 바람직스런 일이다.
왜냐하면 이것이 없을 경우 스스로 자기 인생을 충실하게 만들어 나갈 수가 없기 때문이다.

그러나 누구보다도 이것이 요구되는 사람은, 사람 위에 서서 일하는 사람, 즉 리더들이다.

리더가 자기계발에 태만하다면 리더로서의 설득력이 생겨날 수 없다.
그럼 자기계발을 하는 데는 어떤 방법이 있는 것일까?
그것을 설명한 것이 공자(孔子)가 한 표제어의 말이다.
"지난 것을 충분히 익혀서 새로운 것을 알면 그로써 다른 사람의 스승이 될 수 있다(溫故而知新, 可以爲師矣)."
의역을 하면 다음과 같다.
'역사를 깊이 탐구함으로써 현대에 대한 인식을 깊이 해나가는 태도, 이것이야말로 지도자의 자격을 얻는 길이다.'
이 말을 약하여 '온고지신'이라고 한다.
학문을 비롯, 모든 문화의 발달은 옛 전통을 배우고 익히며 그것을 바탕으로 해서 살아나가는 것이다. 이것이 온고지신의 참뜻이려니와 이를 도외시한다면 정체(停滯)되고 정체되면 퇴보가 있을 뿐이다.

열심히 살아가는 태도가 아름다워

온종일 먹고 마시며 마음 쓰는 곳이 없다면 지극히 곤란한 일이다.(양화편)

포식종일　무소용심　난의재
飽食終日, 無所用心, 難矣哉.

"하루 종일 배불리 먹기만 하고 마음 쓰는 데가 없으면 참으로 딱한 일이다. 주사위와 바둑이 있지 않느냐? 차라리 그런 것이라도 하는 편이 안하는 것보다 현명하다(飽食終日, 無所用心, 難矣哉. 不有博奕者乎, 爲之猶賢乎已)."

공자가 한 말이다.

'박혁(博奕)'이란 넓은 의미에서의 도박이다. 현대어로 말한다면 마작이라든가 카지노에 가는 것 같은 것인지도 모른다. 아무 일도 하지 않고 빈둥빈둥 노는 것보다는 그런 것이라도 하는 것이 낫다는 것이다.

무위도식(無爲徒食)하고 취생몽사(醉生夢死)한다면 그것처럼 딱한 일이 없다. 이는 동서고금을 막론하고 죄악시해 온 일이다.

비록 그 일이 무슨 일이든 간에 하고자 하는 마음으로 머리를 쓴다면, 거기에 인간으로서의 성장이 있으며 진보가 있는 법이다. 빈둥거리며 어떤 일이든 하고자 하는 마음이 없는 인간에게는 성장도 진보도 없다.

공자라고 하면 가까이 할 수 없는 아주 딱딱한 분 같지만 '박혁' 등을 인용해서 말한 것을 보건대 의외로 세상 물정을 잘 알던 분 같다는 생각이 든다.

리더는 넓은 식견과 강한 의지력을 지녀야 한다

선비는 반드시 넓고 꿋꿋해야 한다.(태백편)

사 불 가 이 불 홍 의
士不可以不弘毅.

'사(士)'란 '사농공상(士農工商)'의 말만 보아도 알 수 있듯이 사람 위에 서는 사람, 즉 리더의 입장에 있는 사람을 가리킨다. 그런 입장에 있는 사람은 '홍의(弘毅)'여야 한다는 말이다. '홍(弘)'이란 넓은 식견, '의(毅)'란 강한 의지력이다.

넓은 식견을 가지지 못하면 시야가 좁아져서 시야 협착증에 빠지게 되며 마침내는 벽에 부닥치고 만다. 또 강한 의지력을 몸에 지니고 있지 못하면 곤란한 일을 당했을 경우 끈기있게 타개해 나갈 수가 없다. 이런 사람은 리더로서는 실격이 아닐 수 없다.

오늘날의 기업은 대기업이든 중소기업이든 우리나라의 경제, 혹은 세계 경제와 직접적인 관계를 가지고 있다. 따라서 넓은 식견을 가지지 않고는 그 기업의 경영을 궤도 위에 올려놓을 수가 없다.

그리고 경영자 내지는 리더가 그 진가를 발휘하는 것은 기업과 조직체가 곤경에 빠져 있을 때이다. 그것을 극복해 나가는 원동력은 무엇인가? 그것이 곧 강한 의지력인 것이다. 그러기에 리더는 '홍의'해야 한다고 했지 않은가.

효도로 이름이 높은 증자(曾子)가 한 말이다. 증자는 성(姓)이 증(曾), 이름은 삼(參). 자(字)는 자여(子輿)이며, 공자보다 46세 연하였다. 그의 아버지 증석(曾晳)도 공자의 제자였고 ―.

나를 먼저 돌아보고, 반성하라

하늘을 원망하지 말고 남을 탓하지 마라. (헌문편)

불원천 불우인
不怨天, 不尤人.

공자의 만년(晚年)에 있었던 일 같다. 어느 때,
"아아, 나를 이해해 주는 사람이 없구나."
라고 한탄했다. 그 말을 들은 제자 자공(子貢)이,
"어찌 그런 말씀을 하십니까?"
라고 물었던바, 공자는 이렇게 대답했다.
"하늘을 원망치 않고(不怨天), 사람도 탓하지 않겠다(不尤人). 아래서부터 배워 위로 통달했으니 나를 알아주는 이는 하늘뿐이로다."
좀더 알기 쉽게 번역하면 다음과 같다.
'나는 하늘을 원망하는 것도 아니고 사람을 탓하는 것도 아니다. 나는 일상적인 것으로부터 높고 깊은 것까지 모든 것에 대하여 탐구하려는 뜻을 두어 왔다. 그러한 나를 이해해 주는 것은 하늘밖에 없을 것으로 생각한다.'

괴로울 때나 고통스러울 때는 자칫 자신의 책임을 제쳐놓고 하늘을 원망하고 사람을 탓하기 쉬운 것이 인지상정이다. 그러나 그렇게 하면 언제까지라도 진보가 있을 수 없고, 마음의 평안도 얻어지지 않는다.

자공(子貢)은 성(姓)이 단목(端木), 이름은 사(賜). 자(字)가 자공이다. 공자보다는 31세 연하이다.

작은 것을 탐내다가는 큰 것을 잃는다

작은 이익을 욕심내지 마라. 큰일을 성취하지 못한다.(자로편)

<small>견 소 리 즉 대 사 불 성</small>
見小利則 大事不成.

공자의 제자에 자하(子夏)란 사람이 있었다. 그 자하가 거보(莒父) 땅의 유수(留守)로 임명되었을 때 정치에 대해서 공자에게 물었다. 그 때 공자는 이런 대답을 했다.

"급히 서둘지 마라. 작은 이득을 꾀하지 마라. 급히 서두르면 충분히 통달하지 못하고, 작은 이득을 얻으려 하면 큰일을 이루지 못하느니라."

이를 좀더 알기 쉽게 설명해 보자.

'조급하게 서두르지 말고 작은 이득을 탐내지 말아야 한다. 일을 서두르면 실수하기가 쉽고 작은 이득을 탐내면 큰일을 이루어 낼 수가 없다.'

이 마음가짐은 정치뿐만 아니라 어떤 일에도 해당된다 하겠다. 장기적인 목표를 세우고 그 목표를 향하여 한 걸음 한 걸음 착실하게 전진한다.

그렇게 하면 서두르는 일도 없을 것이고 작은 일을 넘보는 일도 없을 것이다. 공자의 충고는 언뜻 보기에 평범한 것 같지만 정곡을 찌르는 면이 있다.

자하(子夏)는 성(姓)이 복(卜), 이름은 상(商). 자하는 자(字)이다. 공자보다는 48세 연하이고 성격은 다소 소극적이었다고 한다.

좋은 친구는 인생의 큰 자본이다

도움을 주는 벗이 세 그룹 있고 손해를 끼치는 벗도 세 그룹 있다.(계씨편)

益者三友, 損者三友.

좋은 친구를 갖는다는 것은 인생의 행복 중 하나이다. 그 인물을 알고자 하면 그가 사귀고 있는 친구를 보라는 말도 있으니, 친구를 고른다는 것은 여간 어려운 일이 아니며, 역시 신중을 기해야 할 일임에 틀림없다.

그럼 어떤 상대를 친구로 고를 것인가? 공자의 충고를 들어 보기로 하자.

공자는 사귀어서 이익이 되는 친구가 세 부류 있고(益者三友), 사귀어서 손해가 되는 친구 역시 세 부류가 있다(損者三友)고 했다.

"직(直)을 친구로 삼고 양(諒)을 친구로 사귀며 다문(多聞)을 친구로 사귀는 것은 익(益)이다. 편벽(便辟)을 친구로 삼고 선유(善柔)를 친구로 사귀며 편녕(便佞)을 친구로 사귀면 손(損)이다."

나에게 도움이 되는 친구란 ① 강직한 사람, ② 성실한 사람, ③ 교양이 있는 사람이다.

반대로 나에게 도움이 안되는 친구란 ① 남의 비위를 맞춰 알랑거리는 사람, ② 아첨만 잘하고 성실하지 않은 사람, ③ 구변만 좋은 사람이라 했다.

어떤 친구를 어떻게 사귀느냐에 따라 그 사람의 인생은 크게 달라질 수도 있으며 친구를 사귄다는 것은 실로 신중을 기해야겠다.

궁극적으로는 하늘의 뜻에 따라야 한다

서른 살에 나름대로 학문적 기반을 다지고, 마흔 살에 확신을 가졌다.(위정편)

<small>삼십이립   사십이불혹</small>
三十而立, 四十而不惑.

너무나도 유명한 말이므로 모르는 사람이 없을 줄 안다. 한번 더 그 전문(全文)을 소개하면 다음과 같다.

'오십유오이지우학(吾十有五而志于學)하고, 삼십이립(三十而立)하고, 사십이불혹(四十而不惑)하고, 오십이지천명(五十而知天命)하고, 육십이이순(六十而耳順)하고, 칠십이종심소욕(七十而從心所欲)하야 불유구(不踰矩)라.'

열다섯 살 때에 학문에 뜻을 두고, 서른 살 때에 그 기초가 이루어졌으며, 마흔 살 때에 자신이 나아갈 방향에 대해 확신을 가지게 되었다. 다시 쉰 살 때에는 천명(天命)을 자각하고, 예순 살 때에는 어떤 의견에도 순순히 귀를 기울이게 되었으며, 일흔 살이 되자 욕망대로 행동해도 인간의 규범을 일탈하는 일 없이 자재(自在)의 경지에 이를 수가 있었다는 것이다.

공자가 스스로 자신의 생애를 요약한 말이라고 한다. 그 모두가 용이한 일은 아니다. 그러나 우리로서는 이런 수준을 목표로 삼아 노력하는 것으로도 의의가 충분할 것으로 생각한다.

참고로 가정환경이 불우했던 공자가 열다섯 살 때 학문에 뜻을 두었다는 것은 공자의 학구열(學究熱)을 짐작케 해주는 대목이다.

예(禮)의 근본은 조화이다

예를 시행하는 데는 조화가 귀중하다.(학이편)

<small>예 지 용   화 위 귀</small>
禮之用, 和爲貴.

공자의 제자인 유약(有若 : 有子)이 이런 말을 했다.
"예(禮)를 시행하는 데는 조화가 귀중하다(禮之用, 和爲貴). 옛날 성왕(聖王)은 조화의 도를 훌륭하게 이루었다(先王之造, 斯爲美)."
예란 사회생활의 규범인데 그것을 실천하는 데 있어서는 화(和)의 마음이 그 근본에 있지 않으면 안된다.
고대(古代) 성왕(聖王)의 도(道)가 훌륭했던 것도 그 화의 마음이 있었기 때문이라는 것이다.
그러나 유약은 '화'만을 금과옥조(金科玉條)처럼 내세웠던 것은 아니다. 그는 이런 말도 하고 있다.
"그러나 큰일이든 작은 일이든 조화의 도에만 따른다고 해서 일이 다 잘되는 것은 아니다. 조화의 도를 알고 그 도를 따르되 예(禮)로써 조절하지 않으면 안되는 것이다(大小由之, 有所不行, 知和而和, 不以禮節之, 亦不可行也)."
조화의 도를 이루는 동시에 사회 생활의 규범이 제대로 확립되어 있어야 한다는 말이다.
유약은 성(姓)이 유(有)이고, 이름이 약(若)이다. 노(魯)나라 사람으로서 공자보다는 13세 연하인데 유자(有子)란 그에 대한 존칭이다.

신용할 수 없는 인간은 쓸모가 없다

사람으로서 그 말에 믿음이 없으면 무슨 일을 할 수 있으랴.(위정편)

人而無信, 不知其可也.
인이무신 부지기가야

'신(信)'이란 거짓말을 하지 않는다, 약속을 지킨다는 의미이다. 즉 '인이무신(人而無信)'은 언행이 일치되지 않는 사람을 말한다.

말과 행동이 다른 사람을 어떻게 믿을 수 있겠는가.

이것은 공자 한 사람의 인식이 아니라 중국 사람의 전통적인 인식이기도 하다.

하지만 이것은 어디까지나 그렇게 되었으면 좋겠다는 이상(理想)이지, 현실적으로 인간 모두가 '신'을 가진 인간만 있다고 할 수는 없다. 그뿐 아니라 실제로는 거짓말을 태연하게 하는 인간이 이 세상에는 얼마나 많은가.

그래서 필요한 것이 인간을 보는 눈이다. 상대방이 '신'이 있는 인간인지 어떤지 분명하게 꿰뚫어 보고 그런 다음에 대응하지 않으면 안된다. 만약 상대방이 '신'이 없는 인간이란 판난이 서면 멀리하는 것이 무난하다. 이것은 인간학(人間學)의 가나다라고 해도 좋다.

공자는 다음과 같이 덧붙이고 있다.

"큰 수레에 예(輗)가 없다든가 작은 수레에 월(軏)이 없다면 어떻게 끌고 갈 수 있단 말인가?"

예와 월은 모두 멍에이다. 신용이 없는 사람은 부속이 빠진 기계와 같아서 사람 구실을 못한다는 지적이다.

교만은 인생을 망치고 만다

빈곤하면서 원망하지 않기는 어렵지만, 부유하면서 교만하지 않기는 쉽다.(헌문편)

貧而無怨難, 富而無驕易.
빈이무원난   부이무교이

재산도 있고 지위도 있게 되면 자신이 조심을 한다 해도 자칫 우쭐하는 마음이 표출되고, 사람을 무시하는 태도를 취하기 쉽다. 그러므로 유복한 상태에서 남을 무시하는 태도를 취하지 않는다면 그 사람은 여간 훌륭한 인물이 아니다.

그러나 공자는 그 정도까지도 쉽다고 말했다. 어려운 것은 가난한 처지에 있더라도 비뚤어진 마음을 가지지 않고 정당하게 사는 일이라고 했다.

인간은 누구든 불우한 상태에 놓이게 되면 왜 나만이 이처럼 되어야 하느냐며 남을 원망하기 쉽고 하늘을 원망하기 쉽다. 이것은 인지상정(人之常情)이며, 그렇게 생각하지 않는 사람이 있다면 그 사람은 상당한 수준에 오른 사람인 것이다.

공자는, '가난하면서도 도(道)를 즐기고 부유하면서도 예(禮)를 좋아한다'는 말도 하고 있다.

공자 역시 역경 속에서 자라났던 사람이다. 어려서 아버지를 여의고 빈곤한 생활을 견디어 내야 하는 고충 속에서 성장했다. 이 말에는 그런 고생을 견뎌 낸 인내(忍耐)의 철학이 스며있다. 인간학(人間學)의 진수라고 해도 좋겠다.

조화를 이룰 것이냐? 부화뇌동할 것이냐?

> 군자는 조화하나 뇌동하지 않고, 소인은 뇌동하나 서로 조화하지 않는다.(자로편)
>
> _{군 자 화 이 부 동　소 인 동 이 불 화}
> 君子和而不同, 小人同而不和.

'화(和)'란 개인의 개성을 살리면서 그것들을 조화하여 하나의 큰일을 이루는 것, '동(同)'이란 개성이 없는 자가 그런 까닭에 무엇에나 찬부(贊否)를 함께하는 것, 즉 줏대가 없는 '부화뇌동(付和雷同)'을 말한다.

이렇듯 화와 동의 차이를 아는 것에 의해 군자와 소인의 차이도 금세 알 수 있게 된다고 했다.

우리 사회에서는 예로부터 '화'가 강조되어 왔다. 현대에도 언제나 조직의 '화'가 강조되고 있다. 그러나 공자의 말에 비추어 보면 우리가 이해하고 있는 '화'에는 문제가 없는 것도 아니다.

왜냐하면 '화'가 너무 강조되는 나머지 개인이 조직 속에 매몰당하는 경향이 강하기 때문이다. 공자의 말에 의하면 그것은 '화'라기보다 '동'에 가깝다.

'화'가 강조되는 것은 그 자체만 볼 때는 좋은 일이다. 그러나 그 전제 조건으로서 반드시 한 사람 한 사람의 주체성이 분명하게 확립되어 있지 않으면 안된다. 그것이 있음으로 해서 비로소 진짜 '화'가 생겨나는 것이다.

특히나 민주주의 시대에 있어서는 개성들이 모여서 공통점을 찾는 '화'가 꼭 필요한 것이다.

용기만 내세우는 사람은 위험해

함부로 날뛰며 죽음을 가벼이 여기는 자는 나와 함께 일할 수 없다.(술이편)

포호빙하 사이무회자 오불여야
暴虎馮河, 死而無悔者, 吾不與也.

공자의 문인(門人)에 자로(子路)가 있었다. 이 자로는 혈기가 많은 사람이었다. 어느 때 자로가 공자에게,
"만약 선생님께서 대국의 총사령관으로 임명되신다면 선생님은 어떤 부하를 거느리시겠습니까?"
라고 물었던바, 공자는 이렇게 대답했다고 했다.
"포호빙하(暴虎馮河)하며 죽음을 후회하지 않는 자와는 함께하지 않겠다. 일에 임해서는 반드시 두려워하고 충분히 꾸미고 신중히 다루어 이루는 사람과 같이하겠다."
이를 좀더 알기 쉽게 풀이하면 다음과 같다.
'맨손으로 범을 잡으려 하고, 맨발로 강을 건너려 하며, 죽어도 뉘우치지 않는 자와는 같이 도모할 수 없다. 겁쟁이란 말을 들을 정도로 주의깊고, 성공률이 높은 사람, 주도면밀한 계획을 세워서 도모하는 사람을 믿어야지.'
'포호빙하'인 사람을 경원하고 싶은 것은 공자뿐만이 아니리라. 윗사람이 보아서 안심하고 일을 맡길 수 있는 사람은 역시 사려가 깊고 신중한 인물이 아니겠는가.
자로는 성(姓)이 중(仲), 이름은 유(由)이고, 자(字)가 자로이다. 공자보다 9세 연하이다.

깊이 살피면 모든 것이 스승

세 명이 길을 가노라면 반드시 스승될 만한 이가 있다.(술이편)

<ruby>三<rt>삼</rt></ruby><ruby>人<rt>인</rt></ruby><ruby>行<rt>행</rt></ruby>, <ruby>必<rt>필</rt></ruby><ruby>有<rt>유</rt></ruby><ruby>我<rt>아</rt></ruby><ruby>師<rt>사</rt></ruby><ruby>焉<rt>언</rt></ruby>.

三人行, 必有我師焉.

'세 사람이 함께 가면, 그 중에 틀림없이 자신의 좋은 스승이 될 만한 사람이 있다'는 뜻이다. 공자는 이렇게 말한 다음 이런 말을 덧붙이고 있다.

"훌륭한 사람을 선택하여 그를 따르고, 좋지 않은 사람을 보면 자신의 그 좋지 않은 점을 고치도록 한다."

뛰어난 사람에게서는 적극적으로 배우고, 뒤지는 사람은 반성의 거울로 삼으라는 말이다.

앞에서도 말한 것처럼 공자는 빈곤한 가정에서 자랐으므로 어려서부터 스스로 일을 하여 생계를 잇지 않으면 안되었다. 말하자면 생활고를 피부로 느끼면서 자라났던 사람이다.

그런 속에서 공자는 학문으로 입신할 것을 결의한다. 그러나 빈곤한 소년시절에는 선생님에게서 배울 수가 없었다. 그의 선생은 주변 사람들이었으며, 그들에게서 들은 것, 보는 것이 모두 공부의 재료가 되었다. 공자 역시 '타산지석(他山之石)'으로 자신을 연마했던 것이다.

공자는 또 이런 말을 한 적이 있다.

"배우기에 싫증을 느끼지 아니하고 남을 깨우쳐 주기에 지치지 아니했다. 이런 일들은 나에게 있어 쉬운 일이었다(學而不厭 誨人不倦 何有於我哉 : 술이편)."

공자의 학문 철학을 엿볼 수 있는 또 하나의 대목이다.

친구는 옛친구일수록 좋아

옛친구는 큰 과오가 없는 이상 버려서는 안된다.(미자편)

고구무대고　즉불기야
故舊無大故, 則不棄也.

주왕조(周王朝)의 창업을 이룩한 인물에 주공단(周公旦)이라고 하는 명보좌관(名補佐官)이 있다. 좀더 자세히 말한다면 주나라를 창시한 문왕(文王)의 아들이요, 2대 왕인 무왕(武王)의 동생이 주공단이다.

그는 그 공적에 의해 노(魯)나라를 다스리는 노공(魯公)에 봉해졌는데 자기는 도읍에 머물러 있으면서 천하를 다스리는 데 보좌역을 담당했고, 그 대신에 아들 백금(伯禽)을 봉지(封地)로 파견하면서 다음과 같은 훈계를 했다고 한다.

"군자(君子)는 그 친족을 소중히 여기고 대신(大臣)에게 원망을 사면 안된다. 옛진구는 큰 과실이 없는 한 버리지 말고 한 사람에게서 완전을 구하면 못쓴다."

이것을 개조서(箇條書)로 고쳐 보자.

1. 친족을 괄시해서는 안된다.
2. 중신들이 무시당한다고 생각지 않게 해야 한다.
3. 옛날의 친구들은 큰 과실이 없는 한 버려서는 안된다.
4. 한 인간에게 완전을 요구하면 안된다.

이 네 가지 모두는 사람 위에 서는 리더의 기본적 마음가짐이라고 해도 좋다. '대고(大故)'란 큰 잘못이란 의미이다.

말만 앞세우는 자가 되지 마라

군자는 말은 어눌하더라도 실행에는 민첩하다.(이인편)
　　군자욕눌어언　이민어행
　　君子欲訥於言 而敏於行.

좀더 알기 쉽게 의역하면 '군자는 변설(辯舌)에 능란한 것보다 실천에 용감해야 한다'는 뜻이 된다. 즉 '말보다 실천'이란 의미의 말이다. 말만 풍성하게 하는 정치가들에게 들려주고 싶은 말이 아닌가.

중국인들은 예로부터 자기주장이 강하고 변설이 다채로웠던 듯하다. 특히 불이익(不利益)을 당한다는 생각이 들면 그들은 맹렬하게 나선다. 공자가 그런 사람들을 상대로 하여 한 말이라는 것을 염두에 둘 필요가 있을는지 모르겠다.

그런 점으로 볼 때 우리나라 사람들은 전통적으로 자기주장에 약했다. 일을 시끄럽게 벌이는 것보다는 울면서 꾹 참아버리는 경향이 강했다. 그러므로 우리로서는 좀더 변설을 기르는 편이 나을는지 모르겠다.

그러나 이런 점을 고려한다 하더라도 능변(能辯)과 수다쟁이는 도가 지나치면 도리어 마이너스로 작용을 한다. 주장해야 할 때에는 대담히 나서야겠지만 평상시에는 과묵한 편이 나을 것이다.

공자는 또 이런 말도 했다.

"군자로서 배불리 먹기를 구하지 아니하고 편히 있기를 구하지 아니하며, 일은 민첩하게 하고 말은 신중하게 하며 도(道)를 좇아 바르게 고쳐나간다면 이는 배우기를 좋아하는 사람이라고 할 수 있다."

세상을 객관적으로 보고 판단하라

주관으로 억측하지 않았고 자기주장을 무리로 관철하지 않았으며 고집이 없었고 독존이 없었다.(자한편)

<u>무의</u> <u>무필</u> <u>무고</u> <u>무아</u>
毋意, 毋必, 毋固, 毋我.

공자의 인간상(人間像)을 표현한 말이다.
　의(意) — 주관만으로 억측함
　필(必) — 자기 생각을 무리로 관철함
　고(固) — 한 가지 판단을 고집함
　아(我) — 자신의 유리한 점만 생각함

공자에게는 이상 네 가지의 결점이 없었다고 한다. 이 네 가지는 모두 사정(私情)이라고 할 수 있는데 그것을 모두 끊었다는 것이다. 공자란 사람이 그 얼마나 균형 잡힌 인간상을 형성하고 있었는지를 잘 알 수 있는 대목이다.

의(意)도 필(必)도, 그리고 고(固)도 아(我)도, 어느 것 한 가지를 제외시켜 보려고 애써도 그것은 쉬운 일이 아니다. 우리도 최선을 다하면 그 중 한 가지쯤은 제거할 수 있을는지 모르겠으나 네 가지 모두를 극복한다는 것은 지극히 어려운 일이다.

그럼 공자가 이처럼 균형 잡힌 인간상을 형성할 수 있었던 이유는 무엇일까? 그것은 인생의 역경을 헤쳐나가면서 끊임없이 자신을 단련했기 때문이다. 우리도 그 경지에까지는 미치지 못할망정 노력은 해야 하지 않겠는가.

친구는 가려서 사귀라

자기보다 못한 사람을 친구로 사귀지 마라.(학이편)

무 우 불 여 기 자
無友不如己者.

친구를 고를 때는 반드시 자기보다 뛰어난 사람을 고르라는 말이다. 공자도 '현실적'인 말을 했구나 하는 생각이 드는 구절이다. 그러나 그 이유는 두말할 것도 없이 자기계발(自己啓發)에 도움이 되기 때문이다.

남북조 시대(南北朝時代)의 난세를 살아간 안지추(顔之推)는 자손들의 번영을 위하여 《안씨가훈(顔氏家訓)》이란 책을 남겼는데, 그 속에서 그는 공자의 이 말을 인용한 다음 이렇게 말하고 있다.

"예컨대 향기 높은 꽃을 방안에 놓고 살아가는 사람은 어느덧 그 방향(芳香)이 몸에 배게 되는 법이다. 이와 마찬가지로 뛰어난 인물을 벗으로 가지게 되면 오랜 세월이 흐르는 사이에 자기 자신도 향기를 풍기는 인간이 되는 것이다. 그러므로 교우 관계에 대해서는 신중에 신중을 기할 일이다."

실제로는 여러 형태의 인간과 교우 관계를 맺게 되는 것이 현실이다. 그러나 수준이 낮은 인간들 속에 있으면서 골목대장 노릇이나 해가지고는 인간으로서의 진보를 기대할 수는 없다.

공자는 이 말 다음에 그 유명한 구절,

"잘못이 있으면 즉시로 꺼리지 말고 고치도록 하라(過則勿憚改)."
란 대목을 덧붙이고 있다.

인생에는 균형이 중요하다

지나친 것은 모자라는 것과 마찬가지이다.(학이편)
과유불급
過猶不及.

공자의 제자에 자공(子貢)이란 인물이 있었다. 머리회전도 빠른데다가 말도 잘했으며 실업가로서도 크게 성공한 사람이다. 이 사람은 인물을 평하기 좋아했던 것 같다.
어느 때 자공은 젊은 제자인 자장(子張)과 자하(子夏)를 화제로 삼아서 공자의 의견을 물었다.
"자장과 자하는 어느 쪽이 우수할까요, 선생님?"
공자가 대답했다.
"사장은 재능이 지나치고 자하는 부족하다."
자장은 너무 앞서 나가는 경향이 있고 자하는 소극적인 성격이었던 듯하다. 공자는 그 점을 지적했던 것이다.
"그럼 자장 쪽이 더 우수하다는 말씀입니까?"
라고 묻자 공자는 이렇게 대답했다고 한다.
"지나친 것은 모자라는 것과 같다."
지나쳐도 못쓰고 모자라도 못쓴다. 균형 잡힌 인간상(人間像)이 이상적이라고 공자는 말했던 것이다.
자장의 성(姓)은 전손(顓孫), 이름은 사(師). 자장은 자(字)이다. 진(陳)나라 충신으로 공자보다 48세 연하이다.

과오는 그때그때 고쳐야……

잘못을 고치지 않는 것, 그것이 곧 잘못이다.(위령공편)

<small>과이불개   시위과의</small>
過而不改, 是謂過矣.

인간이면 누구든지 과오를 범하게 된다. 그러므로 과오를 범했다고 해서 반드시 혼을 내야 하고 또 괴로워해야 하는 것은 아니다. 문제는 그 뒤처리이다.

우리는 왕왕 과오인 줄 알면서도 그것을 시인하지 않고 모른 체 시치미를 떼거나 도리어 고자세를 취하며 위압적으로 나온다. 그리고 그랬던 것을 후회하기도 한다.

공자는 또 '과오를 저질렀으면 즉시 고치라(過則勿憚改)'는 말도 했다. 과오를 과오로 인정하는 것, 그리고 시정하는 데서부터 인간의 진보는 시작되는 것인지도 모른다.

그런데 제일 어리석은 것은 자신의 과오를 발견하지 못하는 경우이다. 발견하지 못하면 또 똑같은 과오를 반복할 염려가 있다. 남으로부터 과오를 지적당한다는 것은 기분 나쁜 일이지만 실은 그런 사람이 있다는 것은 고마운 일이다.

젊은 사람을 대했을 때, 장래성이 있는 사람이란 인상을 받게 되는 것은 신중한 사람인 경우가 많다. 그리고 남의 말에 귀를 기울이는 사람만이 '과오'를 회개할 줄 안다. 그러기에 공자의 이 말을 좌우명으로 삼을 일이다.

후배들은 두려운 존재

자라나는 후배들을 두려워하라.(자한편)

<small>후 생 가 외</small>
後生可畏.

'후생(後生)'을 '후세(後世)'라고 쓰는 사람도 있는데 그것은 잘못이다. '후생'이란 '뒤에 태어난 사람'이란 뜻으로 후배 내지는 젊은이를 의미한다.

그들은 젊었기에 장차 무한한 가능성을 지니고 있다. 그것이 '두렵다'는 것이다. 그러므로 '후생가외'란 젊은이들의 장래에 기대를 거는 말이다. 그러나 가능성은 현실이 아니다.

공자도 이렇게 덧붙이고 있다.

"장래의 그들이 오늘의 우리만 못하리라고 할 수 있겠는가? 그러나 40, 50세가 되어도 그 이름이 알려지지 않은 사람은 두려워할 바가 못된다."

여기서 이름이 알려진다는 것은 반드시 유명(有名)을 의미하는 것은 아니다. 사회 속에서 필요한 역할을 지니고 있으며, 그 역할을 충분하게 해냄을 뜻한다.

그리고 공자 시대의 40, 50세이니 평균수명이 늘어난 현대에는 10년이나 20년쯤 연장해도 좋을 것으로 생각된다.

그것이야 어찌 되었든 가능성을 현실화하기 위해서는 평소의 꾸준한 노력이 뒤따라야 할 것이다.

한 가지 일에 성실하게, 그리고 꾸준히 노력하여 그 분야의 전문가가 되는 것도 바람직하고 ―.

인정받으려고 안달하지 마라

남이 나를 알아주지 않는다고 불평치 말고 내가 남을 알지 못함을 걱정하라.(학이편)

<small>불환인지불기지 환부지인야</small>
不患人之不己知, 患不知人也.

좀더 알기 쉽게 의역하면,
'남이 나를 인정해 주지 않는다고 불평하는 것은 잘못이다. 자기야말로 남의 진가를 이해해 주지 못하는 게 아닌가. 그것이나 걱정할 일이다.'
란 뜻이 되겠다.

이 말도 인간학(人間學)의 진수라고 할 수 있다. 이 말과 비슷한 말이 《논어》속에는 세 군데 나온다. 공자는 기회가 있을 때마다 제자들에게 이 말을 했던 것 같다.

우리의 경우를 생각해 보자. 주어진 일을 열심히 한다. 결코 남에게 지지 않으려고 노력했으며 또 성과도 올렸건만 그에 상응하는 보답을 받지 못하는 경우가 허다하다. 이렇게 되면 불만을 토로하고 싶은 것이 인지상정이다. 그러나 불평불만을 토로해 보았자 무슨 수가 생기는 것이 아니다.

중국의 주은래(周恩來)는 보통사람이었건만 불평불만을 폭발시킬 일이 있어도 입을 여는 일 없이 주어진 당무(黨務)에 충실했다. 그것이 차츰 주변의 신뢰를 모으게 된 이유가 되었다고 하니 주은래도 《논어》를 많이 읽었나 보다.

가면(假面)과 허식은 배제해야……

아첨과 가식적인 웃음을 웃는 자에게는 인(仁)의 덕은 없다.(학이편)

<u>巧言令色</u>, <u>鮮矣仁</u>.
교언영색   선의인

《논어》 속의 유명한 말 가운데 하나이다. 좀더 쉽게 의역을 하면, '남의 비위만을 맞추기 위해 알랑거리고 가식적인 웃음을 웃는 자에게는 인(仁)의 덕은 없다.'
란 뜻이다. 또 공자는,
"아첨과 가식적인 웃음, 비굴할 만큼의 공손함을 좌구명(左丘明)이라는 사람은 부끄러워했다. 구(丘:孔子의 이름) 역시 이를 부끄러워한다."
라고도 말했다. 좌구명이란 사람은 이 세 가지를 부끄러워했는데 자기 또한 동감(同感)이란 것이다.

공자가 '교언영색'을 싫어한 것은 대인관계에 있어 가면(假面)과 허식을 싫어했기 때문이다. 그가 '강의목눌(剛毅木訥:강직하여 굴하지 아니하며 순박하고 말이 적음)은 인(仁)에 가깝다'고 말한 것만 보아도 그것은 분명하다 하겠다.

'강의목눌'이 반드시 백점 만점이라고는 할 수 없지만 '교언영색'보다는 훨씬 나을 것이다.

이 표제어와 똑같은 내용, 즉 '교언영색(巧言令色) 선의인(鮮矣仁)'이란 구절이 〈양화편〉에도 실려 있다.

덕을 베풀어야 외롭지 않아

덕이 있는 자는 외롭지 않다. 반드시 이웃이 있는 법이다.(이인편)

덕불고 필유린
德不孤, 必有隣.

'덕은 결코 고립되지 않는다. 반드시 이해해 주는 자가 나타난다' — 이것은 공자의 확신이었을 것임에 틀림없다.

그러나 공자 자신의 생애는, 보통사람의 눈으로 볼 때 결코 행복하지는 못했다. 젊었을 때 그는 정치에 뜻을 두었으나 정치에 참여한 것은 50세가 지나서이다.

그나마도 불과 4년 만에 실각하고 그로부터 14년 동안 여러 나라를 돌아다니면서 자신이 이상(理想)으로 삼았던 정치의 실현을 꾀했으나 끝내 뜻을 이루지 못했다. 그런 공자를 보고 어떤 은자(隱者)는 이렇게 혹평했다고 한다.

"시세(時勢)란 어쩔 수 없는 일이거늘 쓸데없는 짓을 하고 다니는 사람이로군."

공자의 인생에는 고립의 그림자가 짙게 깔려 있다.

그런 공자가 '덕은 결코 고립하지 않는다. 반드시 이웃이 있다'고 발언한 데에 의미가 있는지도 모르겠다. 이 말은 현실의 지적이 아니라 비원(悲願)의 고백으로 보인다.

그런가 하면 자신의 신념과 이상에 대하여 확신을 표출하는 공자의 모습이 엿보이기도 한다.

먼 앞날을 위해 대책을 세우라

사람은 먼 앞일을 걱정하지 않으면 반드시 가까운 장래에 근심이 생긴다.(위령공편)

<ruby>人<rt>인</rt></ruby><ruby>無<rt>무</rt></ruby><ruby>遠<rt>원</rt></ruby><ruby>慮<rt>려</rt></ruby>, <ruby>必<rt>필</rt></ruby><ruby>有<rt>유</rt></ruby><ruby>近<rt>근</rt></ruby><ruby>憂<rt>우</rt></ruby>.

공자가 한 말이다.

'원려(遠慮)'는 문자 그대로 먼 훗날의 일을 걱정하는 것이다. 그러므로 '먼 후일까지 내다보며 대책을 세우지 아니하면 가까운 곳에서 발목을 잡히는 일이 일어난다'고 번역되겠다.

그런 것을 모르는 사람이 어디 있느냐고 반문할는지 모르겠다. 공자가 아니더라도 머리가 웬만큼 돌아가는 사람이라면 누구든 할 수 있을 듯한 말이다.

그러나 평범한 것 같지만 막상 실행하려면 어렵다. 고전(古典) 역사서인《좌전(左傳)》에도,

'군자는 먼 훗날의 일을 걱정하며, 소인은 눈앞의 일을 따른다.'

는 말이 있다. 어쨌든 눈앞의 일에 사로잡혀서 갈팡질팡하고 안달하기 쉬운 것이 우리네 인생이다.

그럼 원려라고는 하지만 어느 정도의 앞일을 내다보며 걱정해야 하는 것일까? 적어도 10년 정도는 사정거리에 넣고 생각해야겠다. 이 정도의 '원려'가 있으면 어느 정도의 '근우(近憂)'는 피해 나갈 수 있을 것이니 말이다.

먼저 능력을 배양하라

지위가 없음을 불평하지 말고, 실력을 기르는 데 힘을 쓰라.(이인편)

<small>불환무위　환소이립</small>
不患無位, 患所以立.

아무리 기다려도 관리직에 오르지 못한다든가 중역이 되지 못한다면, 한탄하기에 앞서 그런 지위에 어울리는 실력을 기르도록 노력하라는 말이다.

이 말을 한 공자는 어울리는 자리에 올라서 자기의 수완을 마음껏 발휘해 보기를 간절히 원했던 사람이다. 그러나 그의 인생은 대체적으로 불우했으며 그런 바람은 이루어지지 않았다. 어쩌면 그도 '지위를 얻지 못한 자신을 한탄하는' 마음을 가졌던 적이 있었을 것임에 틀림없다.

이 말에 그러한 그의 마음이 반영되어 있는 것이 아닌가 하는 생각이 든다. 별 고충 없이 바라던 지위에 앉은 사람이라면 이런 말을 토로했을 리 없겠기 때문이다.

불우(不遇)는 인생에 한 번쯤은 있게 마련이다. 그런 때에 스스로 포기하거나 불만을 터뜨린다면 전망은 흐려진다. 잠자코 참으면서 자기 자신을 연마하고 있으면 설령 결과야 어찌 되든 간에 자기자신을 납득시킬 수는 있을 것이다.

공자는 이 구절 다음에 이런 말을 덧붙이고 있다.

"나를 알아주지 않는다고 걱정하지 말고, 알려질 만한 일을 하고자 노력하라."

자기계발(自己啓發)이 무엇보다 중요해

알지 못해도 분발하지 않으면 계발해 주지 않고, 표현하지 못해도 안타까워하지 않으면 일러주지 않는다.(술이편)

불분불계 불비불발
不憤不啓, 不悱不發.

요즈음 '자기계발(自己啓發)'이란 말이 많이 쓰이고 있는데 '계발(啓發)'의 어원은 바로 이 글귀이다. 본디는 공자의 교육방침을 피력한 말이다.

'분(憤)'이란 문제의식이 마음속에서 용솟음치는 상태를 말하며, '비(悱)'란 마음에 깊이 느끼고 있으나 표현할 말을 찾지 못해 안타까워하는 상태를 가리킨다. 그러므로 전체의 의미는 이러하다.

'어떤 문제를 규명하고자 하는 의욕으로 불타고 있으나 출구를 찾지 못할 때 출구를 찾을 수 있게 단서를 가르쳐 주고, 마음에 깊이 느낀 바가 있어 그것을 말로 표현하려 하나 적당한 말을 찾지 못해 안타까워할 때 그것을 열어 준다.'

이처럼 교육이라고 하는 것은 배우고자 하는 상대방에게 살짝 힌트만 주는 것이라고 했다. 이 구절에 이어 공자는 또 한마디를 다음과 같이 곁들이고 있다.

"한 귀퉁이를 들어 보여주면 다른 세 귀퉁이로써 대답하지 않으면 더 이상 가르치지 않는다."

이 계발교육이란 무엇인가를 알고자 하고, 배우고자 할 때에 도와주기 위한 힌트를 준다는 정도의 의미이리라.

하나를 듣고, 둘이라도 알 수 있어야……

하나를 듣고 열을 안다.(공야장편)

문 일 이 지 십
聞一以知十.

공자의 애제자(愛弟子)에 안회(顏回)와 자공(子貢) 등 두 사람이 있었다.

안회는 풍부한 재능의 소유자로서 기대를 한몸에 모으고 있었으나 세상에 나가기를 좋아하지 않아, 누추한 곳에서 궁하게 살다가 죽었다. 이에 비하여 자공은 총명한 데다가 이재(理財)의 재주가 있어서 실업가로도 대성했다.

이 두 사람은 같은 공자의 제자이면서도 아주 대조적인 개성의 소유자였던 것 같다.

어느 때 공자가 자공에게 물었다.

"너와 안회 중 어느 쪽이 더 현명하다고 생각하느냐?"

"제가 어찌 안회를 따를 수 있겠습니까. 그는 하나를 들으면 열을 압니다(聞一以知十). 그러나 저는 하나를 들으면 겨우 둘을 알 뿐입니다."

"그래, 맞는 말이다. 실은 나도 네 생각과 같으니라."

공자도 동감임을 표했다고 한다.

'하나를 듣고 열을 안다'까지야 이르지 못하더라도 하나를 듣고 둘이라도 아는 사람이 되었으면 하는 생각이다.

안회는 성(姓)이 안(顏)이고 이름은 회(回)이다. 자(字)는 자연(子淵)이고 노(魯)나라 사람인데 공자보다 30세 연하이다.

의(義)롭지 않은 이(利)는 바라지 마라

군자는 의(義)를 먼저 생각하고, 소인은 이(利)를 먼저 생각한다.(이인편)

<small>군자유어의 소인유어리</small>
君子喩於義, 小人喩於利.

군자(君子)는 의(義)를 먼저 생각하고, 소인(小人)은 이(利)를 먼저 생각한다는 의미의 말이다. '의'란 알기 쉽게 말한다면 도리에 맞는 일, '이'란 이익이다.

군자가 되기 어려운 것은 바로 이런 점에도 있는 것인데, 그러나 공자도 이익을 전연 도외시했던 것은 아니었던 것 같다. 《논어》에는 이런 말이 실려 있다.

"선생님은 이따금 이(利)를 말씀했다. 명(命)이나 인(仁)과 함께 말씀했다."

공자는 이익에 대한 이야기를 하지 않았지만 부득이한 경우에는 명(命)과 인(仁)을 곁들여서 말했다는 것이다.

또 공자는,

"완성된 인간이란 어떤 사람입니까?"

라는 질문에,

"눈앞에 이익이 주렁주렁 매달려 있어도 의(義)를 어기지 않는 사람이다."

라고 조건을 붙여서 대답했다. 비중은 어디까지나 의에 있음을 밝혔던 것이다. 이익을 추구한다 하더라도 공정한 룰을 지켜야 한다는 것이 공자의 뜻에 가까운 것인지 모르겠다.

네가 원하는 바를 먼저 남에게

내가 출세하기를 원하거든, 남을 먼저 출세시켜 주어라.(옹야편)

기욕립이립인   기욕달이달인
己欲立而立人, 己欲達而達人.

인간이 걸어가야 할 도(道)로서, 공자가 제일 중시했던 것이 '인(仁)' 이다.

그러나 공자는 이 '인'에 대하여 분명한 정의를 내리지 아니했다. 상대나 장소에 따라 여러 말로 이 '인'을 설명하는데 여기에 든 말은 그 중 하나이다.

어느 때 자공(子貢)이란 제자가,

"백성을 빈궁에서 구해 내고 생활을 안정시켜 주면 인(仁)이라고 할 수 있겠습니까?"

라고 묻자 공자는,

"그것은 인의 경지가 아니라 성(聖)의 경지이다. 요(堯)·순(舜)과 같은 성인도 그것을 성취 못해서 고민을 했어. 인은 더욱 우리 가까이에 있는 것이야."

라며 표제의 말을 했다. 의역을 하면 이렇게 될 것 같다.

'자신의 명예가 중하다고 생각되면 먼저 남의 명예를 중시하라. 자신이 자유롭고 싶거든 먼저 남의 자유를 중시하라.'

그렇다면 '인'이란 사회인의 기본적인 조건이라고 해도 좋을는지 모르겠다.

가난보다 무서운 것은 불평등

가난한 것을 걱정하지 않고 안정되지 않은 것을 걱정한다.(계씨편)

불환빈이환불안
不患貧而患不安.

공자가 정치의 요체(要諦)에 대하여 한 말이다. 그는 이런 말을 들었다면서 다음과 같이 말했다.

"나라를 맡아 다스리는 사람은 백성이 적음을 걱정하지 않고 고르지 못한 것을 걱정하며, 빈곤한 것을 걱정하지 않고 안정되지 않은 것을 걱정한다."

나라를 맡아 다스리는 입장에 있는 사람, 즉 위정자가 마음 써야 할 일은 부(富)의 불평등을 없애야 하며, 백성들의 생활을 안정시키는 일이라는 것이다.

"불평등을 없애면 나라는 자연히 풍요로워지고, 화합하면 백성이 줄어들지 않으며, 안정하면 나라가 뒤집히는 일이 없어진다."

그는 또 이렇게 덧붙였다.

"대저 고르게 되면 가난하지 않고, 화락하면 백성이 적지 아니하고, 평안하면 기울지 않을 것이다."

공자는 '민생의 안정이야말로 나라를 안태(安泰)하게 만드는 기초'라고 단언한 것이다. 이 말은 오늘날의 정치에 있어서도 그대로 적용된다 하겠다.

배움에는 아래위가 없다

아랫사람에게 묻기를 부끄러워 마라.(공야장편)

불치하문
不恥下問.

손아랫사람에게 묻고 배우는 것을 부끄러워하지 않는다는 의미이다. 자공(子貢)이란 제자가 어느 날 공자에게 다음과 같이 물었다.

"공어(孔圉)란 사람에게 어찌하여 '문(文)'이라는 훌륭한 시호가 내려진 것입니까?"

공어는 위(衛)나라 중신이었다고 한다.

공자가 한 대답은 이러했다.

"재질이 민활하고 배우기를 좋아했으며 아랫사람에게 묻기를 부끄러워하지 않으므로(不恥下問), '문'이라는 시호를 내렸던 것이다."

'불치하문'이라는 것은 역시 보통사람으로는 하기 어려운 일이었기 때문에 그러한 시호가 내려진 것이리라.

책자가 귀했던 그 시대였으니 아는 사람에게 물어서 배워야 했다. 그 대상은 연령·신분 등이 비록 낮은 사람일지라도 유식자(有識者)라면 물어야 했었던 것이다.

'묻는 것은 잠시의 수치이지만 묻지 않는 것은 일생의 수치'란 말이 있다. 아랫사람에게 가르침을 청했다는 것은 그다지 보기 좋은 일은 아니겠지만 그런 일에 구애받지 말아야 한다.

반성하는 것이 곧 자기 발전

소인은 과실을 저지르면 어름어름 숨겨 넘기려고 한다.(자장편)

<small>소인지과야　필문</small>
小人之過也, 必文.

'필문(必文)'이란 반드시 잘못을 숨겨 어름어름 넘긴다는 말이다. 요컨대 '소인은 과실을 저지르면 반드시 핑계댈 것을 생각한다'는 뜻이 된다. 공자의 제자인 자하(子夏)가 한 말이다.

핑계대는 것이 왜 나쁜가? 첫째로 왜 이런 과실을 저질렀는지 그 원인을 규명코자 하는 자세가 아니므로, 두 번 세 번 똑같은 과실을 반복할 위험이 있다.

그리고 둘째로는 저지른 과실에 대하여 반성을 하지 않으므로 인간으로서의 진보와 향상도 기대할 수가 없다는 점이다.

물론 군자에게도 과실은 있다. 그러나 군자는 과실을 저지르더라도 그것을 깨닫는 즉시 고치고 항상 반성을 게을리하지 않는다. 그러므로 똑같은 과실을 반복하지 않는 것이다.

공자의 제자인 증자(曾子)는,

"나는 하루에 세 번 나 자신을 반성한다(吾一日三省吾身)."

라고 말했다.

우리도 한 달에 한 번쯤은 나 자신을 반성할 줄 알아야겠다. 그것도 안한다면 하자투성이의 인생이 될 것이기에 하는 말이다.

통솔의 기본은 올바른 솔선수범

자기자신이 올바르면 명령을 내리지 않아도 따른다.(자로편)

기신정 불령이행
其身正, 不令而行.

'자기자신이 바르지 못하면 명령을 내려도 따르지 않는다(其身不正, 雖令不從)'라는 구절이 바로 뒤를 잇는, 유명한 구절이다. 솔선수범의 명언이다.

자기자신이 행하는 바가 올바르면 명령하지 않아도 실행된다. 그러나 행위가 올바르지 못하면 아무리 명령을 내려도 실행되지 않는다는 의미이다.

공자는 이런 말도 했다.

"자기 몸을 바르게 가지면 정치하는 것은 아무것도 아니다. 자기 몸가짐을 바르게 하지 못한다면 어찌 남을 바르게 다스릴 수 있겠는가(苟正其身矣, 於從政乎何有, 不能正其身, 如正人何)?"

이것이 '덕치주의(德治主義)'로 불리는 통치 이론의 원점이다. 윗자리에 있는 사람이 솔선하여 자세를 바르게 한다. 그렇게 함으로써 자연히 아랫사람을 감화시킬 수 있다는 사고방식이다.

이것이 어려운 것은 오늘날 정계(政界)의 현상을 인용하지 않더라도 명명백백할 것이다. 그러나 역시 각계의 리더는 이런 수준을 목표로 하여 노력해야 할 것이다.

지자(知者)와 물, 인자(仁者)와 산

지혜로운 자는 물을 좋아하고, 어진 자는 산을 좋아한다.(옹야편)

　　지 자 요 수　　인 자 요 산
　　知者樂水, 仁者樂山.

그 이유를 공자는 '지자(知者)는 움직이고 인자(仁者)는 조용하다'며 동(動)과 정(靜)의 대조에서 찾고 있다.

'수(水)'는 강이다. '장강(長江)은 쉬지 않고 도도히 흐르도다(杜甫의 詩)'라고 하였듯이 하루도 쉬지 않고 계속 흐르는 것, 유동(流動)하는 것이 강이다. 지자는 그 머리의 기능이 이와 같아서 지모(知謀)가 차례로 생겨나며 그칠 줄을 모른다. 그 진퇴(進退)도 세상의 동향에 따라 자재(自在)로이 변화한다.

이에 비하여 산은 '움직이지 않기 산과 같다(《孫子》)'고 하였듯이 부동(不動)의 상징이다. 인자는 이 세상의 동향에 초연하며 자신의 내면세계를 지킬 뿐 조금도 동요치 않는다.

요컨대 지자는 물을 좋아하는 까닭에 많이 움직이며 그러기에 지자는 즐겁다(知者樂水 知者動 知者樂).

인자는 산을 좋아하기에 움직이지 않으며 그러기에 장수한다(仁者樂山 仁者靜 仁者樂). 지자와 강, 인자와 산, 이미지가 딱 들어맞는다. 어떤 문인(文人)이 말했다.

"나는 젊었을 때는 물(바다)을 좋아했는데 요즈음에는 산을 좋아하게 되었다. 하루 종일 산을 바라보고 있어도 권태롭지 아니하다. 이것은 나이 닷이겠으나 그만큼 인자(仁者)의 영역에 가까워졌다면 실로 기쁜 일이다."

충고해도 듣지 않는 친구라면……

충고해서 선도(善道)해도 안되거든 이를 중단하라.(안연편)

충고이선도지　불가즉지
忠告而善道之, 不可則止.

'벗이 있어 먼 곳으로부터 찾아오면, 이 아니 즐거운가?'란 말은 《논어》 첫머리에 나오는 유명한 말이다. 공자가 살아가던 시대는 전화 따위가 없었으니 친구가 찾아오고 만난다는 것은 그만큼 각별한 기쁨과 즐거움이 있었으리라.

《논어》에는 친구 사귀는 태도와 마음가짐에 대하여 여러 차례 설명을 하고 있다. 그럼 친구와 사귐에 있어서는 어떻게 해야 좋을까? 공자의 견해를 들어 보자.

어느 때 자공(子貢)이란 제자가 이에 대한 질문을 하자 공자는 다음과 같이 대답했었다.

"충고를 하며 선도해도 불가능하면 중단하라. 지나친 충고로 오히려 욕을 당하는 일이 없게 하라."

상대방이 과오를 범했을 때는 성의를 가지고 충고하는 것이 좋다. 상대방이 듣지 않으면 얼마 동안 그 사람의 상태를 관망한다. 너무 집요하게 충고하는 것은 그다지 효과가 없을 뿐 아니라 오히려 반발을 살 수도 있다는 말이다.

어디까지나 상대방의 주체성을 중시하는 자세이다. 이 또한 '군자(君子)의 교제'라고 해도 좋을 것 같다.

군자의 마음가짐 아홉 가지

군자가 항상 마음 써야 하는 아홉 가지의 일.(계씨편)

군자유구사
君子有九思.

군자(君子)에게는 항상 마음 쓰지 않으면 안될 일이 아홉 가지 있다고 공자는 말했다.

"볼 때는 명(明)을 생각하고, 들을 때는 청(聽)을 생각하며, 색(色)은 온(溫)을 생각하고, 모(貌)는 공(恭)을 생각하며, 언(言)은 충(忠)을 생각하고, 사(事)는 경(敬)을 생각하며, 의심스러울 때는 문(問)을 생각하고, 분할 때는 난(難)을 생각하며, 득(得)을 보고는 의(義)를 생각하라."

1. 시각(視覺)에 있어서는 명민(明敏)할 것.
2. 청각(聽覺)에 있어서는 예민할 것.
3. 표정에 있어서는 부드러울 것.
4. 태도에 있어서는 성실할 것.
5. 발언에 있어서는 충실할 것.
6. 행동에 있어서는 신중할 것.
7. 의문나는 일이 있을 때는 탐구심을 가질 것.
8. 감정에 이끌려 미혹되지 말 것.
9. 이득을 보면 의(義)를 잊지 말 것.

어느 것 한 가지 소홀히 해서는 안될 처세의 요체(要諦)이다.

군자가 경계해야 할 세 가지

군자에게는 반드시 경계해야 할 세 가지가 있다.(계씨편)

_{군 자 유 삼 계}
君子有三戒.

군자(君子)는 세 가지를 경계하지 않으면 안된다는 말이다. 먼저 공자의 말을 들어 보자.

"젊었을 때는 혈기(血氣)가 안정되어 있지 않으니 여자를 경계해야 하고, 장년기에는 혈기가 왕성하니 투쟁을 경계해야 하며, 노년기에는 혈기가 쇠해지므로 탐욕을 경계해야 한다."

이것을 알기 쉽게 요약하면 다음과 같다.

1. 혈기가 안정되지 않은 청년시절에는 색욕을 자중할 것.
2. 혈기가 왕성해지는 장년기에는 투쟁욕을 자중할 것.
3. 혈기가 쇠하여지는 노년기에는 물욕(物欲)을 자중할 것.

색욕, 투쟁심, 물욕은 모두 정도에 맞게 발휘하면 인생을 살아가는 데 활력이 된다. 그러나 이것이 과잉되면 자신을 파멸시키고 사회에 폐해를 주는 원인이 된다.

문제는 컨트롤이다. '색'에 빠져서 앞길을 망치는 청년, '투쟁'에 치달았다가 자멸하는 장년, '이익'을 탐내어 노추(老醜)를 드러내는 노년 등은 모두 자기 컨트롤에서 실패한 예라고 할 수 있다.

이 역시 처세의 요체라고 할 수 있다.

열심히 일하라, 그리고 즐기라

발분하면 먹는 것도 잊고, 즐길 때는 온갖 걱정을 다 잊는다.(술이편)

발분망식　낙이망우
發憤忘食, 樂以忘憂.

공자의 제자에 자로(子路)란 인물이 있다.
어떤 사람이 이 자로에게,
"공자는 어떤 인물이오?"
라고 물었던바, 자로는 대답을 하지 못했다. 나중에 이 사실을 안 공자는 이렇게 말했다고 한다.
"너는 왜 대답을 하지 않았느냐? '발분하면 식사를 잊고, 즐길 때는 걱정을 잊어 늙어 가는 것조차 모른다'고 말할 일이지."
왜 대답해 주지 않았더냐? 학문에 발분하면 먹는 것도 잊고 만다. 또 학문을 즐길 때는 걱정거리도 다 잊는다. 그리고 늙어 가며 앞날이 얼마 안남았다는 것조차 잊고 사는 사람이다.
이런 뜻의 말이다.
이것은 공자가 스스로 그려 보인 자화상(自畵像)이라는 데 의미가 있다. 실로 훌륭한 표현이 아닌가.
한편 굳이 코멘트를 한다면 '발분'뿐만 아니라 '즐긴다'도 있는 것이 재미있다. 이것은 자기가 하는 일에 임하는 태도와 처세에 대한 금언(金言)이다.
우리도 공자의 이런 삶의 자세를 배워 나가도록 노력해야 하지 않을까.

남을 먼저 이해하라

내가 하기 싫은 일은 남에게 시키지 마라.(안연편)

> 기소불욕 물시어인
> 己所不欲, 勿施於人.

취직시험은 아닐지라도 '자네의 신조(信條)는 무엇인가?'란 질문을 받았을 때 우물쭈물한다면 어쩐지 딱하다는 생각이 들지 않겠는가.

신조란 것은 노력 목표이다. 이것은 인생 누구에게든지 있어야 하는 것이다.

그런데 공자의 신조는 '서(恕)'였던 것 같다. 어느 때 자공(子貢)이란 제자가,

"평생 동안 지켜야 할 신조를 한마디로 표현한다면 무엇이 되겠습니까(有一言而 可以終身 行之者乎)?"

란 질문을 했을 때 공자는 이렇게 대답했다.

"그것은 서(恕)이다. 내가 하기 싫은 일은 남에게 시키지 마라(己所不欲, 勿施於人)."

여기서 서(恕)란 '이해한다'는 뜻이다.

나 자신이 하고 싶지 않은 일은 남에게 시키지 않는 것, 그것이 '서'라는 것이다. 남의 마음을 헤아리기를 내 마음 헤아리듯 해야 한다는 말이다.

말로는 쉬울 듯하지만 실행하기란 지극히 어렵다. 이런 것을 자신있게 말한 점에 공자의 위대함이 있다 하겠다.

도청도설(道聽塗說)

길가에서 듣고 그것을 길가에서 말하는 것은 덕(德)을 버리는 것이다.(양화편)

<ruby>道聽而塗說<rt>도청이도설</rt></ruby> <ruby>德之棄也<rt>덕지기야</rt></ruby>.

역시 공자가 한 말이다. 알기 쉽게 의역을 한다면 '수박 겉핥기식으로 들은 것을 금방 여기저기 돌아다니며 지껄여대고 자랑을 한다. 그렇게 하면 몸에 덕이 붙지를 아니한다'란 의미가 될 것 같다.

본문 중 도(塗)는 도(途)와 같다. '도청도설(道聽塗說)'이라는 고사성어(故事成語)의 출전이기도 하다. 사색보다는 독서에 치중하고 자료수집보다는 조사 검토에 역점을 두었던 공자는 도청도설을, 자기자신의 덕을 손상시키는 것이라 하여 배격했는데 그래도 이 도청도설은 끊이지 아니했다. 그런 점을 깊이 인식하고 있으면서 한 발언이었을 것이다.

끊임없이 도청도설하는 자가 나타나는 것은 그것에 귀를 기울이는 자가 뒤를 잇고 끊이지 않는다는 것도 의미하고 있다. 전문(傳聞)을 초보 단계에서 가려낸다 하더라도 나머지 부분을 조사하려면 수고와 시간이 든다. 들은 채로 믿는다면 그보다 더 좋은 것이 없다. 그러나 거기에 함정이 있다.

공자의 말은 도청도설하는 쪽의 비도덕성에 대해서 한 말이겠으나 쉽게 적당히 처결하기 좋아하는 인간의 통성(通性)이 도청도설의 근본에 있음을 지적한 말이기도 하다. 한편 '구이지학(口耳之學)'이란 말도 있거니와 귀로 들은 것을 몸에 익히어 실천하려는 것이 아니라 귀로 들은 것을 그저 입으로 나불대는 것을 꼬집는 말이다.

많이 듣고, 많이 보라

많이 들은 중에서 좋은 것을 택하여 좇았고, 많이 본 중에서 골라 기억한다. 이것이 슬기로서는 버금가는 것이니라.(술이편)

다문택기선자이종지 다견이식지 지지차야
多聞擇其善者而從之 多見而識之 知之次也.

공자가 한 표제어의 말에는 그 앞에 다음과 같은 구절이 있다.
'잘 알지도 못하면서 행하는 사람이 있는데 나는 그렇게 한 일이 없다(蓋有不知而作之者 我無是也).'
이 말을 의역하면 다음과 같다.
'지식에 의하지 아니하고 독창적인 견해를 내세워 행동하는 사람이 있기도 하지만 그것은 내가 행동하는 방법과는 다르다. 나는 갖가지 의견을 들은 다음 그것들을 비교 검토하고 납득이 가는 부분을 채용한다. 또 항상 견문을 넓히고 지식을 축적하도록 마음을 기울인다. 태어나면서부터 지자(知者)였다면 이런 노력은 필요치 않았을 것인데……'
그 자신이 행하던 학술 연구의 태도를 말한 것이다. 공자는 '태어나면서부터 이것을 아는 자는 상(上)', 즉 천재(天才)를 상정(想定)하여 그런 등급이 있다면 최상급(最上級), '배워서 이것을 아는 자는 차(次 : 버금)', 즉 공부를 해서 지성(知性)을 닦는 자는 버금가는 등급이라고 했다.
본문 중 '지지차(知之次)'는 공자가 자신을 '배워서 이것을 아는 자'에 순위를 두고 있는 것이다. 천재가 아닌 자신은 견문을 넓히어 지식을 축적하도록 마음을 쓴다는 것이다. 공자는 또 '궐의(闕疑)', 즉 의문은 의문으로 남겨두라고 자장(子張)에게 권했다. 그는 실증주의의 사람이었던 것이다.

미래 예측에 대하여

앞으로 주(周)나라의 바른 문화 전통을 계승만 한다면 백대(百代) 앞일이라 하더라도 예측하지 못할 바가 없다.(위정편)

기혹계주자 수백세가지야
其或繼周者 雖百世可知也.

이 구절 역시 공자가 한 말인데 그 앞에 자장(子張)과의 대화가 기록되어 있다. 그 내용을 알기 쉽게 의역하면 다음과 같다.

자장이 공자에게 물었다.

"10대(代) 후의 왕조(王朝)의 모습을 지금 추측할 수 있겠습니까?"

"은왕조(殷王朝)는 하왕조(夏王朝)의 예제(禮制)를 이어받았느니라. 그러므로 양자를 비교해 보면 그 이동(異同)이 분명해진다. 현재의 주왕조(周王朝)도 은나라의 예제를 이어받고 있어. 양자를 비교해보면 그 같고 다름이 분명해지지. 따라서 그것을 미래로 연장시키면 지금의 주왕조를 대신해서 들어서는 왕조에 대해서도 10대뿐 아니라 백대까지라도 대체적인 예측을 할 수가 있지."

과거의 역사를 연구하되, 시간의 경과 속에서 도태된 것과 남아 있는 것을 비교하면 미래에 대한 예측이 가능하다는 것이다.

그러나 공자는 한편으로 역사 연구의 어려움을 다음과 같이 술회하기도 했다.

하(夏)나라 후손의 나라는 기(杞)나라이고, 은(殷)나라 후손의 나라는 송(宋)나라인데 두 나라 모두 역사적 기록이 전해오지 않고 학자들도 없어졌으므로 하나라·은나라 두 왕조의 예제에 대한 가설(假說)은 서있지만 실증(實證)을 할 수는 없다고 공자는 말했던 것이다.

악사(樂師)를 인도하는 예(禮)

악사인 소경 면(冕)이 공자를 찾아왔는데 그가 층계에 이르자 공자는 "층계요."라 하시고 그가 자리에 이르자 "자리요."라 하시고 그가 자리잡고 앉자 공자께서는 그에게 "아무개는 여기 있고 아무개는 저기 있소."라고 알려주셨다. 악사 면이 물러가자 자장이 물었다. "소경 악사에게 말하는 도(道)가 이러합니까?" 공자께서 말했다. "그렇다. 바로 그것이 소경 악사를 돕는 길이다."(위령공편)

사면견 급계 자왈 계야 급석 자왈 석야 개좌 자고지왈 모재사
師冕見 及階 子曰 階也. 及席 子曰 席也. 皆坐 子告之曰 某在斯

모재사 사면출 자장문왈 여사언지도여 자왈 연고상사지도야
某在斯. 師冕出 子張問曰 與師言之道與. 子曰 然固相師之道也.

면(冕)이라는 장님 악사가 공자를 찾아왔다. 마중나간 공자가 손을 잡으며 층계까지 오자 "이곳이 계단이오."라 했고 좌석에 오자 "이곳이 자리요."라고 했다. 손님들이 모두 자리에 앉자 "○○는 이곳, ○○는 저곳에 있소."라며 일일이 그 자리를 가르쳐 주었다. 면이 돌아가자 자장이 공자에게 물었다. "그렇게까지 해야 합니까?" "그럼, 시각장애자에게는 당연히 그렇게 해야 하지."

〈자한편〉에서는 공자가 고자(瞽者 : 시각 장애인)를 만나는 때는 상대방이 연하(年下)일지라도 반드시 일어서서 정중하게 맞았다고 기록하고 있다. 고사(瞽師)는 시각장애가 있는 악관(樂官)으로 이 대목에서 말하는 사(師) 역시 고사(瞽師)란 의미이다. 그들은 제사 때 신(神)에게 바치는 갖가지 음악을 연주했다. 위의 글에는 그런 신성직(神聖職)의 사람에 대한 공자의 외경지념(畏敬之念)이 느껴진다.

참된 군자(君子)란

배우고 때에 익히니 기쁘지 아니한가? 벗이 멀리서 찾아오니 또한 즐겁지 아니한가? 남이 나를 알아주지 않아도 노여워하지 않으니 참으로 군자가 아니겠는가?(학이편)

학이시습지 불역열호 유붕 자원래 불역락호 인부지이불온
學而時習之 不亦說乎. 有朋 自遠來 不亦樂乎. 人不知而不慍
불역군자호
不亦君子乎?

'학문을 하는 것, 그리고 실천을 통하여 그 학문을 몸에 익혀나가는 것, 이것은 더이상 없는 기쁨이다. 차츰 동지(同志)가 생기고 알게 모르게 그 동지들이 모여든다. 이 이상의 즐거움은 있을 수 없다. 남들이 인정을 해주든 해주지 않든 그런 것 따위에는 신경을 쓰지 않고 열심히 공부해 나간다. 이것이 진짜 군자이다.'

공자는 자신에게 주어진 시간 중 방대한 부분을 정치개혁에 쏟아부었는데, 그로 인하여 고생도 많이 했었다. 그러나 공자의 생애를 사회개혁가(社會改革家), 정치가로 요약한다는 것은 어딘가 빗나가는 것이란 생각이 든다. 은자(隱者)로부터는 쓸데없는 일에 정력을 쏟고 다닌다는 비난을 샀고, 제자들로부터는 선생의 도(道)는 우원(迂遠)하다는 생각을 가지게 했으며, 제후(諸侯)들로부터는 시대착오라는 인식을 가지게 했다.

그러나 공자가 자신의 방도를 바꾸지 않았던 것은 공자의 목표가 문화를 지탱시켜 줄 인간성의 회복에 있었기 때문이다. 15세 때 학문에 뜻을 두었다는 공자의 생애, 그 생애의 기조(基調)가 잘 나타나 있는 대목이기도 하다.

하늘은 말이 없어도……

하늘이 무슨 말을 하더냐? 사시(四時)가 바뀌어가고, 만물이 계절따라 자라나고 시들어가지만 하늘이 무슨 말을 하더냐?(양화편)

천하언재 사시행언 백물생언 천하언재
天何言哉 四時行焉 百物生焉 天何言哉.

표제어의 대목 앞에 다음과 같은 구절이 있다.
'공자가 말했다. "나는 말이 없고자 한다(吾欲無言)." 자공(子貢)이 말했다. "선생님께서 말씀을 아니하시면 저희들은 무엇에 따라 도(道)를 말하고 또 전하겠습니까?(子如不言 則小子何述焉)"'
이 자공의 말에 대답한 공자의 말이 표제어이다. 이 대화는 아마도 공자가 연로한 다음의 것으로 생각된다.

방랑생활 끝에 돌아온 공자는 아들 이(鯉)의 참척을 보고, 제자 안회(顔回)와 자로(子路)를 잃었으니 그의 신변은 말할 수 없는 적막감에 싸여 있었다.

안회가 죽었을 때 공자는 '하늘이 나를 망치는구나'라며 탄식했는데 자기를 망치게 한 그 하늘은 아무 말도 하지 않으며, 더군다나 우주는 그 어떤 지장도 받는 일 없이 질서정연하게 운행되고 있다.

공자가 말을 하지 않겠다는 것, 즉 말로 남을 가르치지 않겠다는 것은 더 이상 자신이 말하고 싶은 것이 무엇이겠는가라는 의미였을까? 그토록 남을 가르치는 일에 싫증을 느끼지 않는다는 공자가 한편으로는 그러한 교육이 어쩐지 공허하다고 느꼈을지도 모르겠다는 생각이 들게 해주는 대목이다.

그 점이 어렵다

성인(聖人)과 인자(仁者) 같은 행위를 내가 어찌 감히 할 수 있겠는가? 고작해야 배워서 모방하는 것을 싫어하지 않고, 남을 가르치는 데 지나지 않을 뿐이다.(술이편)

<small>약성여인 즉오기감 억위지불염 회인불권 즉가위운이이의</small>
若聖與仁 則吾豈敢 抑爲之不厭 誨人不倦 則可謂云爾已矣.

공자가 한 이 말을 알기 쉽게 의역하면, '모두가 나를 성인이라든가 인자(仁者)라고 생각하는 것 같은데 그것은 터무니없는 생각이다. 나는 단지 성인이나 인자를 이상(理想)으로 삼고 배울 뿐이며, 배운 것을 가르치는 데 싫증내지 않을 뿐이다'란 의미가 되겠다.

그 말을 들은 공서화(公西華)가 말했다.

"그런데 그것을 저희들은 흉내낼 수조차 없는 겁니다."

언젠가 자공(子貢)이 "백성들을 빈궁 속에서 구해낼 수 있다면 인(仁)이 될까요?"라고 물었을 때 공자는 "그것을 할 수 있다면 인(仁)일 뿐 아니라 곧 성(聖)이다."라고 대답했었다. 여기서는 자공에게 했던 그 대답을 공자 자신이 끊임없이 배우고 또 싫증내지 않으며 가르친다는 형태로 실천하고 있음을 서술한 것이다.

공자는 "속수(束脩: 肉脯 열 두름. 일종의 수험료로 대단한 것이 아니었다)의 예(禮) 이상을 치른 사람에게는 내 일찍이 가르치지 않은 바가 없다(自行束脩以上 吾未嘗無誨焉)."라고 말했고, "배우기를 좋아하는 점에서는 누구에게도 뒤지지 않는다(不如丘之好學也)."라고 말했다.

이 두 가지는 공자가 남들에게 자랑했던 말이나. 그러나 공서화가 한탄했던 것처럼 그 두 가지는 범인으로서는 실천하기 어려운 것들이다.

승낙한 일을 미루지 않는다

한마디로 재판의 판결을 내릴 수 있는 사람은 유(由)일 것이다. 자로(子路)는 승낙한 일을 미루는 일이 없다.(안연편)

片言可以折獄者 其由也與. 子路無宿諾.
편언가이절옥자 기유야여 자로무숙낙

이 표제어 역시 공자가 한 말로서 알기 쉽게 의역을 하면 다음과 같다. '송사 사건의 내용을 듣기만 하고 판결을 내릴 수 있는 사람은 아마도 유(由)가 있을 뿐이리라. 자로는 일단 승낙한 일은 기일까지 반드시 해낸다.'

자로의 이름은 유(由)이며, 이 자로의 과단성있는 성격을 부각시킨 한 구절이다. 자로는 '가르침을 듣고 그것을 실천하지 못하면 또다른 가르침을 듣기 두려워했다(子路有聞 未之能行 唯恐有聞)'고 하거니와 자로가 두려워했던 것은 '승낙한 일을 뒤로 미루는' 결과가 되는 것이었으리라.

《논어》에는 이 대목 다음에, 역시 재판에 대한 공자의 말이 기록되어 있다. '송사를 처리하는 힘은 나도 남만큼 있겠지만 내가 바라는 것은 반드시 송사가 없도록 하는 것이다(聽訟吾猶人也 必也使無訟乎)'란 내용의 말이다.

자로가 하던 재판, 그런 재판이 있다고 하면 그것이야말로 현세적(現世的)인 이상(理想)일 것이다. 이에 비하여 재판 그 자체가 필요치 않도록 하겠다는 공자의 재판관(裁判觀)은 인류사(人類史)의 꿈이란 차원에 속하는 것이겠다. 그러한 공자는 그 꿈이 역사를 근원에서부터 움직이는 힘이라고 믿었던 것으로 생각된다.

증자(曾子)의 효도

증자는 병이 들자 제자들을 불러놓고 말했다. "내 발을 펴보아라. 내 손을 펴보아라. 《시경(詩經)》에 '전전긍긍하여 깊은 못가에 서있듯, 얇은 얼음을 밟듯 하라'고 했듯이 몸을 조심했는데 이제부터는 내 걱정을 면하게 되었구나!"(태백편)

증자유질 소문제자왈 계여족 계여수 시운 전전긍긍 여임심연
曾子有疾 召門弟子曰, 啓予足 啓予手, 詩云 戰戰兢兢 如臨深淵

여리박빙 이금이후 오여면부 소자
如履薄氷. 而今而後 吾如免夫 小子.

병이 들어 누워있을 때 증자는 제자들을 불러놓고 다음과 같이 말했다는 것이다.

"내 발 좀 펴보아라. 내 손도 좀 펴보아라. 모두가 부모로부터 받은 몸인 것이다. 두려워 조심히기를 마치 깊은 연못 가장자리에 서듯, 얇은 얼음 위를 걸어가듯 하라고 《시경(詩經)》에서도 경고하지 않았더냐. 내가 부주의하여 상처 입는 일이 있어서는 안되겠다며 그것에만 신경을 써왔는데 이제는 그럴 걱정이 없게 되었어. 그대들이여!"

즉 임종을 앞두고 증자가 했던 말이다. 그가 인용한 시구(詩句)는 현재 전하는 《시경》에 들어있다. '계(啓)'는 이불을 걷어제치고 보는 것이라고 주석(注釋)하고 있다. 증자의 수족, 더 나아가서는 그의 오체(五體)에는 상처가 한 군데도 없었을 것이다. 외상(外傷)뿐 아니라 일반적인 질병까지 포함시켜도 좋을 것으로 생각된다.

이 대목은 《효경(孝經)》의 '신체발부수지부모(身體髮膚受之父母), 불감훼손효지시야(不敢毀損孝之始也)'란 구절과 조응(照應)되고 있다.

삼성(三省)

나는 하루에 세 차례씩 나 자신을 반성한다. 남을 위해 일을 꾸미되 불충(不忠)하지는 않았는가? 친구와 교제함에 있어 신의(信義)를 잃은 바는 없었던가? 전수받은 것을 익히지 않은 일은 없었던가?(학이편)

오일삼성오신 위인모이불충호 여붕우교이불신호 전불습호
吾日三省吾身. 爲人謀而不忠乎. 與朋友交而不信乎. 傳不習乎.

효도로 이름 높은 증자(曾子)가 한 말이다. 증자는 물론 공자의 제자이다. 좀더 알기 쉽게 풀이하면 '나는 하루에 몇번씩이나 반성을 한다. 남의 부탁을 받고, 그것이 남의 일이라 하여 적당히 도모하지는 않았는가? 친구에 대하여 성실하지 못한 태도를 취하지는 않았는가? 나 자신이 확신을 가지고 있지 못한 것을 진지한 표정으로 남에게 나불거리지는 않았는가 등등……'이다.

증자의 성(姓)은 증(曾), 이름은 삼(參), 자(字)는 자여(子輿)이다. 공자보다는 46세 연하로서 자유(子游), 자하(子夏), 자장(子張) 등과 함께 공자의 후기(後期) 제자의 대표적인 인물이다.

공자는 그를 노(魯), 즉 아둔한 면이 있다고 평했다. 《사기(史記)》에는 공자가 그에게 《효경(孝經)》을 짓게 했다는 기록이 있고, 《한비자(韓非子)》에는 며느리가 우는 아이를 달래기 위해 거짓말하는 것을 그가 나무랐다는 기록이 있다. 《맹자(孟子)》에는 그의 효도에 대하여 상세하게 기록하고 있고―.

여기서 삼성(三省)의 삼(三)은 '몇번이고'라는 의미로서 소개한 구절에서는 충(忠)·신(信)·전(傳)의 세 항목을 가리키는 것으로 보아도 좋다.

누구에게서나 다 배우다

주(周)나라 문왕(文王) · 무왕(武王)의 도가 땅에 떨어지지 않아서 아직도 사람들이 지니고 있습니다. …… 공자께서는 그 어디서인들 안배우셨겠습니까? 어디서나 다 배우셨으며 또 그 누구라고 정해진 스승이 있겠습니까? 누구에게나 다 배우셨습니다.(자장편)

<small>문무지도 미추어지 재인　　　　　부자언불학　이역하상사지유</small>
文武之道 未墜於地 在人. …… 夫子焉不學. 而亦何常師之有.

위(衛)나라 대부(大夫)인 공손조(公孫朝)가 "중니(仲尼)는 누구를 스승으로 삼아서 배웠는가?"라고 자공(子貢)에게 물은 적이 있다. 그 질문에 대한 자공의 대답이 표제어이다.

'문왕 · 무왕이 전한 도(道)가 끊어진 것이 아닙니다. 지금도 아직 사람들 사이에서 계승되어지고 있습니다. 현인(賢人)은 이 도의 근본을 붙잡고 있습니다. 그 근본을 붙잡고 있지 못한다 하더라도 단편적(斷片的)으로 알고 있는 사람은 얼마든지 있습니다. 이처럼 문왕 · 무왕의 도는 어디서나 찾아볼 수 있는 것입니다. 중니는 누구에게서나 무엇이든 배우려고 했습니다. 특정한 개인을 스승으로 삼았던 것이 아닙니다.'

문왕 · 무왕은 주왕조(周王朝)의 창시자이다. 공자가 살던 시대는 그보다 5백년쯤 후세이고 ─ . 그런데 노(魯)나라는 전통이 오랜 문화국가로서 주나라의 고전음악이 연면하게 전해지고 있었다. 이런 예는 다른 나라에도 있었을 것이다. 자공은 그러한 문화적 토양, 그 자체가 공자의 스승이었다고 말한 것이나.

배우고, 깊이 사색하고……

배우기만 하고 깊이 사색(思索)하지 않으면 어두워지고, 사색만 하고 배우지 않으면 독선으로 흐른다.(위정편)

학이불사즉망 사이불학즉태
學而不思則罔 思而不學則殆.

공자의 이 말을 의역하면 다음과 같은 뜻이 될 것 같다.
'독서에만 몰두하고, 사색하기를 태만하면, 지식이 몸에 익혀지지 아니한다. 사색에만 몰두하고, 독서를 게을리하면 독선적이 된다.'

이것 역시 공자의 경험일 것이다. 분명, 인간에게는 조사파(調査派)와 사고파(思考派) 등 두 가지의 타입이 있다.

조사파는 묵묵히 자료(資料)를 모으고 일사불란하게 정리한다. 그러나 이 조사파 가운데는 자칫 자료에 치우치기 쉽고 자료 속에 파묻혀 버리기 쉬운 사람이 있다. 사고파는 자료 수집에는 그다지 열을 올리지 아니한다. 최소한의 자료에서 추론(推論)하고 결론을 이끌어내는 쪽에 흥미를 갖는다. 자신은 나름대로 깊이 생각하고 얻어낸 결론이라며 자랑스러워하지만 경험자의 눈으로 보면 사실 관계를 깊이 조사하지 않은 관계로 드러나는 오인(誤認)을 금방 눈치챌 수 있다.

이럴 경우 한쪽은 어둡고, 한쪽은 독선적으로 흐르게 된다고 공자는 말했다. 물론 양쪽 모두 철저하게 하는 것이 이상적이다. 그러나 공자 역시 조사파였던 듯하다. 그는 이런 말도 했었기 때문이다.

"나는 전에 온종일 먹지도 않고, 밤새도록 잠도 안자며 사색을 해보았지만 유익함이 없었다. 배우는 것만 못하더라(吾嘗終日不食 終夜不寢 以思 無益 不如學也)."

배우기 좋아했던 공자

집 열 채 정도의 작은 마을에도 반드시 충성과 신의에 있어, 나와 같은 사람이 있겠지만 나만큼 배우기를 좋아하지는 못할 것이다.(공야장편)

십실지읍 필유충신여구자언 불여구지호학야
十室之邑 必有忠信如丘者焉. 不如丘之好學也.

이 공자의 말을 의역하면, '성실성이란 점에서 본다면 나 정도의 인간은 어떤 마을에도 있다. 그러나 배우기 좋아한다는 점에서는 나는 누구에게도 뒤지지 않는다'란 의미가 될 것 같다.

공자의 자화상(自畵像)이다. 15세 때 학문의 길을 걷겠다고 결심을 했던 공자는 공부를 하기 좋아하는 점에서만은 그 누구에게도 뒤지지 아니하는 자신감이 있다고 했다.

그러기에 공자는 '학문을 익히지 못하는 것', '배움의 진도가 안나가는 것'이 가장 마음에 걸리는 일이라고도 했다. 공자는 또 이런 말을 하기도 했다.

"묵묵히 새겨두고, 배우기에 물리지 않고 남을 깨우쳐 주기에 지치지 않는다. 이런 일들은 나에게는 쉬운 노릇이다(默而識之 學而不厭 誨人不倦 何有於我哉)."

진채(陳蔡)에서 위난(危難)에 처했을 때도 공자는 책을 읽고 금(琴)을 타고 있었노라고 사마천(司馬遷)은 《사기(史記)》에서 기록하고 있는데, 그것은 수난극(受難劇)의 극적 효과를 노린 묘사가 아니라 책 읽기를 좋아하는 공자의 실상(實像), 바로 그것이었으리라.

의롭지 못한 부귀는 뜬구름

의롭지 못하게 부(富)하고 귀(貴)한들 내게는 뜬구름과 같다.(술이편)

<small>불의이부차귀   어아여부운</small>
不義而富且貴 於我如浮雲.

이 표제어에 앞서 공자는 이렇게 말했다.
"거친 밥을 먹고 물을 마시고, 팔베개 삼더라도 즐거움은 그 가운데에 있다(飯疏食 飮水 曲肱而枕之. 樂亦在其中矣)."

공자는 일찍이 안회(顏回)가 궁핍하게 사는 것을 보고 '다른 사람 같으면 흉내를 내지도 못할 것'이라며 크게 감탄한 적이 있거니와 실은 공자 자신의 생활도 결코 풍족한 것이 아니었다. 아들 이(鯉)가 죽었을 때도 외관(外棺)을 쓰지 못할 정도였으니 말이다.

아들을 위해 외관을 써주어야 했거늘 그렇게 하지 못했던 것도 상관없다고 했으며, 팔을 베고 누워서 잠을 자더라도 상관치 않는 자기자신의 궁핍한 생활도 개의치 않았던 공자의 생활상이 떠오른다.

불의(不義)의 부귀는 뜬구름과 같은 것이라고 한 후단(後段)의 말도 가슴에 와닿는다. 예를 들자면 당시 노(魯)나라의 권세가였던 계씨(季氏)는 국군(國君)의 부(富)를 능가하는 자산가였다.

그렇건만도 계씨는 백성들로부터 부당한 세금을 마구 거둬들이고 있었다. 계씨뿐만 아니라 이런 가렴주구(苛斂誅求)는 여기저기에서 성행되고 있었을 것이다.

공자는 그런 예를 똑똑히 듣고 보고 있었다. 이 표제어의 비판은 그런 것들을 증오하는 감회도 포함되어 있는 듯한 느낌이 든다.

나 하고픈 일을 하고 살리라

구해서 가져도 부정한 것이라면 나 좋아하는 바를 좇아 살겠다.(술이편)

여불가구 종오소호
如不可求 從吾所好.

이 구절 역시 공자가 한 말로서 그 앞 구절의 내용을 소개하면 다음과 같다. '재물을 구해 가져도 무관한 것이라면 그것을 위해 채찍을 들고 외치는 천직(賤職)이라도 내가 하겠다(富而可求也 雖執鞭士 吾亦爲之).' 참고로 집편사(執鞭士)는 수레를 모는 어자(御者)로서 천직으로 쳤다.

즉 위의 말을 의역하면, '인간이 노력을 하는 목표가 부(富)의 추구에 있다고 하면 나도 그렇게 노력하겠다. 그렇게 하기 위해 그 어떤 천한 일이라도 할 것이다. 그러나 부가 인간이 하는 노력의 목표가 아니라면 나는 내가 가고 싶은 길을 택할 것이다'란 의미가 되겠다.

즉 공자는 부가 인간의 노력 목표가 아니라면이란 전제하에 자기가 하고 싶은 일을 하겠노라고 말했던 것이다. 공자는 물론 부의 추구를 노력 목표로 삼지 아니했다. 그의 목표는 '내가 좋아하는 것'이었으며 그것은 증자(曾子)가 '선생님의 도(道)는 충서(忠恕)뿐이었다'라고 말한 바로 그 도(道)일 것이다.

한편 공자의 인품은 자공(子貢)이 평한 것처럼 온량공검양(溫良恭儉讓)하며 남과 다투는 일 따위는 없었지만 소신을 행함에 있어서는 쉽사리 대세(大勢)에 순응하지 아니하는 강의(剛毅)함을 지니고 있었다.

세상이야 무어라고 하든 나는 내가 가고 싶은 길을 가고 싶다는 표제의 말은 바로 그러한 예이며, '군자는 화합하되 뇌동(雷同)하지 않는다(君子和而不同 : 〈자로편〉)'라고 한 것도 그런 의미의 말일 것이다.

가는 길이 같지 아니하면……

도(道)가 같지 않으면 서로 도모(圖謀)하지 아니한다.(위령공편)

<small>도 부 동   불 상 위 모</small>
道不同 不相爲謀.

공자가 한 말이다. 의역을 한다면 '다른 길을 선택한 인간에게 자기 길을 이해시키기란 어렵다'란 뜻이 되겠다.

서로 대화를 나누어 보면 이해가 된다고 장담할 수는 없다. 경우에 따라서는 대화 자체가 되지 아니하는 사안(事案)도 있으려니와 대화를 나눌 수 없는 상대도 있게 마련이다. 이런 일은 현실적인 문제로 인정하지 않을 수 없다고 공자는 말했던 것이다.

사마천(司馬遷)은 《사기(史記)》〈노자열전(老子列傳)〉에서 이렇게 말하고 있다. '《노자》를 배우는 사람은 유학(儒學)을 거들떠보지 않고 유학을 배우는 사람은 《노자》를 거들떠보지 않는다. 길이 같지 않으면 서로 도모할 수 없다는 것은 이것을 두고 하는 말일까?' 학파간(學派間)의 대립을 지적했던 것이다. 사마천은 또 한 군데《사기》〈백이열전(伯夷列傳)〉에서도 인간이란 모두 자기자신의 뜻에 따라 살아가야 한다는 것을 지적하고 있다.

공자가 한 이 말 가운데는, '인간이란 자기 스스로 자신의 길을 걸어가야 한다'란 의미도 내포되어 있다. 그야 어쨌든 가는 길이 다르면 서로 이해시키고 이해하기 어렵다는 것은 분명 맞는 말이다. 이념과 사상에 있어서는 더 말할 나위가 없고, 직업·직종이 다른 경우에도 그러하다.

오늘날처럼 직업이 세분화되어 있는 경우에는 형제간에도 대화가 안 된다고들 말한다. 그런 벽을 허물 수 있는 것은 '사랑'밖에 없을 것이다.

과거를 미루어 미래를 아는 자

사(賜)야, 비로소 너와 함께 시(詩)를 논할 수 있구나. 과거를 말해주면 미래를 아니.(학이편)

_{사야 시가여언시이의   고제왕이지래자}
賜也, 始可與言詩已矣. 告諸往而知來者.

사(賜)는 자공(子貢)의 이름이다. 그의 성(姓)은 단목(端木)이고ㅡ. 그 자공이 공자에게 물었다.

"빈곤하더라도 비굴하지 않고, 부자이면서도 오만하지 않다면, 이런 사람은 훌륭한 사람이라고 생각합니다만……"

"그렇지, 훌륭한 사람이다. 그러나 빈곤하면서도 인생을 즐기고 부자이면서도 자진하여 예(禮)를 지키는 사람만은 못하다."

"《시경》의 절차탁마(切磋琢磨)란 바로 그것을 뜻하는 것이로군요"

"그렇다. 그것이 바로 시(詩)를 이해하는 태도이다. 다른 이야기를 나누고 있는 사이에 하는 연상(連想)이 즉시로 시(詩)의 재발견 쪽으로 가는구나."

그 정도의 실력을 쌓은 자공이었으므로 공자는 이제 그와 함께 시를 논하게 되었다는 것이다. 왕(往)은 과거, 내(來)는 미래이다. 즉 과거의 일을 이야기하면 즉석에서 미래를 유추(類推)해낸다는 의미이다.

《사기(史記)》〈중니열전(仲尼列傳)〉은 자공이 변설에 능했다는 점, 설선삼촌(舌先三寸)으로 제(齊)·오(吳)·진(晋)·월(越) 등 대국과의 국제관계를 좌우지했다고 그의 행각을 길게 기록하고 있다.

또 이 자공의 재능 중 한 가지는 회식(貨殖), 즉 장사를 하는 센스로서 투기적 사업을 하여 천금을 모으기도 했다 한다.

실질(實質)과 형태

바탕이 외식(外飾)보다 두드러지면 조야(粗野)하고 외식이 바탕을 누르면 간사하다. 바탕과 외식이 서로 잘 어우러져야 비로소 군자이다.(옹야편)

_{질승문즉야 문승질즉사 문질빈빈 연후군자}
質勝文則野 文勝質則史. 文質彬彬 然後君子.

역시 공자가 한 말로서 좀더 알기 쉽게 의역을 한다면 다음과 같은 뜻이 되겠다.

'실질(實質)의 측면이 형태의 측면을 능가하는 것은 조야(粗野)하다. 그렇다고 해서 형태의 측면이 실질의 측면을 능가하면 공소(空疎)하다. 형태와 실질이 과부족 없이 균형잡혀 있는 경우가 곧 군자인 것이다.'

여기서 '야(野)'란 조야, 즉 천하고 상스러운 것, '빈빈(彬彬)'이란 안과 밖의 조화가 잘 잡힌 것을 의미한다.

'사(史)'란 제정일치(祭政一致) 시대, 최고위의 신관(神官), 즉 성직자(聖職者)를 가리키는 말이라고 한다. 시대가 흘러 제정(祭政)이 분리되어옴에 따라 그 역할이 저하되어 하급 제의관(祭儀官)으로 변질된다.

공자가 '형태의 측면이 실질의 측면을 능가하면 공소하다(文勝質則史)'라고 한 것은 이런 하급 사제자(司祭者)에게, 외면만을 중시하는 경향이 있었기 때문이리라는 것이다.

자공(子貢)이 '실질과 형태는 표리일체(表裏一體)와 같은 것이다. 예컨대 호랑이라든가 표범의 모피도 무두질을 하면 개나 양의 가죽과 분별하기 어려운 것과 같다'고 한 군자론(君子論)과는 상반되는 공자의 군자론이라 하겠다.

잘났건 못났건 내 자식

잘났건 못났건 누구나 자기 자식에 대한 정은 마찬가지다. 내 자식 이(鯉)가 죽었을 때도 나는 관(棺)만 있었지 덧관은 없었다.(선진편)

재 부 재 역 각 언 기 자 야   이 야 사   유 관 이 무 곽
才不才 亦各言其子也. 鯉也死 有棺而無槨.

안회(顔回)가 죽었을 때 안회의 아버지 안로(顔路)가 공자에게 무심코 말했다.

"덧관을 마련해야겠습니다. 그 비용으로 선생님의 수레를 주시지 않겠습니까?"

그러자 공자가 이렇게 말했다는 것이다.

"비록 다소 못난 놈이라 해도 자기 자식은 자기 자식인 법이야. 내 아들 이(鯉)가 죽었을 때도 나는 수레를 팔아서 덧관을 사지는 않았어. 나는 대부(大夫)의 말석에 있었던 일이 있기 때문에 걸어다닐 수는 없지. 수레를 타는 것이 예(禮)에 맞기 때문이야."

참고로 안회가 죽은 것은 그의 나이 41세였던 때인 듯한데 그렇다면 공자의 나이는 71세 때였다. 이(鯉)는 공자의 아들 이름인데 자(字)는 백어(伯魚)이다. 그는 51세 때 죽었다는 기록이 있으며 그 기록으로 볼 때 공자의 나이 70세 무렵의 일인 것 같다.

덧관을 쓰려면 역시 돈이 들었을 것이다. 안빈낙도하던 안회였으니 본인에게 유산이 있었을 리 만무하고 아버지 안로에게도 그만한 여유가 없었던 것이다. 그래서 공자에게 부탁했던 것인데 공자는 거절했다. 공자는 안로가 바라는 것이 죽은 안회의 유지(遺志)에 어긋나는 것이라고 생각했던 것이리라.

내 잘못이 아니다

안회(顔回)는 나를 친아버지처럼 생각해 주었지만 나는 그를 친자식처럼 대해주지 못했다. 그것은 나 때문이 아니고 너희들 때문이다.(선진편)

회야시여유부야   여부득시유자야   비아야   부이삼자야
回也視予猶父也. 予不得視猶子也. 非我也. 夫二三子也.

안회가 죽었을 때 공자의 문인(門人)들은 장례를 성대하게 치르자고 했다. 그러나 공자는 '마음이 중요하지 형식이 중요한 게 아니니 정성껏 장례를 치르면 된다'라며 찬성하지 않았다. 그렇건만 문인들은 끝내 성대한 장례식을 치르었다. 그러자 공자가 한 말이 표제어의 내용이다. 즉,
"안회는 나를 친아버지처럼 경모(敬慕)했었다. 그런데도 나는 안회를 친자식처럼 대해주지 못했어. 이것은 내 잘못이 아니라 너희들 잘못이다."
라고 말했다는 것이다.

《논어》〈팔일편〉에, 공자는 임방(林放)의 질문에 답하여 '장례는 형식을 갖추는 것보다 애도하는 마음이 더 중요하다'라고 말한 내용이 실려 있다. 친아들, 즉 이(鯉)의 장례에도 결코 무리를 하지 아니했고 자기자신도 가까운 제자들의 손에 싸여서 죽는다면 그것이 제일 기쁘겠다고 말했던 공자이다.

안회의 죽음을 보고 예(禮)에 벗어날 만큼 방성통곡을 하고는,
"그를 위해 울지 않으면 누구를 위해 울겠느냐."
라고 말했던 공자였다. 이 말을 뒤집어본다면 그것이 곧 예의 근본 뜻에 맞는 자연의 모습이라고 믿고 있었던 것이리라.

행실까지 확인한다

썩은 나무에는 조각을 할 수가 없고 더러운 흙으로 쌓은 담은 흙손으로 덧바를 수가 없다고 하거니와 재여(宰予) 같은 인간은 나무란들 무엇하겠느냐?(공야장편)

후목불가조야 분토지장 불가오야 어여여하주
朽木不可雕也. 糞土之牆 不可杇也. 於予與何誅.

재여가 낮잠을 자러 들어갔다. 그런 재여를 보고 공자가 말했다.
"썩은 나무에는 조각을 할 수가 없고 애벌 바르기가 잘못되어 있으면 덧바르기를 제대로 할 수 없다는 말이 있거니와 인간도 저 지경이라면 아무리 나무란들 무엇하겠느냐."
그런 다음 또 이렇게 덧붙였다고 한다.
"나는 지금까지 그 하는 말이 그럴 듯하게 훌륭하면 그 인간도 신용할 수 있을 것이라고 생각해 왔있다. 그러나 이제는 하는 말이 훌륭하더라도 그 행동을 확인하지 않으면 안심할 수 없게 되었어. 나로 하여금 그렇게 되도록 만든 것은 재여이다."
재여는 자공(子貢)과 더불어 변설에 뛰어난 인물이다. 만약 그가 염옹(冉雍)처럼 불녕(不佞: 눌변)이었더라면 하는 말만 그럴 듯하다라는 질책은 받지 않았을 것이다.
이 대목의 이야기는 재여의 변재(辯才)를 설명해 주고 있기도 하다. 그야 어쨌든 이 재여만큼 공자로부터 질책을 받은 제자도 없다. 그리고 공자 문하에는 이런 학생도 있었던 것이다.

무능한 사람에게도 묻다

유능하면서도 무능한 사람에게도 묻고, 박학다식하면서도 천학과문(淺學寡聞)한 사람에게도 묻고, 도를 지녔는데도 없는 듯, 덕이 찼는데도 텅 빈 듯 겸손하고 남에게 욕을 보아도 따지며 맞서 다투지 아니한다.(태백편)

이능문어불능 이다문어과 유약무 실약허 범이불교
以能問於不能 以多問於寡, 有若無, 實若虛, 犯而不校.

증자(曾子)가 한 말인데 이해하기 쉽게 의역을 하면 다음과 같다.
'아무리 재능이 있더라도 그것을 내세우지 말고 자기보다 못한 사람에게도 의견을 구한다. 아무리 지식이 많더라도 다른 사람의 견문(見聞)을 들어본다. 능력을 자랑하지 말고 학식을 자랑하지 않는다. 싸움을 걸어오는 자가 있더라도 상대하지 않는다.'

증자는 이렇게 말한 다음 '지금은 세상을 떠난 옛친구가 그런 식으로 살았었다'라고 덧붙였다. 이것은 안회(顔回)에 대한 회상일 것이라는 설이 유력하다.

'능력이 있으면서도 능력이 없는 사람에게 묻기를 좋아했던 안회'였다. 또 '아랫사람에게 묻는 것을 부끄러워하지 않았다(不恥下問)'는 공문자(孔文子 : 孔圉)가 생각나는 대목이기도 하다.

오늘은 꼭 물어보리라고 생각하면서도 나이 어린 부하직원의 얼굴을 대하면 묻고자 했던 생각이 사라지고 마는 경험을 한두 번쯤은 했을 것이다. 불치하문하기란 결코 쉬운 일이 아니다. 그러나 그렇게 하는 것이 자기향상을 위한 지름길이라고 증자는 가르치고 있다.

나는 한 가지만을 관철했다

> 나는 오로지 하나[仁]를 가지고 관철할 따름이다.(위령공편)
>
> 여 일 이 관 지
> 予一以貫之.

어느 날 공자가 자공(子貢)에게 물었다.
"사(賜)야, 너는 내가 배운 게 많고 또 그것들을 모두 외고 있고 그러기에 도리를 아는 것으로 알고 있겠지?"
자공이 되물었다.
"물론입니다. 그렇지 않으시단 말씀이십니까?"
"그렇지 않다. 나는 오로지 하나[仁]를 가지고 관철할 따름이다."
공자는 세상사람들로부터 박학다식(博學多識)하여 모르는 게 없는 사람이라는 평을 받고 있었다. 그런데 자공은 그런 공자보다도 한층 높은 평가를 받고 있었다. 공자가 자로(子路)나 안회(顏回)가 아닌 자공에게 '박학다식하다고 생각하느냐?'라며 물었던 것은 역시 상대방을 꿰뚫어보았기 때문이리라.
'물론입니다. 그렇지 않으시단 말씀이십니까?(然, 非與)'라는 되물음에는 한순간 허(虛)를 찔린 것 같은 자공의 기분이 실로 잘 나타나 있다. 자공은 '선생님은 해와 달이다'라고 공자를 평한 바 있었는데 그것은 '박학다식하다고 생각하느냐'라며 자공을 놀라게 한 공자를, 그런 공자를 포함시킨 표현이기도 했으리라. 그야 어쨌든 '하나[仁]를 가지고 관철할 따름이다'라고 한 공자의 대답을 자공은 어떻게 해석했는지는 기록되어 있지 않다. 하나를 들으면 둘을 아는 자공이었으니 증자가 '선생님의 도는 충서(忠恕)일 뿐'이라고 했던 것처럼 이해했을 것이다.

인(仁)은 어디서나 통한다

평소에도 항상 공손한 태도를 지키고 일을 맡아서 처리할 때는 신중과 성의를 기울이고, 남과 교제할 때는 충성을 다하거라. 이런 덕행은 비록 오랑캐 땅에 가서라도 버릴 수 없는 것들이다.(자로편)

거 처 공 집 사 경 여 인 충 수 지 이 적 불 가 기 야
居處恭 執事敬 與人忠 雖之夷狄 不可棄也.

번지(樊遲)가 인(仁)이란 무엇이냐고 공자에게 물었을 때 공자가 대답한 내용이다.

'일상생활에서는 신중에 신중을 기할 것, 일을 맡았을 때는 그 일을 아주 소중하게 다룰 것, 남에 대해서는 어디까지나 성의를 다할 일이다. 이 세 가지를 지킨다면 비록 만족(蠻族) 속에 있더라도 걱정이 없다.'

번지는 인(仁)에 대하여 세 번씩이나 물었던 기록이 《논어》에 실려 있다. 인(仁)은 사인(私人)으로서, 그리고 사회인(社會人)으로서 일상생활 속에, 평생토록 그 마음에 새겨두어야 하며 또 그 마음속에 살아있어야 한다는 것이다.

원문 중 '이적(夷狄)'은 오랑캐 또는 만족(蠻族)이란 의미이지만 넓은 의미로는 이문화(異文化)의 지역이라고 생각해도 좋겠다. 우리가 중국에 가서 살든, 구미(歐美)에 가서 살든 간에 언어의 장벽을 뛰어 넘건 공자가 한 말대로 세 가지의 기본만 지키고 살아간다면 어떤 일도 걱정할 필요가 없다. 이런 발상(發想)은 인간이 충신독경(忠信篤敬)하다면 만지(蠻地)에 있더라도 상호 이해할 수 있다고 한 자장(子張)의 발상(위령공편)과 같다.

실수할 때 그 인간성이 드러난다

사람의 과실에는 저마다의 유별(類別)이 있다. 따라서 과실을 살펴보면 인자(仁者)인지 아닌지를 알 수 있다.(이인편)

<small>인 지 과 야   각 어 기 당   관 과   사 지 인 의</small>
人之過也 各於其黨. 觀過 斯知仁矣.

이 역시 공자가 한 말로서 좀더 이해하기 쉽게 의역을 하면 다음과 같다. '누구든 간에 그 사람 나름대로 실수를 하게 마련이다. 그 실수를 예의 관찰하면 그 사람의 인간성을 알 수가 있다.'

공자가 중병에 걸렸을 때 자로(子路)가 만일에 대비하여 문인들을 공자의 가신(家臣)으로 삼아 장례준비를 했다가 공자로부터,

"오래도록 자로가 나를 속여왔구나. 가신이 없는 나인데, 가신이 있는 것처럼 꾸미다니……"

라며 꾸중을 들은 적이 있다. 자로의 입장에서 본다면 스승을 생각하는 충심에서 한 짓이요, 그럴 때 가만히 있지 못하는 것이 자로의 장점이기도 하다. 따라서 그의 의도는 나무랄 것이 못된다. 그러나 그 행위는 '과실'이라고까지 할 것은 못된다 하더라도 '가신이 없는데 가신이 있는 것처럼 했다'는 점에서는 '속임수'였음에 틀림없다.

자로는 상관없을 것으로 생각했고 그랬기에 용감히 결행했던 것이다. 인간의 과실 내지 과오란 자로와 마찬가지로 그 인간이 지니고 있는 장점에서 일어나는 게 아닐까?

원문 중 '당(黨)'은 부류·범주·유별 등의 뜻이다. 주자(朱子)는 인간이 저지르는 과실을 보고 그 인간의 정신·이념 등이 휴머니즘적인지 아닌지를 분별한다고 했다.

학문에 뜻을 두다

나는 열다섯 살 때, 학문에 의해 입신(立身)할 결심을 했다.(위정편)

<small>오 십 유 오 이 지 우 학</small>
吾十有五而志于學.

공자는 말했다.
"나는 열다섯 살 때 학문에 뜻을 두어 학문으로 입신하겠다."
공자는 노(魯)나라 양공(襄公) 22년(기원전 551년)에 태어났다. 공자의 집안은 몰락한 빈핍사족(貧乏士族)이었는데 더구나 부모는 야합(野合)하여 공자를 낳았다고 한다. 그 때문에 공자는 세상에서 차가운 눈총을 받으며 자라났다.
그가 세 살 때 아버지가 세상을 떠났다 하니 세상의 냉대는 더욱 심했을 것이다. 세상을 원망하고 꺼리던 그의 어머니는 그에게 아버지 묘지조차 가르쳐 주지 않았던 것 같다. 어렸을 때 제기(祭器)를 늘어놓고 놀이를 했다는 삽화(揷畵)는 예(禮)의 재흥(再興)에 뜻을 둔 사람에게 어울렸다기보다 아버지 산소에 성묘도 가지 못하던 어린이의 애처로운 심정이 배어있었던 것 같다.
15세 무렵의 공자는 폭발적인 지식욕에 눈을 떴던 것이리라. 학문에 뜻을 두었다 하더라도 당시는 사회제도상 직업의 선택이 자유롭지 못했다. 몰락한 사족(士族) 출신인 공자는 관리의 길을 택할 수밖에 없었으리라.
그러나 그 길을 택한 것이 아니라 공자는 학문으로 입신하겠다는 결심을 한 최초의 사람이었다. 그리고 중국의 역사상 최대의 사상가는 이렇게 해서 탄생되었던 것이다.

군자는 다투지 않는다

군자는 다투지 않는다. 불가피한 경쟁으로는 활쏘기가 있을 뿐이다. 그때는 서로 읍을 하고 사양하며 당에 오르내리되, 승자가 패자에게 벌주를 준다. 경쟁하는 자세가 어디까지나 군자답다.(팔일편)

군자무소쟁 필야사호 읍양이승하이음
君子無所爭 必也射乎. 揖讓而升下而飮.

역시 공자가 한 말이다. 좀더 알기 쉽게 의역하면 이런 의미가 될 것이다.

'군자는 일체 다투지 아니한다. 경쟁하는 것이 있다면 사격경기가 고작이다. 당(堂)에 오르내릴 때도 서로 인사를 나누고 또 앞을 양보한다. 그리고 시합이 끝나면 승자가 패자에게 벌주를 준다. 이런 정도의 경쟁이라면 군자에게도 어울릴 것이다.'

공자가 궁술(弓術)에도 뛰어났었음을 상상케 해주는 이야기이다. 〈자한편〉에 공자가 '내가 어떤 일을 할까? 수레 모는 일을 할까? 활쏘는 일을 할까?(吾何執 執御乎 執射乎)'라고 말한 대목이 있거니와 활쏘는 일이란 바로 이 사격경기를 가리키는 것이었다.

활쏘기에 대해서는 이런 말도 하고 있다. '활쏠 때는 과녁 맞추기에 주력하지 않았고 노력(勞力) 부과에는 그 힘에 따라 등급을 두어 같지 않게 했다. 옛날의 도는 이렇듯 옳았다. 사격경기에서는 적중률보다 예용(禮容)을 중시했다. 또 백성들에게 노력을 부과함에 있어서는 각자의 체력에 맞도록 했다. 이것이 옛날의 관습이었다는 것이다.

한편 공자는 자로를 가리켜 '유(由)는 용(勇)을 좋아하기 나보다 더하다'라며 자신의 용(勇)을 인정하기도 했다.

맹자孟子의 철학사상

하필이면 이(利)만 말하나?

하필이면 이(利)만 말씀하십니까? 오직 인의(仁義)가 있을 따름입니다.
(양혜왕 상)

하 필 왈 리　역 유 인 의 이 이 의
何必曰利? 亦有仁義而已矣.

맹자가 양혜왕(梁惠王)을 찾아갔을 때의 일이다. 양혜왕은 당시 여러 차례나 전쟁에 패하여 고민을 하던 끝에 후한 예물을 보내어 천하에서 유능한 인물들을 초치했었다. 맹자도 그래서 양(梁 : 魏)나라에 갔었던 것이다.

양혜왕은 맹자를 보자 반기며 말했다.

"노인께서는 천리 길을 멀다하지 않고 찾아오셨으니 우리나라를 이롭게 해주실 묘안이 있으시겠지요?"

이 양혜왕의 말에 대답한 맹자의 말이 표제어의 구절이다. 맹자의 말은 계속된다.

"……전하께서 어떻게 하면 내 나라를 이롭게 할까 하는 말씀을 하시면, 대부들은 어떻게 하면 내 집안을 이롭게 할까를 말할 것이고 서민(庶民)들은 어떻게 하면 나 자신을 이롭게 할까를 말할 것인즉 상하가 서로 이익만 취한다면 나라가 위태로워질 것은 자명(自明)한 일입니다."

맹자의 사상인 '인의(仁義)'를 역설한 대목으로서 정치의 근본은 인의에 있음을 역설한 내용이다. 인의를 바탕으로 하여 상하가 화합한다면 무서운 힘이 발휘될 것이니 그것이 곧 나라의 힘이며 진정한 의미에서 나라의 이(利)가 될 것을 강조하고 있다.

의로운 자는 임금을 버리지 않아

어질면서 그의 어버이를 버린 자는 있지 아니했으며, 의로우면서 그의 임금을 뒤로 돌린 자는 있지 아니했습니다.(양혜왕 상)

_{미유인이유기친자야   미유의이후기군자야}
未有仁而遺其親者也   未有義而後其君者也.

맹자의 이야기는 계속된다.

"만승(萬乘)의 나라에서 그 임금을 죽이는 자는 반드시 천승(千乘)의 가문(家門)이고, 천승의 나라에서 그 임금을 죽이는 자는 반드시 백승의 가문입니다. 만(萬)에서 천(千)을 취하고 천에서 백을 취하는 것은 결코 많지 않은 것이 아니지만 의(義)를 뒤로 돌리고 이익을 앞세우는 짓을 한다면 윗사람의 것을 빼앗지 않고 만족하지 않게 됩니다."

이렇게 설명한 다음 표제어의 구절을 예로 들고 다음과 같이 끝맺고 있다.

"전하께서는 오직 인의를 말씀하시는 것으로 그치시면 그뿐일 것을, 하필이면 이(利)를 말씀하시는 겁니까?"

승(乘)은 병거(兵車)의 단위. 만승(萬乘)이면 병거 1만승을 낼 수 있는 실력을 가진 제후(諸侯)를 가리킴이다. 이 병거 1승에는 군마(軍馬) 4필, 군우(軍牛) 20두, 갑사(甲士) 3명, 졸병 72명이 따랐다고 하니 만승의 병거라면 백만 대군에 육박하는 규모의 군단이다. 그야 어쨌든 하늘의 법도 즉 인의를 따르는 것과, 개인 욕망을 따르는 것은 결과적으로 천지간의 차이가 난다. 인간의 사욕에 눈이 어두우면 자신을 파탄의 구렁텅이 속에 집어넣을 뿐만 아니라 나라까지 멸망시키지만 인의에 따르면 개인의 영달은 물론 그가 경영하는 국가도 번영한다는 논지이다.

즐기는 것도 자격이 있어야

어진 사람이 된 후라야 이런 것을 즐깁니다. 어질지 않은 사람은 이런 것이 있다 해도 즐기지를 못하지요.(양혜왕 상)

현자이후낙차 불현자 수유차 불락야
賢者而後樂此 不賢者 雖有此 不樂也.

맹자가 양혜왕을 만났는데 때마침 왕은 늪가에 서서 큰기러기며 작은 기러기, 그리고 고라니와 사슴 등을 두루 돌아보고 있었다.
"현인(賢人)들도 이런 것들을 즐깁니까?"
왕이 묻자 맹자가 대답한 말이 표제어의 말이다. 그리고 맹자는 《시경(詩經)》《서경(書經)》 등에 있는 말을 인용했다.
"영대(靈臺)를 짓기 시작하여 재고 세우고 하니, 백성들이 나서서 일을 해주어 며칠 못가서 완성되었네. 짓기 시작할 적에 서두르지 말라 하였으나, 백성들은 자식들처럼 몰려와서 일을 하였네."
주(周)나라 문왕(文王)이 고대(高臺)를 만들 때 백성들은 자진하여 나왔고 열심히 즐겁게 일을 해서 쉽사리 공사를 끝냈다는 것이다. 그것은 문왕이 인의(仁義)의 정사를 폈기 때문이며 그랬기에 이 고대를 영대(靈臺)라 불렀다는 것이다.
백성과 호흡을 같이하고 영대에서 뛰어노는 온갖 짐승들을 구경하되 백성들과 함께 구경하며 즐기는 것, 이것이 임금으로서 백성을 사랑하는 진정한 의미의 인의라는 것이다. 이처럼 인의의 정치를 할 때 백성들은 스스로 따라오는데 그 결과 나라는 평안해지고 임금은 그 기반이 튼튼해진다고 맹자는 설명했던 것이다. 이런 임금이라야 누대(樓臺)며 정원이며 만들 자격이 있고 즐길 자격도 있다고—.

오십보백보(五十步百步)

이때 오십보 달아난 자가 백보 달아난 자를 보고 비웃는다면 어떻습니까?(양혜왕 상)

이 오 십 보 소 백 보 즉 하 여
以五十步笑百步 則何如?

'오십보소백보(五十步笑百步)'란 고사성어(故事成語)의 출전이다. 양혜왕이 맹자에게 말했다.
"과인은 나라를 다스림에 있어 최선을 다하고 있습니다. 하내(河內)에 흉년이 들면 그곳 백성들을 하동(河東)으로 옮기고, 반대로 곡식은 하내 쪽으로 옮겨줍니다. 하동에 흉년이 들면 역시 반대로 그렇게 하구요. 이웃나라들의 정치를 살펴보건대 과인처럼 마음을 쓰는 임금은 없습니다. 그럴건만 이웃나라의 백성은 줄지 않고 우리나라 백성은 늘어나지 않으니 왜 그런 것일까요?"
맹자가 대답했다.
"전하께서는 전쟁을 좋아하시니 전쟁에 비유해서 말씀드리겠습니다. 둥둥 북소리가 울리고 무기이 날이 미주치는데……."
그리고 이어서 한 말이 표제어의 말이다. 양혜왕은 대답했다.
"안될 일이지요. 백보를 달아나지 않았을 뿐이지, 달아나기는 마찬가지가 아닙니까?"
"전하께서는 이웃나라보다 백성들이 불어나기를 바라지 마십시오."
이웃나라나 양나라나 인정(仁政)을 베풀지 않기는 그야말로 '오십보백보'란 지적이다.

교육을 제대로 시키라

학교 교육을 근엄하게 하고, 다시 효도와 공경의 뜻을 가르쳐 준다면 머리가 희끗희끗한 사람들이 짐을 지거나 이고서 길을 다니지는 않을 것입니다.(양혜왕 상)

근상서지교 신지이효제지의 반백자불부 대어도로의
謹庠序之敎 申之以孝悌之義 頒白者不負 戴於道路矣.

상서(庠序)는 교육을 실시하는 집, 즉 학교를 의미한다. 은(殷)나라 시대에는 상(庠)이라 했고 주(周)나라 시대에는 서(序)라고 했다는 설이 있으나 확실치는 않다. 신지(申之)는 거듭하다란 뜻. 반백(頒白)은 반백(斑白)과 같은 뜻으로 머리가 희끗희끗함을 가리킨다.

맹자가 계속 양혜왕에게 인정(仁政) 베풀기를 역설하는 내용이다. 백성들을 교육하되 특히 효도 등 예의에 중점을 두고 가르친다면 그것이 곧 왕도정치(王道政治)의 요체가 된다는 것이다. 맹자가 주장한 왕도정치의 기본은 다음과 같다.

1. 농사철을 어기는 일이 없도록 배려한다.
2. 어로(漁撈)에는 치어(稚魚)를 잡지 못하도록 한다.
3. 조림(造林)과 간벌(間伐)의 시기도 잘 맞추도록 한다.
4. 장례 등은 예절에 맞도록 지도한다.
5. 뽕나무를 심어 양잠에 힘쓰도록 하고 닭·돼지·개 등 축산에도 힘을 기울이도록 한다.

그리고 표제어에서 지적하는 것처럼 교육에 힘을 기울인다면 백성들은 굶주리지 않고 헐벗지 않게 되는데 이것이 바로 왕도정치라는 것이다. 민본주의자(民本主義者)였던 맹자의 사상과 철학이 엿보이는 대목이다.

남의 탓으로 돌리지 마라

어떤 사람이 죽으면 내 탓이 아니라 흉년이 들었기 때문이라고 한다면 이것은 사람을 찔러 죽이고도 내가 그렇게 한 것이 아니라 무기가 그렇게 한 것이라고 하는 것과 무엇이 다르겠습니까?(양혜왕 상)

<small>인사 즉왈비아야 세야   시하이어자인이살지 왈비아야 병야</small>
人死 則曰非我也 歲也. 是何異於刺人而殺之 曰非我也 兵也.

계속해서 맹자가 양혜왕에게 설교하는 대목이다.

"개나 돼지가, 사람이 먹을 것을 먹는 데도 단속할 줄 모르고 길에는 굶어 죽은 시체가 있는데도 창고의 곡식을 풀지 않으면서……."
라고 말한 맹자는 표제어의 명언으로 양혜왕에게 설교했다. 그리고 다음과 같이 덧붙였던 것이다.

"전하께서 흉년 탓으로 돌리지 않으신다면 천하의 백성들이 전하의 나라로 몰려오게 될 것입니다."

맹자가 살던 시대는 전국시대(戰國時代) —. 즉 부국강병(富國强兵)으로 패도정치(覇道政治)를 앞세우던 시대이다. 이 패도정치를 배격하고 왕도정치(王道政治)를 주장하던 맹자는 신성한 정치의 출발을 민생의 안정에 두고 있다. 그리고 이 민생의 안정을 도모하는 것이 곧 위정자의 책임이라고 설파한다.

그런데 상하를 불문하고 인간들은 자신의 무능과 과오를 남의 탓으로 돌리려고 한다. 책임을 전가시키는 것이다. 그런 잔재주로는 결코 왕도정치를 이룰 수가 없고, 그런 임금 밑에는 현신(賢臣)이 있을 수가 없으며 백성들이 모여들지 않을 것임은 명명백백하다고 맹자는 설교했던 것이다.

칼로 죽이는 것과 정치로 죽이는 것

칼로 죽이는 것과 정치로 죽이는 것과 다른 점이 있습니까?(양혜왕 상)

이인여정 유이이호
以刃與政 有以異乎?

맹자와 양혜왕의 대화는 계속된다. 양혜왕이 말했다.
"과인은 가르침을 받기 원합니다."
맹자가 말했다.
"사람을 몽둥이로 죽이는 것과 칼로 죽이는 것은 다르겠습니까?"
"그야 다를 게 없지요."
"그럼 칼로 죽이는 것과 정치로 죽이는 것은 다를까요?"
"그것도 다를 게 없지요."
'승교(承敎)'란 가르침을 받들다, 즉 가르침을 받겠다는 뜻이고 '정(挺)'은 몽둥이란 의미이다. '인(刃)'은 칼날이란 뜻인데 여기서는 칼을 의미한다.

칼로 찔러서 사람을 죽이는 것과 학정(虐政)을 함으로써 백성들을 기아에 허덕이게 하여 마침내는 굶어 죽게 하는 것이 다를 게 뭐냐고 맹자는 나무랐던 것이다. 차라리 칼로 찔러서 죽인다면 그 편이 떳떳할지도 모르겠고 또 피해를 당하는 숫자가 적을 것이다. 포학한 정치로 말미암아 백성들이 죽어간다면 백성들은 왜 죽어야 하는지도 모르는 채 죽어야 하며 그 편이 죽어가는 숫자가 더 많지 않겠는가.

정치란 모두 민생을 안정시키는 것이다. 그렇게 하기 위해서는 임금이 백성들을 친자식처럼 사랑하는 인정(仁政)을 베풀어야 하며 그것이 곧 왕도(王道)라고 주장하는 맹자였다.

짐승에게 사람을 잡아먹게 하다니

짐승들을 거느리고 사람들을 잡아먹게 하는 일을 면치 못한다면 어찌 그가 백성들의 부모 노릇을 한다고 하겠습니까?(양혜왕 상)

_{불면어솔수이식인 오재기위민부모야}
不免於率獸而食人 惡在其爲民父母也?

양혜왕에 대한 맹자의 설교는 절정에 이르렀고 비난조로 발전했다. "푸줏간에는 기름진 고기가 있고 마구간에는 살진 말이 있는데, 백성들에게는 굶주리는 기색이 있고 들에는 굶어죽은 시체가 있다면, 이는 짐승들을 거느리고 사람들을 잡아먹게 하는 셈입니다. 짐승들이 서로 잡아먹는 것도 사람은 싫어합니다. 백성들의 부모가 되어 가지고 정치를 한다면서……."

그리고 이어서 한 말이 표제어의 말이다. 신랄한 비난이 아닐 수 없다. 정치의 근본은 백성들이 편안하게 생활해나갈 수 있도록 해주는 데 있음은 두말할 나위도 없다. 그러나 그것은 위정자의 구호일 뿐, 실제 상황은 그렇지가 못했다. 궁중(宮中)에는 온갖 물자가 넘쳐날 만큼 가득하다. 호의호식하고도 남아돌아가는데 백성들은 굶주리고 헐벗으며 심지어는 굶어 죽어가는 형편이다.

그것은 곧 가렴주구(苛斂誅求)의 결과이거니와, 맹자는 그것을 위정자가 짐승들로 하여금 백성들을 잡아먹게 하는 것과 다를 게 뭐냐고 비난했던 것이다. 그러고도 어찌 백성들의 왕노릇, 즉 부모 노릇을 할 자격이 있느냐고 꼬집었던 것이다. 뒤집어 말한다면 맹자는 양혜왕에게 백성 돌보기를 친자식 돌보듯 하라, 곧 사랑으로 대하라는 인정(仁政)을 설교했던 것이다.

인자무적(仁者無敵)

인자한 사람에게는 적(敵)이 없다고 했으니 전하께서는 의심하지 마십시오.(양혜왕 상)

<small>인자무적 왕청물의</small>
仁者無敵 王請勿疑.

'인자무적(仁者無敵)'이란 유명한 옛말을 인용하면서 맹자는 다시 한 번 인정(仁政)을 펴라고 양혜왕에게 권하고 있다.

"영토가 사방 백리(百里)만 되어도 왕자(王者) 노릇을 할 수가 있습니다. 만약 전하께서 인정(仁政)을 베풀고 형벌을 가벼이 하며 세금을 적게 거두는 한편, 백성들로 하여금 밭을 깊이 갈게 하고 밭손질과 김매기를 잘하도록 하되 젊은이들에게 여가를 이용하여 효도와 공경과 충성과 신의를 지키게 한 다음, 들어가서는 부형들을 섬기게 하고 나아가서는 윗사람을 섬기도록 한다면 몽둥이를 들고라도 강국인 진(秦)나라나 초(楚)나라의 튼튼한 갑옷과 날카로운 무기들을 쳐부수게 할 수 있을 것입니다. 진나라 초나라에서는 그의 백성들이 농사지을 시기를 빼앗아서, 밭갈고 김을 매어 부모를 봉양할 수 없게 됨으로써 부모들은 헐벗고 굶주리며 형제와 처자들은 흩어져 살게 될 것입니다. 저들이 백성들을 곤경에 빠뜨렸을 때 전하께서 정벌을 한다면 그 누가 전하와 대적하겠습니까……?"

그리고 이어서 '인자무적'이란 말을 했는데 이는 전쟁을 권유한 뜻이 아니라 양혜왕이 저간에 제(齊)·진(秦)·초(楚)나라 등과 전쟁하여 패한 끝에 당한 수모를 하소연하고 그 치욕을 벗으려면 어떻게 해야 되겠느냐는 질문에 대답한 말이다. 백성들과의 일치단결을 강조하고 있다.

군자는 푸줏간을 멀리한다

그것이야말로 인술(仁術)입니다. 소는 보고 있었지만 양은 보지 못한 것이지요.(양혜왕 상)

시내인술야 견우미견양야
是乃仁術也. 見牛未見羊也.

맹자는 양나라를 떠나 동쪽에 있던 제(齊)나라로 가서 제선왕(齊宣王)을 만났다.

제선왕이 맹자에게 "나같은 사람도 백성들을 사랑하는 왕노릇을 할 수 있겠습니까?"라고 물었고 맹자는 가능하다고 대답했다. 제선왕이 다시 "어떻게 내가 할 수 있다는 것을 아십니까?"라고 물었을 때 맹자는 제선왕의 신하인 호흘(胡齕)에게서 들은 얘기라며 이렇게 말했다.

"전하께서 지난날 대청에 앉아계실 때, 종(鍾)에 바를 피를 얻기 위해 소를 잡으려고 끌고가는 것을 보시고 소 대신 양을 잡으라고 명하신 적이 있는데 그 일을 보고 백성들은 큰 짐승을 아끼어 작은 짐승을 잡으라고 하신 것으로 생각하며 수군댄다는 것입니다."

"백성들이 그렇게 생각하는 것도 무리가 아니겠습니다."

"하지만 전하, 걱정하지 마십시오."

그리고 맹자가 한 말이 표제어의 내용이다. 맹자는 덧붙였다.

"……군자는 새나 짐승들을 대함에 있어 그것들이 살아있는 것은 본다 하더라도 그것들이 죽는 것은 차마 보지를 못합니다. 그들의 소리를 들으면 차마 그 고기를 먹지도 못하겠기에 푸줏간과 주방을 멀리하는 것입니다."

제선왕은 맹자의 말에 큰 감명을 받았다고 했다.

왕은 진정 왕노릇을 해야 해

그러므로 전하께서 왕노릇을 하지 못하시는 것은 하지 않으시는 것이지 하지 못하셔서가 아닙니다.(양혜왕 상)

_{고 왕 지 불 왕   불 위 야   비 불 능 야}
故王之不王 不爲也 非不能也.

제선왕과 맹자의 대화는 계속되었다.
"예를 들어 어떤 사람이 전하께 아뢰기를, '제 힘은 3천 근의 무거운 것도 능히 들 수 있사오나 한 개의 깃털은 들 수가 없습니다' 또는 '제 시력(視力)은 가을철 짐승의 털끝까지도 볼 수 있사오나 수레 가득 실은 땔나무는 보이지 않습니다'라고 한다면 전하께서는 그 말을 받아들이시겠습니까?"
"그야 받아들일 수 없지요."
"지금 은애(恩愛)의 마음이 새와 짐승에게까지 미치고 있는데 그 효과가 백성들에게는 미치지 못하고 있는 것은 무엇 때문이겠습니까? 3천 근을 들 수 있다는 자가 한 개의 깃털을 들지 못한다고 하는 것은 힘을 쓰지 않기 때문입니다. 가을철 짐승의 털끝까지도 볼 수 있다는 자가 수레 가득 실어놓은 땔나무를 보지 못한다는 것은 그 시력을 쓰지 않기 때문입니다. 지금 백성들이 보호받지 못하는 것은 전하께서 은애의 마음을 쓰지 않으시기 때문입니다."
그리고 맹자가 한 말이 표제어의 내용이다.
맹자는 제선왕에게도 인정(仁政), 즉 왕도정치(王道政治)를 시행하라고 권유했다. 그리고 그것은 구두선처럼 입으로만 지껄여서 되는 것이 아니라, 실천이 중요하다고 설교했다.

재보아야 장단(長短)을 알 수 있어

달아본 후에야 가볍고 무거운 것을 알 수 있으며, 재본 후에야 길고 짧은 것을 알게 됩니다. 사물이 모두 그러하지만 마음은 더욱 심합니다.(양혜왕 상)

權然後知輕重 度然後知長短. 物皆然 心爲甚.

맹자의 설교는 계속되고 있다.

"우리집 노인을 노인으로 공경하고 그 마음씨를 남의 집 노인에게까지 미치게 하며, 우리집 어린것들을 사랑하고 그 마음씨를 남의 집 어린것들에게까지 미치게 하면, 천하를 손바닥 위에 올려놓고 움직이듯 다스리게 될 것입니다……. 그러므로 은애(恩愛)로 밀고 나가면 온세상을 잘 보전할 수가 있고 은애로 밀고 나가지 못한다면 처자도 보전하지 못하게 되는 것입니다.

옛사람들이 남보다 크게 뛰어났던 까닭은 다름이 아니라 그들의 하는 일을 잘 밀고 나아가는 것일 따름이었습니다. 지금 은애가 새와 짐승들에게까지 잘 미치고 있는데 그 효과가 백성들에게는 미치지 못하는 것은 무슨 이유 때문이겠습니까?"

이렇게 말한 다음 맹자는 표제어의 말을 했던 것이다. '권(權)'은 저울로 무게를 다는 것을 뜻하고 '도(度)'는 자로 재는 것을 의미한다. 맹자는 이어서 제선왕에게 거느리는 신료(臣僚)를 비롯하여 의식(衣食)에 부족함이 없는데도 욕심을 낸다면 그것은 영토에 대한 욕심일 것이며, 패도정치(覇道政治)를 꿈꾸고 있기에 그런 욕심을 내는 것이겠는데 진정 영토를 탐한다면 패도정치가 아닌 왕도정치를 펴라고 설교했던 것이다.

무항산자무항심(無恒産者無恒心)

일정한 생업이 없으면서도 일정한 마음을 지니는 것은 오직 선비만이 가능합니다. 백성들은 일정한 생업이 없으면 일정한 마음도 없습니다.(양혜왕 상)

<small>무항산이유항심자　유사위능　약민즉무항산　인무항심</small>
無恒産而有恒心者 惟士爲能. 若民則無恒産 因無恒心.

맹자의 권유를 듣고 있던 제선왕은,
"나는 멍청해서 선생의 말씀을 따를 수 없을 것 같습니다. 좀더 자세히 말씀해 주십시오. 내 비록 불만하지만 힘써 따르기로 하겠습니다."
라고 말했는데 그때 맹자가 한 말이 표제어의 말이며 이렇게 덧붙이고 있다.
"진실로 일정한 마음이 없다면 방탕하고 편벽된 일과 사악하고 사치스런 일들을 하게 마련입니다. 그들이 죄에 빠진 후에 법에 따라 형벌을 가한다면 그것은 백성을 그물로 잡는 것과 같습니다. 어진 분이 왕위에 있으면서 어찌 백성들을 그물로 잡을 수가 있겠습니까?"
'항산(恒産)'이란 일정한 생업이란 뜻이다. 맹자의 설교는 이어진다.
"그런 까닭에 명철한 임금은 백성들의 생업을 마련해 주어 위로는 부모를 섬기기에 충분케 해주고 아래로는 처자들을 먹여 살리기에 충분토록 해줍니다. 풍년에는 배불리 먹고 살며 흉년에도 굶어 죽는 일은 없습니다. 그런 다음에야 그들을 이끌어 선(善)한 길로 나아가게 합니다. 그러면 백성들도 따라가기 수월합니다."
실직자가 없도록 한 연후에 예의를 가르치는 것, 그것이 곧 인정(仁政)의 기본이란 것이다.

수단 · 방법이 잘못되어 있으면……

나무 위에 올라가서 물고기를 잡으려고 한다.(양혜왕 상)

<small>연목이구어</small>
緣木而求魚.

나무 위에 올라가서 물고기를 잡으려 한다는 것이다. 수단 방법이 잘못되어 있어 가지고는 목적을 달성할 수 없다는 비유의 말이다.

맹자(孟子)가 제(齊)나라 선왕(宣王)에게 유세하러 갔을 때의 일이다. 선왕은 무력에 의한 천하 통일을 꿈꾸며 야심만만해 있었다. 그런 선왕에게 맹자는 무력으로 천하통일을 꾀하는 것은 나무 위에 올라가서 물고기를 잡으려는 것(緣木而求魚)과 같이 어리석은 일이라고 했던 것이다.

"무력을 쓰는 것이 그처럼 어리석은 일이오?"
라고 반문했던 바, 맹자는 다음과 같이 대답했다고 한다.

"그 이상 어리석은 것이옵니다. 나무에 올라가 물고기를 잡으려는 것은 못잡는다 하더라도 그 이상의 재발은 없습니다. 그러나 무력을 사용해서 야망을 채우려는 것은 전력(全力)을 기울여야 하므로, 자칫하면 멸망할 위험이 따르는 법이니이다."

애써 훌륭한 목표를 세운다 하더라도 그 수단 방법이 잘못되면 이런 결과가 되는 것이다.

패도정치(覇道政治)를 지양(止揚)하고 왕도정치(王道政治)를 인의(仁義)를 바탕으로 하는 정치를 펴라고 권유한 이 맹자의 말은 명언으로서 오늘날에는 많이 사용되고 있다.

백성들과 함께 즐겨야 해

사방 40리가 나라 안의 함정으로 되어 있으니 백성들이 너무 크다고 여기는 것은 매우 당연하지 않겠습니까?(양혜왕 하)

방사십리 위정어국중 민이위대 불역의호
方四十里 爲阱於國中 民以位大 不亦宜乎?

"옛날 문왕(文王)의 원유(苑囿)는 사방 70리였다는데 그렇게 컸었나요?"

제선왕이 묻자 맹자가 대답했다.

"그래도 백성들은 그것을 좁다고 했답니다."

"과인의 원유는 사방 40리이건만 백성들이 크다고 한다니 무슨 까닭일까요?"

"문왕의 원유는 사방 70리였으나 나무꾼들도 들어갈 수 있었고 사냥꾼들도 들어갈 수 있었은즉 백성들이 원유가 좁다고 한 것도 당연한 일이 아니겠습니까? 제가 이번에 처음으로 국경에 다다랐을 때 나라의 큰 금령(禁令)에 대하여 물어본 뒤에야 입국했습니다만 제가 듣기로는 관문(關門) 안에 사방 40리의 원유가 있는데 그 원유 안의 고라니나 사슴을 죽이는 자는 살인죄로 다스린다고 하더군요."

그리고 이어서 맹자가 한 말이 표제어의 말이다.

원유란 일정한 지역을 막아서 조수(鳥獸)를 기르는 곳이다. 임금이 사냥을 즐기는 곳인데 이는 무예(武藝)를 닦는 데도 효과가 있었으며 이른바 성왕(聖王)들은 농한기를 택하여 백성들의 생업에 지장이 없도록 사냥을 했고 함께 즐겼다고 한다. 그러니 제선왕의 경우는 그렇지 않았다. 국민복지를 강조한 맹자의 말은 오늘날의 기업인들도 귀를 기울여야겠다.

하늘의 뜻을 즐거워하라

하늘의 뜻을 즐기는 사람은 천하를 편안케 하고, 하늘의 뜻을 두려워하는 사람은 나라를 편안케 합니다.(양혜왕 하)

낙천자보천하　외천자보기국
樂天者保天下　畏天者保其國.

제선왕이 물었다.
"이웃나라를 사귀는 데도 도리가 있는가요?"
맹자가 대답했다.
"예, 있습니다. 오직 인자한 사람만이 큰 나라를 다스리면서도 작은 나라를 섬길 수가 있습니다. 그렇기 때문에 옛날 탕(湯)임금은 갈(葛)나라를 섬겼고 문왕(文王)은 곤이(昆夷)를 섬겼던 것입니다. 또 오직 지혜있는 사람만이 작은 나라를 다스리면서도 큰 나라를 섬길 수가 있습니다. 그렇기 때문에 옛날 태왕(太王)은 훈육(獯鬻)을 섬겼고, 구천(勾踐)은 오(吳)나라를 섬겼던 것이지요. 큰 나라이면서도 작은 나라를 섬기는 사람은 하늘의 뜻을 즐기는 사람이요, 작은 나라이면서도 큰 나라를 섬기는 사람은 하늘의 뜻을 두려워하는 사람입니다."
이렇게 말한 맹자가 덧붙인 말이 바로 표제어의 말이나. 훈육(獯鬻)은 흉노(匈奴)라고도 부르는 중국 북방의 유목민족을 가리킴이다.

강대국으로서 약소국가를 도와 화목하게 지내는 자는 인자(仁者)요, 약소국으로서 강대국과 우호관계를 맺어나가는 것은 지자(智者)라는 것이다. 이는 국가간에도 그러하려니와 대기업(大企業)과 중소기업간에도 적용되는 삶의 슬기라고 할 수 있겠다. 상호 이해와 화합만이 험한 세상을 헤쳐나가는 첩경이겠으니 말이다.

필부지용(匹夫之勇)

칼자루에 손을 얹고 눈을 부라리면서 "저 자가 어찌 감히 나를 당해내겠느냐?"라고 하는 것은 필부(匹夫)의 용기이며, 한 사람을 대적하는 자입니다.(양혜왕 하)

_{부무검질시왈 피오감당아재   차필부지용 적일인자야}
夫撫劒疾視曰 彼惡敢當我哉? 此匹夫之勇, 敵一人者也.

제선왕과 맹자의 대화는 계속된다. 제선왕이 말했다.
"선생의 말씀은 실로 위대하십니다. 그런데 과인에게는 병폐가 있는데, 과인은 용기를 좋아한다는 점입니다."
맹자가 말했다.
"전하께서는 작은 용기를 좋아하지 마십시오."
그리고 이어서 한 말이 표제어의 말이며 다시 이렇게 덧붙였다.
"그런즉 전하께서는 큰 용기를 가지십시오. 《시경(詩經)》에 읊기를 '임금님이 버럭 화를 내시고 곧 그의 군사들을 정비하여 거(莒) 땅으로 가는 적군을 막아, 주(周)나라 왕조의 복을 두터이 함으로써 온 천하의 원망(願望)에 대응하셨도다'라고 하였거니와 이것이 곧 문왕(文王)의 용기입니다. 문왕이 한번 화를 내시자 천하의 백성들을 안정시키게 된 것이지요……. 전하께서도 한번 화를 내시어 온 천하의 백성들을 편안케 해주신다면, 백성들은 전하께서 용맹한 것을 좋아하지 않으실까 두려워하게 될 것입니다."
'필부지용(匹夫之勇)'이란 성어의 출전이다. 진정한 용기란 한 개인을 상대로 하여 그를 제압하려는 것이 아니라 천하의 태평과 안정을 위해 일어서는 것이라고 역설하는 맹자였다.

백성들과 걱정도 함께하라

백성들의 즐김을 함께 즐기면 백성들도 역시 임금의 즐김을 함께 즐기게 됩니다. 백성들의 걱정을 함께 걱정하면 백성들도 임금의 걱정을 함께 걱정하게 됩니다.(양혜왕 하)

낙민지락자 민역락기락 우민지우자 민역기우
樂民之樂者 民亦樂其樂. 憂民之憂者 民亦其憂.

설궁(雪宮)에서 제선왕이 맹자를 만났는데 왕이 말했다.
"현명한 사람들도 이런 즐거움이 역시 있나요?"
맹자가 대답했다.
"있습니다. 백성들은 그 즐김에 참여하지 못하면 그들의 임금님을 비난하는데 그것은 잘못입니다. 백성들의 임금이 되어 가지고 백성들과 더불어 즐기지 않는 것도 잘못이구요."
이렇게 말한 다음 맹자는 표제어의 말을 했고 다음과 같이 덧붙였다.
"즐김도 천하와 더불어 하고, 걱정도 천하와 더불어 한다면, 그러고도 왕자(王者) 노릇을 제대로 하지 못하는 사람은 있을 수가 없습니다."
인정(仁政)의 기본원리는 무엇일까? 그것은 즐기는 일이건 걱정하는 일이건 간에 백성들과 함께하는 일이다. 임금과 신료(臣僚)들과 백성들이 일심동체가 되어 희노애락을 같이 나눌 수 있다면 그것이 곧 인정이요, 왕도정치(王道政治)라는 것이다.
맹자의 민본사상(民本思想)이 그대로 표현되어 있는 구절이다. 특권의식을 가지고 패도정치(覇道政治)를 하는 군주로서는 꿈도 꿀 수 없는 정치철학이다.

백성들과 재물도 함께하라

전하께서 재물을 좋아하신다면 백성들과 더불어 그것을 함께 갖도록 하십시오. 그러면 왕자(王者) 노릇하기에 무슨 문제가 되겠습니까?(양혜왕 하)

<small>왕여호화 여백성동지 어왕하유</small>
王如好貨 與百姓同之 於王何有?

제선왕은 맹자가 계속해서 권유하는 왕도정치(王道政治)에 대하여 마침내 공감을 하고 그 방법을 구체적으로 가르쳐 달라고 했다. 맹자는,
  1. 9분의 1만을 세금으로 징수할 것.
  2. 관리들에게는 봉록(俸祿)을 세습시킬 것.
  3. 관문(關門) 및 시장에서는 수상한 자를 조사하기만 할 뿐 세금을 거두지는 말 것.
  4. 소택(沼澤)·어량(魚梁) 등에서는 어로작업을 금하지 말 것.
  5. 죄인에게는 처자들에게까지 연좌(連坐)시키지 말 것.
등등을 건의하고 홀아비·과부와 늙고도 자식이 없는 자와 부모 없는 고아 등을 구휼하라고 했다. 제선왕이 말했다.
"훌륭한 말씀이십니다."
"훌륭하다고 생각을 하시면서 전하께서는 어찌하여 그렇게 하지 않으십니까?"
"과인에게는 병폐가 있습니다. 과인은 재물을 좋아합니다."
"옛날 공류(公劉)께서도 재물을 좋아하셨습니다. 그러나 집에 남아서 생활할 사람들에게는 노적과 창고에 곡식이 있게 하고 길을 가는 사람들에게는 짊어진 양식이 있게 한 뒤에야 이동을 했다는 것입니다."
맹자는 이렇게 말한 다음 표제어의 말을 했던 것이다.

인재등용(人材登用)은 이렇게

백성들 모두가 현량하다고 말한 연후에 그 사람을 잘 살펴보시되 현명함이 발견되면 그때 그 사람을 등용하십시오.(양혜왕 하)

국인개왈현 연후찰지 견현언 연후용지
國人皆曰賢 然後察之 見賢焉 然後用之.

제선왕을 만난 맹자가 인재등용의 요체(要諦)를 말했다.
"이른바 역사가 오래된 나라란 거기에 큰 나무가 있는 것을 말하는 것이 아닙니다. 대대로 섬겨온 신하가 있는 것을 가리키는 것이지요. 전하께서는 지금 신임할 신하가 없습니다. 지난날 등용한 신료들도 이제와서는 모두 도망치려고만 한다는 것을 모르고 계십니다."
왕이 말했다.
"과인이 어떻게 하면 그들의 무능함을 알아볼 수 있겠습니까? 그래서 그들을 그만두게 할 수 있겠습니까?"
"나라의 임금은 현명한 사람을 등용함에 있어, 마지못해서 하는 일처럼 신중해야 합니다. 지위가 낮은 사람을 지위가 높은 사람 위에 오르게 하고, 관계가 소원한 사람을 친근한 사람보다 가까이 놓게 되는 일인즉 신중히 하시 않을 수 있겠습니까? 좌우의 사람들이 모두 현명하다고 말하더라도 마구 등용해서는 안되고, 여러 대부(大夫)들이 모두 현명하다고 말한다 해도 함부로 등요해선 안됩니다."

그런 다음 맹자는 표제어의 말을 했고 신료(臣僚)들을 해임할 때도 그처럼 신중히 해야 한다고 역설했다. 오늘날의 인재등용에도 크게 참고가 될 것으로 생각된다.

임금이 임금답지 못하면……

한 명의 사나이인 주(紂)를 주벌(誅伐)했다는 말은 들었습니다만 임금을 시해(弑害)했다는 말은 듣지 못했습니다.(양혜왕 하)

<small>문주일부주의　미문시군야</small>
聞誅一夫紂矣　未聞弑君也.

제선왕이 말했다.
"은(殷)나라 탕왕(湯王)이 걸왕(桀王)을 내쫓고 주(周)나라 무왕(武王)이 주왕(紂王)을 주벌(誅伐)했다고 하는데 그런 일이 있었습니까?"
맹자가 대답했다.
"전해 내려오는 기록에 그렇다고 쓰여 있습니다."
"신하된 자로서 그 임금을 시해(弑害)해도 괜찮겠습니까?"
"인(仁)을 헤치는 자를 적(賊)이라 하고 의(義)를 해치는 자를 잔(殘)이라고 하는데 이 잔적(殘賊)인 사람들을 한 명의 사나이라고 부릅니다."

이렇게 말한 맹자가 덧붙여 한 말이 표제어의 내용이다. 이때 맹자가 논한 방벌이론(放伐理論), 즉 인의(仁義)를 저버린 폭군은 쫓아내야 한다는 이론은 후세에 중국의 봉건전제(封建專制) 제도하에서 큰 논의를 불러일으켰다. 이는 분명 혁명사상이었기 때문이다.

어쨌든 왕 앞에서 '인의(仁義)'를 바탕으로 하여 정치를 하되, 이 인의를 저버리고 인의에 어긋나는 정치를 하는 경우, 아무리 높은 지위에 있는 천자(天子)라 하더라도 '일부(一夫)', 즉 한 명의 사나이에 불과한 즉 방벌(放伐)의 대상이 되는 잔적(殘賊)이라고 단정한 맹자의 용기는 대단하다.

성군(聖君)을 기다리는 마음

백성들이 바라기를 큰 가뭄에 구름과 무지개를 바라는 것같이 했던 것입니다.(양혜왕 하)

민망지 약대한지망운예야
民望之 若大旱之望雲霓也.

제나라 사람들이 연(燕)나라를 공격해서 빼앗자 제후들이 연나라를 구원해 주려고 했다. 제선왕이 말했다.

"제후들이 연합하여 우리 제나라를 칠 계획인 것 같은데 어떻게 대처해야 좋겠습니까?"

맹자가 대답했다.

"제가 듣건대 사방 70리의 나라를 다스리면서도 온 천하를 모두 다스린 분으로 탕왕(湯王)이 계십니다. 사방 천리의 나라를 다스리면서 다른 나라를 두려워한다는 이야기는 들어본 적이 없습니다."

그리고 맹자는 《서경(書經)》〈중훼지고(仲虺之誥)〉에 있는 구절을 예화로 들었다. 즉 탕왕이 무도한 나라들을 정벌하러 갈 때 그곳 백성들은 탕왕의 인정(仁政)을 사모히던 터라 가뭄에 단비를 기다리듯 간절히 바라고 있었다는 것이다. 맹자는 이렇게 덧붙이고 있다.

"그때 시장에 가던 사람들은 멈추지 않고 그대로 시장에 갔고 밭갈이 하던 사람들도 변함없이 밭을 갈았습니다. 포학한 임금을 주벌(誅伐)하여 백성들을 위로해 주는 전쟁이었기 때문입니다. 그러기에 제철에 단비가 내리는 것처럼 백성들은 기뻐했던 것이지요."

여기서도 맹자는 민심을 얻어야 천하를 얻게 된다고 역설하고 있다. 제선왕에게 인정을 권유하는 맹자의 논리가 날카롭다.

장례는 격(格)에 맞게

그것은 성대하다고 할 수 없는 것입니다. 빈부(貧富)의 정도가 달랐기 때문입니다.(양혜왕 하)

<small>비소유야 빈부부동야</small>
非所謂也. 貧富不同也.

악정자(樂正子)가 노(魯)나라 평공(平公)을 만나서 맹자로 하여금 노나라 정치의 자문을 하도록 권유해 보라는 말을 아뢰던 끝에 이런 말을 하였다.
"전하께서는 왜 맹자를 만나시지 않으십니까?"
그러자 노평공이 그 이유를 말했다.
"어떤 사람이 내게 말하기를 맹자는 먼저 치른 아버지의 장례보다 나중에 치른 어머니의 장례를 더 성대하게 치렀다고 합니다. 그래서 그를 만나지 않는 거요."
"전하께서는 무슨 말씀을 하시는지요? 아버지 장례 때에는 사(士)의 신분으로 장례를 치렀고 어머니 때는 대부(大夫)의 신분으로 장례를 치렀던 것입니다. 그러기에 전에는 삼정(三鼎)의 제물을 쓰고 뒤에는 오정(五鼎)의 제물을 썼던 것입니다."
"아니오. 관(棺)과 덧관, 그리고 수의(壽衣) 등이 전에 것보다 나중 것이 좋았다고 합디다."
그러자 악정자가 한 말이 표제어의 말이다. 맹자는 악정자의 주선으로 노나라 정치를 도와주려고 했는데 평공의 총신인 장창(臧倉)이 맹자가 예법도 안지켰다며 중상을 했던 것이다. 맹자는 단념하고 이때의 일을 '하늘의 뜻'이라며 돌아섰던 것이다.

맹자의 혁명론(革命論)

굶주리는 자에게는 아무것이나 먹이기가 쉽고, 목마른 자에게는 아무것이나 마시게 하기 쉬운 법이다.(공손추 상)

  기 자 이 위 식 갈 자 이 위 음
  飢者易爲食 渴者易爲飮.

맹자와 그의 제자인 공손추(公孫丑)가 나눈 대화의 한 토막이다. 공손추가 제(齊)나라의 명재상이었던 관중(管仲)과 안영(晏嬰)의 패업(霸業)에 대해서 질문하자 맹자는 왕도정치를 강조하면서 인정(仁政)을 펴야 한다고 역설했던 것이다.
  "……지금 이 시기는 왕업(王業)을 이루기 아주 쉬운 때일세. 하(夏)·은(殷)·주(周)의 전성기에도 그 영토는 사방 천리가 넘었던 적이 없어. 그런데 지금 제나라는 그런 넓이의 땅을 가지고 있어. 인구 밀도도 높은즉 그만큼 백성도 많이 거느리고 있는 것이고……. 그런즉 영토를 더 넓힐 필요가 없고 백성도 더 모을 필요가 없지. 인정(仁政)을 행하여 왕자(王者)가 된다면 아무도 그것을 막을 수가 없을 것이야. 또한 왕자가 출현하지 않은 시기가 이 시대처럼 오래되었던 적이 없었고, 백성들이 포학한 정치에 시달리는 것이 이 시대보다 더 심한 때가 없었어."
그리고 맹자가 한 말이 표제어인데 그는 이어서 말했다.
  "이런 시대에 만승(萬乘)의 나라가 인정을 베푼다면 백성들이 기뻐하는 것이 마치 사람이 거꾸로 매달려 있다가 풀려나는 것 같을 것이야."
맹자의 혁명론은 부패하여 폭정을 실시하는 정권인 경우, 인정을 베푸는 이웃나라가 있다면 그것은 곧 무혈혁명을 이루는 것이라고 했다.

호연지기(浩然之氣)

나는 남의 말을 잘 이해하고 또 나의 호연지기를 잘 기르는 것일세.(공손추 상)

我知言 我善養吾浩然之氣.
아지언 아선양오호연지기

그 유명한 '호연지기'란 말의 출전이다. 이 대화 역시 맹자와 그의 제자 공손추와의 대화 속에 나온다. 이때의 대화 내용은 정신(精神)이라든가 용기(勇氣)·심기(心氣)·지기(志氣) 등, 한마디로 말해서 양기(養氣) 수양술(修養術)에 대한 토론이었다. 맹자가 말했다.
"뜻이 한결같으면 기(氣)를 움직이게 되고 또 기가 한결같아도 뜻을 움직이게 되지. 걷다가 넘어지게 되면 순간적으로 뛰게 되는데 이것은 기 탓이거니와 반대로 그의 마음도 움직이게 된다는 것일세."
"감히 여쭙겠습니다만 선생님께서는 무엇에 뛰어나십니까?"
공손추의 이 질문에 대답한 맹자의 말이 표제어의 구절이다.
"감히 여쭙겠습니다만 무엇을 호연지기라고 합니까?"
"말로 표현하기 어려운 것일세. 그 기의 성질은 지극히 크고 지극히 강하며 곧음으로 길러지는 것이어서 해(害)가 없으며 바로 하늘과 땅 사이에 가득 차 있는 것일세. 그 기의 성질은 의(義)로움과 바른 도(道)에 짝이 되는 것이어서 그것이 없다면 허탈해지네. 그것은 의로움이 모여서 생겨나게 하는 것이지, 의로움이 밖으로부터 엄습해 와서 그것을 가져다 주는 것은 아냐."
'호연지기'의 바탕이 되고 있는 맹자의 부동심(不動心)은 신정한 용기에서 우러나오는 것이라고 그는 역설했다.

조장(助長)

오늘은 지쳤다. 나는 싹이 자라는 것을 도와주고 왔지.(공손추 상)

今日病矣 予助苗長矣.
_{금일병의 여조묘장의}

'호연지기(浩然之氣)'를 설명하던 끝에 맹자가 한 말이다. '조장'이란 말의 출전은 바로 이것이다. 말로 설명하기가 힘드는 것이 호연지기인데 정의와 정도로 가득 차는 것이며 밖으로부터 들어오는 것이 아니라 내부에서 우러나고 기르는 것이라고 했다. 호연지기가 일면 마음이 통쾌해지는데 그렇지 못하면 마음이 허탈해진다고 했다.

즉 호연지기란 지대지강(至大至剛)한, 그리고 벅찬 기운이며, 의(義)가 집적(集積)되어서 생겨나는 것이지 억지로 만들어지는 것이 아니라고 맹자는 말한 다음, 그 유명한 '알묘조장(揠苗助長)'의 비유를 들어, 평소에 의(義)에 따르는 생활을 하여 마음속에 불의(不義)로 말미암은 통쾌하지 못한 점이 없도록 하는 것만이 호연지기를 기르는 유일한 방법임을 설명해 나갔다.

"송(宋)나라 사람 중에 심어놓은 곡식 싹이 자라나지 않는 것을 보고 안타깝게 생각하다가 그 싹을 뽑아올린 사가 있었이. 그 사람은 피곤한 기색으로 귀가하자 식구들에게 '오늘은 지쳤다. 나는 싹이 자라나는 것을 도와주었다'라는 말을 했는데 그 아들이 달려가 보았던바 싹은 말라 버렸더란 거야……."

맹자는 호연지기는 그런 식으로 기르면 안된다며 이렇게 말했다.

"싹이 자라나는 것을 도와주지 않는 자가 어디 있으리요만, 송나라 사람과 같은 짓은 하지 말아야 해."

맹자의 성인관(聖人觀)

세상에 사람이 생겨난 이후로 공자(孔子)보다 더 빼어난 인물은 나오지 않았다.(공손추 상)

자생민이래 미유성어공자야
自生民以來 未有盛於孔子也.

호연지기의 장(章)에서 공손추가 맹자에게 질문을 했다.
"선생님께서는 남의 말을 잘 이해하신다고 했는데 그것은 무슨 뜻입니까?"
"편파한 말을 들으면 그 사람의 마음을 가리고 있는 것이 무엇인지를 알고, 과도한 말을 들으면 그 사람이 무엇에 빠져 있는지를 알고, 사악한 말을 들으면 그 사람이 누구를 이간붙이려는지를 알고, 피하는 말을 들으면 그 사람이 궁지에 몰려있다는 것을 아네. 마음에 (악한 생각이) 생겨나면 정치를 그르치고, 정치에 (그런 생각이 나타나면) 일을 해치게 되거니와 성인(聖人)이 다시 나온다면 반드시 내 말에 따를 것임이야."
"재아(宰我)와 자공(子貢)은 외교에 관한 일을 잘했고 염백우(冉伯牛)와 민자건(閔子騫)과 안연(顔淵)은 덕행에 대해서 말을 잘했는데 공자께서는 이 두 가지를 겸하시고도 '나는 외교업무는 잘 못한다'고 하셨습니다. 그러고 보면 선생님께서는 이미 성인이 되신 것이지요."
"아니, 그게 무슨 말인가?"
깜짝 놀란 맹자는 옛 전적(典籍)의 기록들을 고증하면서 자기자신은 공자와 비교도 할 수 없다고 겸손히 말했다. 그리고 공자의 제자들이 그 스승 공자를 평한 말들을 다시 인용하면서 맺은 말이 표제어의 말이다.

왕도정치(王道政治)

덕(德)으로 인(仁)을 행하는 것이 왕도(王道)요, 왕도를 펴는 데는 큰 나라여야 할 것은 없다.(공손추 상)

<small>이 덕 행 인 자 왕   왕 부 대 대</small>
以德行仁者王 王不待大.

맹자가 한 말로서 패도(覇道), 즉 무력(武力)으로 굴복시켜 제후들을 좌지우지하는 권한을 장악하는 데는 반드시 큰 나라가 있어야 한다고 했다. 그러나 인정(仁政)을 베풀어 왕도정치를 하는 데는 꼭 큰 나라여야 할 필요는 없다며 다음과 같이 설명해 나가고 있다.

"탕왕(湯王)은 70리 사방의 나라로 왕도정치를 했고, 문왕(文王)은 사방 백리의 나라로 그것을 했다. 힘으로 남을 복종시킨다면 그것은 마음속으로 기뻐하며 진정으로 복종하는 것이 아니요, 힘이 모자라기 때문에 복종하는 것이다. 덕(德)으로 복종시킨다면 그것은 마음속으로 기뻐하며 진정으로 복종하는 것이다. 그것은 마치 70명의 제자들이 공자(孔子)에게 복종했던 것과 같다."

패도정치와 왕도정치의 차이를 간단명료하게 설명한 내용이다. 맹자가 살아가던 전국시대는 나라마다 부국강병(富國强兵)을 이루기 위해 온힘을 기울이던 때였으므로 맹자의 왕도정치를 펴라는 유세(遊說)는 공염불에 지나지 않았다.

조직 속에서 살아가는 리더라든가 상급자는 힘으로 남을 굴복시켜가지고는 지속성이 없음을 알아야 한다. 마음으로 굴복시키는 것, 즉 심복(心服)을 시켜야 하는데 그것은 덕을 베풀고 진심으로 사랑하는 길밖에 없을 것이니 말이다.

인정(仁政)을 베풀라

인정을 베풀면 번영하고, 인정을 펴지 않으면 치욕을 당하게 된다.(공손추 상)

인 즉 영   불 인 즉 욕
仁則榮 不仁則辱.

맹자의 통치법(統治法) 중 일단을 피력한 구절이다. 그 다음의 내용을 들어보도록 하자.

"이제 치욕당하기를 싫어하면서도 인정을 펴지 않는 채로 있는 것은 마치 습(濕)한 것을 싫어하면서도 낮은 곳에 있는 것과 마찬가지이다. 만약 치욕당하기를 싫어한다면 덕(德)을 귀중히 여기고 선비를 존중해야 할 것인즉 현량(賢良)한 선비를 벼슬자리에 앉히고 유능한 인재로 하여금 적소(適所)에 앉도록 하면 나라가 한가롭게 될 것이다. 그렇게 된 다음에 나라의 정교(政敎)와 형벌을 밝힌다면 비록 큰 니리라 알지라도 반드시 그 나라를 두려워하게 될 것이다."

그리고 맹자는 《시경(詩經)》〈빈풍(豳風)〉〈치효편(鴟鴞篇)〉의 제2장을 인용한 다음 이렇게 말하고 있다.

"《시경》에 '하늘에 구름이 끼고 비가 내리기 전에, 저 뽕나무 뿌리를 캐다가 살창과 지게문을 튼튼하게 엮었나니 이에 이 백성들이 나를 감히 모욕할 수 있으랴'라고 했거니와, 공자께서는 '이 시를 지은 사람은 정도(正道)를 알고 있었을 것이다. 자기 나라를 다스릴 수 있다면 누가 감히 그를 모욕하겠는가?'라고 말씀하셨다."

통치의 요체는 인정(仁政)을 펴는 데 있고 그것은 현능한 인재를 적재적소에 등용하는 데 있다는 것이다.

안정되었을 때, 더욱 긴장하라

화(禍)와 복(福)은 자기자신이 그것을 구하지 않는 예가 없다.(공손추 상)

화복 무부자기구지자
禍福 無不自己求之者.

나라가 안정되어 이른바 태평세대를 맞으면 군신상하(君臣上下)는 긴장을 풀고 태만해지기 쉽다. 그런 때는 어떻게 해야 하나? 맹자의 계속되는 통치법을 들어보기로 하자.

"이제 나라가 한산해지면 그때에 이르러서 대대적으로 즐기는데 이처럼 태만하게 즐기며 놀아댄다면 자진해서 화를 찾는 결과가 된다."

그리고 맹자는 표제어의 말을 한 다음 이렇게 덧붙이고 있다.

"《시경》에 '돌아온 천명(天命)을 영속(永續)시키기 위해 자진해서 많은 복을 찾을지어다'라고 했고 〈태갑(太甲)〉은 '하늘이 만든 재화(災禍)는 그래도 피할 수 있으나, 자기가 만든 재화에서는 도망칠 수 없다'라고 했는데 모두가 이 점을 두고 한 말들이다."

인용된《시경》은 〈대아(大雅)〉 문왕(文王) 제6장의 제3, 제4구이며, 〈태갑〉은《서경(書經)》의 편명(篇名)이다. 나라가 잘 다스려져서 소강 상태를 이루다가 차츰 패권을 잡게 되는 경우, 다잡았던 마음이 해이해져서 끝내는 방심하고 만다. 그러다가 내우외환(內憂外患)을 부르게 마련인 것이다. 이렇게 불러들이는 재앙은 스스로 만들어 내는 재앙이지 결코 하늘이 내리는 재앙이 아니려니와 차라리 '하늘이 내리는 재앙은 그래도 피할 길이 있지만 스스로 만든 재앙은 피할 길이 없다(天作孼 猶可違 自作孼 不可治)'고 경고했는데 깊이 새겨둘 말이 아니겠는가. 비록 임금이 아니라도 말이다.

무적(無敵)의 정치, 5개조

천하에 적이 없는 사람은 하늘의 일꾼이다.(공손추 상)

무적천하자 천리야
無敵天下者 天吏也.

맹자가 주장하는 무적(無敵)의 정치는 곧 인정(仁政)이요, 왕도정치(王道政治)이다.

1. 현량한 인재를 적소에 등용하면 온 천하 선비들이 기뻐하며 모여온다.
2. 시장(市場)에서는 시장세만 징수하고 물품세 등은 징수하지 않으면 온 천하의 상인들이 기뻐하며 모여든다.
3. 관문(關門)에서는 통과하는 사람을 검문하기만 할 뿐 세금을 걷지 않으면 온 천하의 여행자들이 모두 그 나라의 길을 지나가게 된다.
4. 농사꾼에게는 공전(公田)의 경작 의무만 부여하고 그밖의 세(稅)는 거두지 않는다면 온 천하의 농민들이 기뻐하며 그 나라의 들에서 농사짓기를 원하게 된다.
5. 거주지에서 인구세와 가구세 등을 거두지 않는다면 온 천하의 백성들이 기뻐하며 그 고장의 주민이 되기를 원하게 된다.

민본주의(民本主義)를 주장하던 맹자는 어디까지나 백성들을 위한 정치를 하면 백성이 불어나고 인재를 적재적소에 등용하면 온 천하에서 인재들이 모여들게 될 것이니 나라의 기반이 튼튼해져서 자연히 부국(富國)이 될 것이라고 역설했다.

'이 다섯 가지를 시행할 수 있다면 이웃나라 백성들이 우러러볼 것이다. 자제를 거느린 자가 부모를 공격하는 일은 자멸하는 길이나.'

맹자는 이렇게 말한 다음 표제어의 말로 끝을 맺고 있다.

남과 함께 선(善)을 행하라

군자로서는 남과 함께 선(善)을 행하는 것보다 더 중요한 일이 없다.(공손추 상)

_{군자 막대호여인위선}
君子 莫大乎與人爲善.

독선과 아집을 버리고 남의 의견을 받아들일 줄 알아야 큰 인물이 될 수 있다는 맹자의 말이다. 어렵지 않은 일로 생각하기 쉽지만 실은 그렇지가 않다. 맹자는 이런 예를 들어 서두를 꺼냈다.

"자로(子路)는 남이 그에게 잘못이 있다고 지적해 주면 기뻐했고, 우(禹)임금은 좋은 말을 들으면 절을 했다. 그 위대한 순(舜)임금은 그보다 더했다. 남과 동조(同調)하기를 잘하여, 자기 생각을 버리고 남의 의견에 따라 남의 의견에서 취하여 선(善)을 행하였다. 농사짓고 질그릇 굽고, 물고기를 잡는 것에서부터 천자(天子)가 되기까지, 남의 의견에서 취하여 하지 않은 것이라고는 없었다. 남의 의견으로부터 취하여 선을 행하는 것은 남과 함께 선을 행하는 것이다."

그런 다음 표제어로 이 말을 끝맺고 있다. 남의 의견을 따르라 하여 자기 주관을 모두 버리라는 뜻은 아니다. 《맹자》 주석의 권위자인 조기(趙岐)는 이 장(章)의 요지를 이렇게 적고 있다.

'위대한 성인(聖人) 군주는 남에게서 선한 점을 취해오는 데서 생겨난다. 그러므로 아래에까지 미치는 계획을 시행하게 되어, 대중에게까지 미치는 행동으로 실효를 거두지 못하는 것이 없게 된다.'

민주주의의 발상이라고 보아야 하는 이 맹자의 말은 오늘날에도 시사하는 바가 크다 하겠다.

실력을 기른 다음 때를 기다려야 해

　　비록 좋은 농기구를 가지고 있더라도 때를 기다려 농사짓는 것만 못하다.(공손추 상)

　　　수유자기　불여대시
　　雖有鎡基, 不如待時.

　'자기(鎡基)'란 괭이로 김을 매는 농기구이다. 아무리 훌륭한 농기구를 갖추고 있더라도 때에 맞추어서 농사를 짓지 않는다면 수확은 기대할 수가 없다. 비록 좋지 않은 농기구를 가졌다 하더라도 씨뿌릴 때 씨뿌리고, 김맬 때 매는 등 시절에 맞추어 농사를 지어야만 풍성한 수확을 얻을 수 있다.
　이것은 농사일만이 아니라 모든 일, 나아가서는 인생의 생활 방법과도 통하는 것이리라.
　'자기(鎡基)'란 말하자면 인간의 실력에 비유할 수 있다. 가령 충분한 실력을 가지고 있다 하더라도 때를 만나지 못하면 실력을 발휘하지 못한다. 반대로 때를 잘 만났기에 대단한 실력자도 아니면서 실력을 발휘하며 살아가는 사람도 있다.
　실력도 있고 시운(時運)도 탔다면 더 이상 바랄 것이 없겠지만 인생이란 그처럼 행운만 따르는 것은 아니다. 실력을 기르며 끈기있게 때를 기다렸다가 시운을 만나는 자가 결국은 최후에 웃는 자가 아니겠는가.
　이 말은 맹자와 그의 제자인 공손추(公孫丑)와의 대화 속에 나오는데 맹자는 당시 제(齊)나라 사람들의 속언(俗言)을 인용하면서 이렇게 서두를 꺼냈다. '지혜가 있더라도 시세에 편승하느니만 못하고……' 그런 다음 표제어를 말했던 것이다.

예물과 뇌물

받아야 할 일이 없는데 주는 것은 재물로 환심을 사려는 것이다. 어찌 군자로서 환심 사려는 재물에 매수되겠는가?(공손추 하)

_{무 처 이 궤 지   시 화 지 야   언 유 군 자 이 가 이 화 취 호}
無處而餽之 是貨之也. 焉有君子而可以貨取乎.

　맹자가 제(齊)나라에 있을 때, 제왕이 황금 1백 일(鎰)을 보냈건만 맹자는 그것을 받지 않은 일이 있었다. 그런데 송(宋)나라에서는 왕이 70일을 보냈는데 그것을 받았고 설(薛)나라에서는 보낸 황금 50일을 받았다. 어떤 경우에는 받지 않다가 어떤 경우에는 받는 것이 이상하여 제자 진진(陳臻)이 맹자에게 물었다.
　"지난날에 받지 않으신 것이 옳았다면 오늘날에 와서 받으신 것이 그릇된 것이고, 오늘날에 와서 받으신 것이 옳다면 지난날에 받지 않으신 것이 잘못입니다. 선생님께서는 이 두 가지 중 한 가지였을 것입니다."
　맹자가 대답했다.
　"안받고 받은 것은 모두 옳았다. 송나라에 있을 때는 내가 먼 길을 떠나려는 것을 알고 전별금을 보내왔던 것이다. 먼 길을 가는 사람에게는 전별금을 주는 게 예의이니 내가 왜 받지 않겠느냐? 또 설나라에 있을 때는 내가 의외로 경비를 강화해야 했었는데 그 경비비용으로 써달라며 보낸 돈이었어. 그런즉 왜 그것을 받지 않겠느냐? 그러나 제나라의 경우에는 받을 일이 없었어."
　그리고 이어서 한 말이 표제어의 말이다. 예물과 뇌물의 성질은 지금까지도 애매모호한 경우가 있거니와 그것을 변별하는 것이 처세의 지혜이다.

잘못을 시인한 관리(官吏)

전하의 도읍을 다스리고 있는 사람 중 제가 다섯 명을 알고 있습니다. 그 가운데 자기 죄를 아는 사람은 오직 공거심(孔距心)뿐입니다.(공손추 하)

<small>왕지위도자 신지오인언 지기죄자 유공거심</small>
王之爲都者 臣知五人焉 知其罪者 惟孔距心.

맹자가 제(齊)나라 평륙(平陸)에 갔을 때 그 고을을 다스리는 읍재(邑宰) 공거심(孔距心)과 대화를 나누었다.

"당신의 군졸(軍卒) 중 하루에 세 번씩이나 대오를 이탈하는 자가 있다면 제거해 버리겠소? 그대로 두겠소?"

"세 번까지 기다리지도 않을 것입니다."

"그렇다면 당신은 스스로 대오를 이탈한 일이 많았구려. 흉년이 든 해에, 이 고을 백성 중 노약자는 도랑에 굴러떨어져서 죽었고, 장정들은 흩어져 사방으로 떠났는데 그 숫자가 수천 명이었소이다."

"그것은 이 공거심으로서는 어찌해 볼 수가 없는 일이었습니다."

"그렇다면 묻겠는데 남의 소와 양을 맡아 기르는 사람이 있다면, 그 소와 양을 위해 풀과 물을 찾아주어야 하는데 찾다가 못찾으면 그 소와 양을 주인에게 돌려줘야 하겠소? 아니면 우두커니 서서 그것들이 죽어가는 것을 지켜보고 있어야 하겠소?"

"그것은 이 공거심의 죄입니다."

그후 제선왕을 만난 맹자가 왕에게 그 이야기를 하고 나서 한 말이 곧 표제어의 말이다. 제왕은,

"그것은 과인의 죄올시다."

라고 말했다. 자기 죄로 받아들인 공거심이나 제왕의 태도는 훌륭하다.

실패하지 않는 군주(君主)

큰일을 이루고자 하는 임금에게는 반드시 부르기 어려운 신하가 있다.(공손추 하)

_{장대유위지군 필유소불소지신}
將大有爲之君, 必有所不召之臣.

'장차 큰 사업을 이루고자 하는 군주(君主)에게는 반드시 함부로 부르지 못하는 신하가 있다'는 의미이다.

과거의 예를 보더라도 이 말은 맞는 말이다. 예컨대 춘추시대(春秋時代)에 첫 패자(覇者)인 제(齊)나라 환공(桓公)에게는 관중(管仲)이라고 하는 명보좌역(名補佐役)이 있었다. 환공은 신하인 관중을 삼가 '중부(仲父)'라고 불렀었다고 한다.

또 《삼국지(三國志)》의 유비(劉備)도 '삼고초려(三顧草廬)'를 하면서 제갈공명(諸葛孔明)을 군사(軍師)로 맞았고 그후 작전계획의 입안(立案)·책정은 모두 제갈공명에게 맡겼었다. 그러나 보통 톱(top)은 이를 할 수가 없다. 맹자도 이렇게 말하며 탄식하고 있다.

"오늘날 각 나라의 왕들은 모두 도토리 키재기로서 걸출한 인물이 없다. 그것은 자기보다 못한 사람만을 신하로 쓸뿐, 자기보다 나은 인물을 신하로 쓰려 하지 않기 때문이다."

함부로 불러도 좋은 사람만 신하로 쓴다면 큰일을 해낼 수 없을 뿐 아니라 인간적인 타락까지 초래하고 만다. 이 대목은 맹자가 제(齊)나라 왕을 찾아가려다가 제나라 왕의 부름을 받게 되자 찾아가지 않고 만 일을 통하여 맹자의 의지와 자부심을 표명함과 동시에 간접적으로 제나라 왕을 교도하고 맹자의 심지를 나타낸 것이다.

맹자의 민본주의(民本主義)

천시(天時)는 지리(地利)를 따르지 못하고, 지리는 인화(人和)를 따르지 못한다.(공손추 하)

천시불여지리 지리불여인화
天時不如地利, 地利不如人和.

사업을 성공시키려면 세 가지 조건을 갖추어야 한다.
1. 천시(天時) — 실행 시기
2. 지리(地利) — 입지 조건
3. 인화(人和) — 내부의 단결

맹자는 여기서 우선순위를 정하되 '인화'가 가장 중요한 것이라고 했다. 그 이유는 이러하다.

"작은 성(城)을 포위 공격하더라도 쉽게 함락되지 않는 경우가 있다. 공격하고 있는 이상 당연히 천시(天時)를 맞고 있을 것이다. 그래도 이기지 못하는 것은 천시가 지리(地利)보다 앞서지 못하기 때문이다. 성벽이 높고 참호도 깊다. 장비도 뛰어나고 군량(軍糧)도 충분하다. 그런데도 성(城)을 버리고 패주(敗走)하는 경우가 있다. 왜일까? 지리가 인화를 따르지 못하기 때문이다."

그렇다면 '인화'를 얻기 위해서는 어떻게 하는 것이 좋을까? 맹자에 의하면 올바른 '도(道)'를 따르라고 했다. 즉 모두에게 지지받을 수 있는 목표를 제시하라는 말이다.

〈진심장구 하〉에서도 맹자는 비슷한 말을 하고 있다. 즉, '농사짓는 백성들의 마음에 들면 천자(天子)가 되고, 천자의 마음에 들면 제후(諸侯)가 되며, 제후의 마음에 들면 대부(大夫)가 된다'라고 — .

맹자와 교육제도

하(夏)나라에서는 교(校)라 했고, 은(殷)나라에서는 서(序)라 했고, 주(周)나라에서는 상(庠)이라 했으니 배우는 것은 삼대(三代)가 모두 같았고 그것은 모두 인륜(人倫)을 밝히기 위한 것이었습니다.(등문공 상)

　　하왈교　은왈서　주왈상　학즉　삼대공지　개소이명인륜야
　　夏曰校　殷曰序　周曰庠,　學則　三代共之　皆所以明人倫也.

등(滕)나라 문공(文公)과 맹자의 대화 속에 나오는 구절이다. 교(校)는 교(敎)와 통하며 가르치다란 뜻, 서(序)는 사(射)와 통하며 활쏘기를 가르친다는 뜻, 상(庠)은 양(養)과 통하며 기르다란 뜻이다. 이 교(校)·서(序)·상(庠)은 향교(鄕校)이고 학(學)은 수도(首都)에 있는 교육기관이다.

하은주 3대는 교육기관인 교·서·상이든 학이든 간에 그 교육 목표는 인륜을 밝히는 데 있다고 말한 맹자는 이렇게 말했다.

"그 인륜이 위에서 밝혀지고 백성들은 아래에서 친밀하게 지낸다면 왕자(王者)가 일어날 경우 반드시 찾아와서 그 법을 본받아가게 될 것인즉 그렇게 되면 왕자의 스승이 되는 것입니다. 《시경(詩經)》에 '주(周)나라는 비록 오래된 나라이긴 하지만 그 받은 바 천명(天命)은 새롭도다'라고 했는데 그것은 문왕(文王)을 두고 한 말입니다. 이 일을 힘써 행하시면 역시 새로운 나라로 만드실 수 있을 것입니다."

교육의 목적은 사람과 사람 사이의 질서, 즉 인륜을 밝히고 인륜에 따라 살아가도록 백성을 이끄는 데에 있다고 한 맹자의 교육관은 시대를 초월하여 가슴에 와닿는 면이 있다. 특히 교육부재라는 평을 받는 오늘날에는 말이다.

맹자와 오륜(五倫)

사람이 사는 방도는 배불리 먹고, 따뜻하게 입고, 편안히 살면서, 교육이 없으면 금수(禽獸)와 가까워집니다.(등문공 상)

<small>인지유도야 포식난의 일거이무교 즉근어금수</small>
人之有道也 飽食煖衣 逸居而無教 則近於禽獸.

맹자와 등문공(滕文公)의 대화는 계속된다. 표제어는 맹자가 교육의 필요성을 이렇게 강조하면서 다음과 같이 이어나갔다.

"요(堯)임금은 그 점을 걱정하던 끝에 설(契)로 사도(司徒)를 삼아 인륜(人倫)을 가르치게 하였습니다. 그것은 어버이와 자식 사이에는 친밀함이 있어야 하고, 임금과 신하 사이에는 의리가 있어야 하며, 남편과 아내 사이에는 다른 남녀와의 분별이 있어야 하고 연장자와 연소자 사이에는 서열이 있어야 하며 벗들 사이에는 신용이 있어야 하지요. 요임금은 '그들 백성들을 위로해 주고, 그들을 따라오게 하고, 그들을 바로잡아 주고, 그들을 곧게 만들고, 그들을 도와주고, 그들을 부축하여 스스로 선한 본성을 드러내게 해주고, 또 사정에 따라 그들을 구호해 주고 은덕을 베풀어 주라'고 말했습니다.

성인(聖人)이 백성을 근심한 것이 이러했으니 직접 농사지을 겨를이 있었겠습니까? 요임금은 순(舜)을 얻지 못하는 것을 가지고 자기의 근심거리로 삼았고 순임금은 우(禹)와 고요(皐陶)를 얻지 못하는 것을 가지고 자기의 근심으로 삼았습니다."

인재 등용이 얼마나 중요한지, 그리고 백성들의 교육이 얼마나 소중한지를 역설하는 맹자의 논리는 인간 존엄의 사상에 바탕을 두고 있으며 우리도 귀감으로 삼아야 할 내용이다.

대장부란 이래야 한다

부귀도 그의 마음을 혼란시키지를 못하고…… 무서운 무력으로도 그를 굴복시키지 못하게 되어야 대장부라고 하는 것이오.(등문공 상)
富貴不能淫…… 威武不能屈 此之謂大丈夫.

종횡가(縱橫家)인 경춘(景春)이 맹자에게 역시 종횡가로 손꼽히던 공손연(公孫衍)과 장의(張儀)를 추켜세우며 말했다.
"공손연과 장의가 어찌 진정한 대장부가 아니겠습니까? 그들이 한번 노하면 천하의 제후들이 두려워하고, 그들이 조용히 있으면 천하가 잠잠해집니다."
맹자가 반론을 폈다.
"그래서야 어찌 대장부라고 할 수 있겠소? 그대는 예를 배웠지요? 장부가 관례(冠禮)를 할 때면 부친이 훈계해 주고 여인이 출가할 때면 모친이 훈계하며 문까지 배웅하는데 '시집에 가서는 반드시 공경하고 조심하며 남편의 뜻을 어기지 말도록 하라'라는 말을 들려주오. 순종하는 것을 올바른 것으로 여기는 것은 부인네가 따르는 도리외다. 천하라는 넓은 집에서 살고 천하의 올바른 자리에 서고, 천하의 대도를 실천하여 뜻을 이루면 백성들과 더불어 함께 해나가고, 뜻을 이루지 못하면 혼자서 자기의 도(道)를 실천하지요. 그리하여……."
그리고 이어서 한 말이 표제어의 말이다. 공손연과 장의는 모두 위(魏)나라 사람이었으나 연횡(連衡)을 내세우며 진(秦)나라를 위해 육국(六國)을 돌아다니면 유세했다. 경춘은 그들을 한껏 추켜세웠지만 맹자는 그들을 처첩(妻妾)에 비유하며 왕도정치를 역설했던 것이다.

불의(不義)한 것은 당장 그만둬야……

만약 그 일이 의롭지 않다는 것을 알았다면 속히 그만둬야지 왜 내년까지 기다리겠다는 거요?(등문공 하)
<small>여지기비의 사속이의 하대내년</small>
如知其非義 斯速已矣 何待來年?

송(宋)나라 대부(大夫)인 대영지(戴盈之)가 맹자에게 물었다.
"세금을 10분의 1만 받고 관소(關所)와 시장에서 거두는 세금을 폐지하려고 하는데 지금 당장 시행할 수는 없는 형편입니다. 세금을 우선 경감했다가 내년이 된 뒤부터 깨끗이 없애려고 하는데 어떻습니까?"
맹자가 대답했다.
"지금 여기 한 사람이 그의 이웃집 닭을 훔쳐왔는데, 어떤 사람이 그에게, '그것은 군자의 도(道)가 아니다'라고 일러주자 '그러면 우선 줄이어 한 달에 닭 한 마리씩을 훔치다가 내년이 된 뒤부터 훔치지 않겠습니다'라고 말했다 합시다."
그런 다음 맹자가 한 말이 표제어의 말이다. 인정(仁政)을 펴는 데는 가렴주구(苛斂誅求)를 하지 않는 것이 첫째이기에 맹자는 송나라 대부 대영지에게 세금 중 당장 폐지할 것은 폐지하라고 일러주었던 것인데 대영지는 난색을 표하며 1년간 유보하겠다는 것이다. 맹자는 닭도둑의 교묘한 비유 이야기로 그것을 나무라고 있다.

옳지 않은 것을 고치고 선(善)을 행하는 것은 즉시로 해야 한다. 옳지 않은 것을 알고도 그것을 고치지 않는 것은 그것을 모르고 행하는 것보다 더 나쁘다고 지적하는 맹자의 말이 신랄하기만 하다.

정도(正道)를 지키라

자신의 원칙을 굽힌 자는 리더가 되어도 바르게 이끌지 못한다.(등문공 하)

_{왕 기 자   미 유 능 직 인 야}
枉己者, 未有能直人也.

'왕기(枉己)'란 자신의 원칙을 굽히어 상대방에게 영합하는 것으로 그런 인간이 지도적 위치에 서면 상대방을 올바른 방향으로 이끌 수 없다는 말이다.

맹자란 사람은 인의(仁義)에 입각한 왕도정치를 주장했으며, 어떻게든 그것을 실현코자 제국(諸國)의 왕에게 권고하며 돌아다녔다. 그러나 각국 모두 현실의 이익 추구에 여념이 없어서 맹자의 이상(理想)은 쉽게 받아들여지지 않았다. 그것을 본 한 제자가 좀 융통성을 가지고 상대방과 타협하는 편이 낫지 않겠느냐고 말했던 바 맹자는,

"수레를 모는 사람조차도 활쏘는 사람에게 아부하기를 부끄러워했네. 아부를 한다면 새와 짐승을 산더미처럼 잡을 수 있다 해도 하지는 않았어. 만약 도(道)를 굽히어 그런 제후(諸侯)를 따라간다면 무슨 꼴이 되겠는가?"

라고 한 다음 이 말을 인용하면서 제자를 꾸짖었던 것이다.

맹자가 한 말처럼 지도자적 입장에 있는 사람은 자기자신이 옳다고 믿는 원칙은 어디까지나 견지해 나가는 자세, 그런 의연한 자세가 있어야 한다. 특히 교육의 장(場)에 있는 사람일수록 더욱 그러하다. 그러나 현실의 장에서는 그것과 함께 유연한 융통성을 병행해 나가는 것이 더 현명할는지도 모르겠다.

높은 지위에는 인자한 사람이……

오직 인자한 사람이 마땅히 높은 자리에 있어야 한다. 인자하지도 않으면서 높은 자리에 있게 되면, 그의 악(惡)을 여러 사람에게 전파하게 된다.(이루 상)

유인자 의재고위 불인이재고위 시파기악어중야
惟仁者 宜在高位 不仁而在高位 是播其惡於衆也.

맹자는 이렇게 말한 다음 부연 설명해 나가고 있다.

"윗사람에게 헤아릴 도(道)가 없으면 아랫사람은 지킬 법이 없게 되는 것이다. 조정에서는 도를 믿지 아니하고 공인(工人)들은 법도를 믿지 아니하며, 위의 군자들은 의로움을 범하고 소인들은 형법을 범하는데 이렇게 되면 나라가 망하지 않고 존속되는 것만도 요행이라 할 수 있다. 그러므로 '성곽이 완전하지 아니하고 무기와 갑옷이 부족한 것은 나라의 재난이 못되고, 들판의 밭이 개간되지 않고 재물이 모이지 않는 것은 나라의 해(害)가 못된다'고 하는 것이다. 윗사람들은 무례하고 아랫사람들은 배우지 않는다면 도둑질을 일삼는 백성들이 생겨나서 나라는 몇 날을 못가 멸망할 것이다."

이처럼 예(禮)와 교육을 강조한 맹자는 윗사람에게 바른말 하지 않는 것을 적해(賊害)라고 꼬집기까지 했다.

"……그러므로 어려운 일로 임금에게 책망하는 것을 공손이라 하고, 선한 말을 하여 사악함을 막는 것을 공경스러움이라 하며 우리 임금은 해낼 수 없다며 말하지 않는 것을 적해(賊害)라고 하는 것이다."

높은 자리에 있으면서 톱(TOP)에게 직언을 할 수 있는 소신파, 그것이 곧 인자(仁者)라는 것이다.

인정(仁政)을 펴면 천하를 얻는다

삼대(三代) 때 천하를 얻은 것은 인자했기 때문이고 그 천하를 잃은 것은 인자하지 못했기 때문이다.(이루 상)

<small>삼대지득천하야 이인 기실천하야 이불인</small>
三代之得天下也 以仁, 其失天下也 以不仁.

인(仁)과 불인(不仁), 그 어느 쪽에도 속하지 아니하는 언행(言行)이란 있을 수 없다고 맹자는 말한 바 있다. 그 말을 부연 설명한 것이 이 대목이다.

사람은 누구나 평안하게 살기를 원하면서도 그 평안의 단서가 되는 인(仁)을 멀리하는 데 병폐가 생긴다. 3대란 하(夏)·은(殷)·주(周) 3대를 가리킴이다. 맹자는 이렇게 덧붙이고 있다.

"나라가 쇠약해지고 흥성해지고 또 발전하고 망하고 하는 것도 역시 그러하다. 천자가 인하지 못하면 천하를 보전하지 못하고 제후가 인하지 못하면 나라를 보전하지 못하며, 경대부(卿大夫)가 인하지 못하면 집안을 보전하지 못하고 사서인(士庶人)이 인하지 못하면 자기 몸을 보전하지 못한다. 죽고 망하는 것은 싫어하면서도 인하지 않은 것을 즐기는 것은 마치 술에 취하는 것을 싫어하면서도 술을 억지로 마시는 것과 같다."

천자로부터 서민에 이르기까지 인자하게 사는 것만이 행복한 삶이요, 평강(平康)을 누리는 길이건만 과욕(過欲)으로 나라를 망치는 패가망신하는 것을 안타깝게 여기는 맹자의 심정이 잘 표출되어 있다. 술에 취하기 싫어하면서도 술을 억지로 들이킨다는 비유의 이야기가 실감이 나려니와 자기제어(自己制御)의 필요성을 강조한 대목이다.

나 자신을 반성하라

남을 아껴주는 데도 가까워지지 않으면 자신의 인자함이 철저하지 않은가 반성하라.(이루 상)

_{애인불친 반기인}
愛人不親 反其仁.

맹자가 한 말로서 맹자는 이어서 다음과 같이 역설하고 있다.
"남을 다스리는데 다스려지지 않으면 자신의 지혜가 부족되지 않은지 반성하라. 남을 예(禮)로써 대하는데 반응이 없으면 자신의 공경하는 태도가 성실하지 않은지 반성하라. 일을 행함에 있어 뜻대로 되지 않으면 자신에게서 그 원인을 찾으라. 자기 몸이 올바르면 온 천하가 귀복(歸服)해 올 것이다. 《시경(詩經)》에 '오래도록 읊기를 천명(天命)에 합당케 하여 스스로 많은 복을 추구하였도다'라고 하였다."

뜻한대로 일이 돌아가지 않는 경우, 우리는 그 원인을 굳이 남에게서 찾으려 하고 어떻게든 그 구실을 남에게서 찾아낸 다음 그를 원망하게 마련이다. 이런 일은 가정에서도, 그리고 사회생활을 하는 데서도 비일비재 일어난다.

그러나 엄밀히 분석해 보면 자기자신에게 그 책임이 있는 경우가 허다하다. 그런데도 남을 원망하게 되는 것은 왜일까? 이것은 자기방어적인 일종의 보호본능에서 그렇게 되는 것이며 자기중심적인 사고방식에서 그렇게 되는 것이다. 그것을 탈피하라는 것이 맹자의 명언이다.

나에게서 그 책임을 발견해내는 반성, 그리고 그것을 고쳐나가는 사람은 자기향상에 큰 도움이 되겠기 때문이다.

작은 일에서부터

사람들이 늘 하는 말이 있는데, 모두 '천하국가'를 들먹이는 것이 그것이다.(이루 상)

_{인 유 항 언   개 왈 천 하 국 가}
人有恒言 皆曰天下國家.

맹자는 이 표제어 다음에 이런 말을 하고 있다.

"천하의 근본은 나라에 있고 나라의 근본은 가정에 있으며 가정의 근본은 한 사람의 몸에 있다."

온 천하를 다스리는 일도 자기자신을 올바로 간수하는 데서부터 시작해야 한다는 교훈이다. 《대학(大學)》의 수신(修身) 제가(齊家) 치국(治國) 평천하(平天下)와 맥을 같이하는 유가적(儒家的) 사상이려니와, 오늘날에도 자기자신의 행실은 엉망이면서 인류문제가 어떠니, 민족·국가의 앞날이 어쩌니 하며 열을 올리는 사람들을 우리는 많이 보게 된다.

인의(仁義)를 목숨처럼 아끼고 부르짖던 맹자는, 자기자신부터 반성하고 인의의 사람이 돼야 한다고 주장했다. 개인개인의 마음가짐과 행동이 올바르게 될 때, 그 가정은 바로서게 될 것이다. 그리고 각 가정이 성실한 기반 위에 설 때 그 나라, 그 사회는 건전해신나는 것이다.

그것은 또 천하를 다스리는 천자 개인이 언제나 그 자신을 반성하면서 인정(仁政)을 펴나갈 때 온 천하의 백성들이 귀복하듯이, 가정에서는 가장(家長)된 자가 스스로를 반성해가며 가족들을 진심으로 사랑할 때 그 가정이 튼튼한 반석 위에서 화목을 이루어 나갈 수 있다는 말과도 통한다. 흰소리만 치지 말고 나 자신의 작은 일부터 성실하게 가꾸어 나가라는 교훈이다.

정치하기란 어렵지 않다

정치를 하는 것은 어려운 일이 아니니, 큰 집안의 원한을 사지 않으면 된다.(이루 상)

위정불난 부득죄어거실
爲政不難 不得罪於巨室.

역시 맹자가 한 말이다. 맹자는 이렇게 덧붙이고 있다.

"큰 집안에서 흠모하는 일은 온 나라가 흠모하고, 온 나라가 흠모하는 일은 온 천하가 흠모한다. 그러므로 덕(德)에 의한 교화(敎化)는 강물이 흐르듯 흘러, 온 세상에 넘쳐나게 되는 것이다."

표제어 중 '거실(巨室)'은 해석이 구구한데 주자(朱子)는 '세신대가(世臣大家)'라고 했다. 또 《맹자》의 권위자인 조기(趙岐)는 '나라에 공을 많이 세운 현량(賢良)한 대신(大臣)'이라고 풀이했다. 요즘같으면 군소야당(群小野黨), 혹은 재야학계(在野學界)라고나 할까?

정치를 어렵게 생각하지 말라는 말이다. 정치의 궁극적인 목표는 온 국민이 편안하게 살 수 있도록 하는 것이요, 그렇게 하려면 당리당략 등을 배제하고 이른바 지식층의 공감을 얻어내는 정책으로 임하라는 것이다. 지식층의 공감대가 형성되면 일반 국민들은 자연히 따라오게 될 것인데 문제는 당리당략에서 어떻게 벗어나느냐이다.

맹자는 그것이 곧 인정(仁政)을 펴는 것이라고 답했다. 진실로 백성들을 사랑한다면 어느 개인이나, 어느 계층의 이익만을 보호해 줄 수 있겠느냐는 것이다. 이것이 곧 왕도정치(王道政治)요, 쉬운 정치라는 것이 맹자의 근본적 정치사상이었다.

하늘의 도리를 따르라

하늘의 도리를 따르는 자는 살고, 하늘의 도리를 어기는 자는 죽는다.(이루 상)

순천자존 역천자망
順天者存 逆天者亡.

맹자는 말했다.
"천하에 도(道)가 행해질 때는 덕이 작은 사람이 덕이 큰 사람에게 부림을 당하고, 작게 현명한 사람이 크게 현명한 사람에 부림을 당한다. 천하에 도가 행해지지 않을 때는 작은 나라가 큰 나라의 부림을 당하고 약한 나라가 강한 나라의 부림을 당한다. 이 두 가지는 모두 하늘의 뜻이다."
그리고 이어서 한 말이 표제어의 말이다. 천하에 정도(正道)가 행해질 때에는 덕이 많고 현명한 자가 그렇지 못한 자를 인도해 나가게 된다. 그러나 천하에 정도가 행해지지 않을 때는 힘있는 자가 세상을 좌지우지하게 되므로 덕있는 자나 현명한 자라 하더라도 그 힘 앞에 어쩔 수가 없게 된다. 맹자가 살아가던 전국시대가 바로 그러했다.
하지만 그것이 하늘의 도리가 아니라는 것이다. 맹자는 《시경(詩經)》의 구절을 인용하면서 다음과 같이 말하고 있다.
"'은(殷)나라의 자손들은 그 수가 10만이 넘지만 하늘이 명을 내리어 주(周)나라에 굴복케 하셨네. 주나라에 굴복케 된 것은 천명(天命)은 일정치 않고 덕을 따라 옮겨가는 것이기 때문이었네.'라고 했다."
하늘의 도를 따르는 것, 즉 인정(仁政)을 베푸는 것만이 나라를 보존하고 자신을 안태하게 한다는 주장을 여기서도 펴고 있는 맹자이다.

인(仁)하지 않은 자와는 어울리지 마라

인(仁)하지 않은 자와 더불어 이야기를 할 수 있겠느냐.(이루 상)

<small>불 인 자 가 여 언 재</small>
不仁者可與言哉.

맹자는 이렇게 허두를 꺼낸 다음, 그 이유를 설명해 나갔다.
"그들은 위태로운 것을 편안한 것으로 생각하고, 재난이 되는 일을 이롭게 생각하며, 자신을 멸망케 할 일을 즐기곤 한다. 만약 인하지 않은 자로서 능히 선한 이야기를 나눌 수 있는 자가 있다면, 그래서 내가 하는 선한 말을 용납하고 반성한다면 어찌 나라를 망치고 집안을 파멸시키는 일이 있겠는가?"
그렇게 말한 맹자는 다음과 같은 예화를 들어 설명해 나갔다.
"어떤 아이가 '창랑(滄浪)의 물이 맑을 적에는 갓끈을 빨고 창랑의 물이 흐릴 적에는 발을 씻으면 되네'라고 노래부르자, 공자께서 말씀하시기를 '너희들은 들어보아라. 물이 맑으면 갓끈을 빨고 물이 흐리면 발을 씻는다고 하는구나. 스스로가 그렇게 하도록 만드는 것이다'라고 하셨다. …… 《서경(書經)》〈태갑(太甲)〉편에 '하늘이 지어낸 재앙은 그래도 피할 수가 있지만 스스로 만든 재난에서는 살아남지 못한다'라고 했는데 이것을 두고 한 말이다."
인(仁)하지 못한 자란 한마디로 정의를 내리기 어렵겠지만 모든 일을 자기중심적으로 생각하며 욕심에 사로잡혀 있는 자라 할 수 있다. 자기중심적으로 사물을 파악하는 자는 모든 사물을 자기에게 유리하도록 해석하는 까닭에 재난이 될 일도 이롭게 생각하는 등 자멸의 길을 걷게 된다는 것이다.

천하를 얻는 방법

천하를 얻는 데는 방법이 있다. 그곳에 사는 백성들을 얻으면 곧 천하를 얻게 되는 것이다.(이루 상)

득천하유도 득기민 사득천하의
得天下有道 得其民 斯得天下矣.

민본사상(民本思想)을 앞세우던 맹자는 백성의 마음을 잃는 것이 곧 백성을 잃게 되는 것이고 백성을 잃는 것은 나라를 멸망시키는 결과가 된다고 했다. 맹자는 서두에서, '걸왕(桀王)과 주왕(紂王)이 천하를 잃은 것은 그 백성들을 잃었기 때문이며 그들이 백성을 잃게 된 것은 백성들의 마음을 잃었기 때문이다.'라고 전제한 다음 표제어의 말을 했다.

그리고 이렇게 이어나갔다.

"백성들의 마음을 얻으면 곧 백성들을 얻게 되는 것인데 그들의 마음을 얻는 데는 방법이 있다. 즉 그들이 원하는 것은 그들을 위해 모아주고 그들이 싫어하는 것은 시행하지 않는 것이다. 백성들이 인(仁)에 귀복(歸服)하는 것은 마치 물이 낮은 곳으로 흘러가고, 짐승들이 넓은 들판으로 달려가는 것과 같다. 그런데 깊은 못속으로 물고기를 몰아다 주는 것은 수달이고 숲속으로 새를 몰아다 주는 것은 새매이다. 이처럼 탕왕(湯王)과 무왕(武王)에게 백성들을 몰아다 준 것은 걸왕과 주왕이었다."

폭정을 폈던 걸왕·주왕이 인정(仁政)을 편 탕왕과 무왕에게 백성들을 몰아다 준 결과가 되었다는 것은 결코 우연한 일이 아니며 유덕(有德)한 군주를 섬기려는 민심(民心)의 소치라는 것이다.

자포자기(自暴自棄)

스스로 자기를 해치는 사람과는 함께 이야기할 수가 없고 스스로 자기를 버리는 사람과는 함께 일할 수가 없다.(이루 상)

자포자 불가여유언야　자기자 불가여유위야
自暴者 不可與有言也. 自棄者 不可與有爲也.

오늘날에도 흔히 쓰고 있는 '자포자기(自暴自棄)'란 성어(成語)의 출전이다. 맹자는 표제어의 말을 전제한 다음 자포자기하는 사람의 정의를 이렇게 내리고 있다.

"하는 말이 예의를 비난하는 자를 자포한다, 즉 자기를 비하(卑下)한다고 한다. 내 몸은 인(仁)에 처신할 수 없고 의(義)를 따를 수 없다고 하는 것을 스스로 포기한다고 하는 것이다. 인(仁)이란 사람들이 편안하게 거처할 수 있는 집이고, 의(義)는 사람이 올바르게 따라가야 할 길인 것이다. 편안한 거처를 버려둔 채 그곳에 거하지 않고, 올바른 길을 버리고 그것을 따르지 아니하니 슬프구나."

사람 중에 희망이 가장 없는 자는 자포자기하는 자이다. 맹자는,

"사람은 반드시 스스로 자신을 업신여긴 다음에야 남이 업신여기게 되고(人必自侮 然後人侮), 집안은 반드시 스스로 자기 집안을 무너뜨린 다음에야 남이 그 집안을 무너뜨리게 된다(家必自毁 然後人毁之)."

라는 말도 했는데 이렇게 볼 때 자포자기하는 것은 스스로 멸망의 길을 서두르는 것이 된다. 이렇게 되지 않기 위해서는 인의(仁義)를 지키는 길밖에 없는데 그것은 결코 어려운 일이 아니란 것이 맹자의 주장이다.

성실만이 그 인생을 보장한다

아랫사람으로 있으면서 윗사람의 신임을 얻지 못하면 백성을 다스려 나갈 수 없다.(이루 상)

<small>거하위 이불획어상 민불가득이치야</small>
居下位 而不獲於上 民不可得而治也.

맹자는 그 해법을 이렇게 설명해 나간다.

"윗사람의 신임을 얻는 데는 방법이 있으니 친구들에게 신용이 없으면 윗사람의 신임을 얻지 못한다. 친구들에게 신용을 얻는 데에도 방법이 있으니 부모님을 섬기되 그분들을 기쁘게 해드리지 못하면 친구들의 신용을 얻지 못한다. 부모님을 기쁘게 해드리는 데도 방법이 있으니 자신을 반성하여 성실해지지 않으면 부모님을 기쁘게 해드리지 못한다."

그런 다음 맹자가 내린 결론은 다음과 같다.

"자기자신을 성실하게 하는 데도 방법이 있으니 선(善)에 대하여 밝지 않으면 그 자신을 성실하게 하지 못한다. 그러므로 성실이란 것은 하늘의 도(道)요, 성실한 것을 생각하는 것은 사람의 도이다. 지극히 성실한데도 감동하지 않는 경우란 있을 수 없다. 싱실하지 못하면서도 남을 감동시킬 수는 없는 것이다."

성실, 즉 정성(精誠)은 유가(儒家) 윤리(倫理)의 바탕이었다. 《중용(中庸)》에도 이 글과 비슷한 대목이 있다. 그 중 특히 유명한 대목이 '성실은 하늘의 도요, 성실하려고 하는 것은 사람의 도이다(誠者天之道 誠之者人之道)'라고 했다.

눈은 마음의 창

사람을 살피는 데는 눈동자보다 더 좋은 것이 없다.(이루 상)

존호인자 막량어모자
存乎人者 莫良於眸子.

맹자는 다음과 같이 덧붙이고 있다.

"눈동자는 그 악함을 가리지 못한다. 마음속이 바르면 눈동자가 맑고 마음속이 바르지 못하면 눈동자가 흐리다. 그의 말을 들어보고 그의 눈동자를 살핀다면 그 사람이 어찌 자신을 감출 수 있겠는가?"

'눈은 마음의 창'이란 말도 있는 만큼 눈을 살펴보면 상대방의 마음의 움직임을 알 수 있을 것이다. 그러나 그 방법은 일반 사람들에게 있어서는 의외로 어려운 방법이 아니겠느냐는 생각도 든다.

상대방의 인물을 관찰하는 데 그 눈에 주의하라는 가르침은 다년간 고생하며 유세(遊說)를 하고 다녔던 맹자다운 견해로서 그 말 자체에는 조금도 잘못이 없다. 그러나 이 방법은 맹자와 같이 인생의 아수라장 속에서 인간 관찰의 눈을 길러온 사람에게만 해당되는 이야기인지 모르겠다. 왜냐하면 보통사람이 이 방법을 어설프게 흉내내다가는 오류를 범하는 일이 많겠기 때문이다. 따라서 눈만 보는 것은 인간관찰법으로 볼 때 부족되는 것이 아닌가 하는 생각이 든다.

맹자도 '그 말을 듣고 그 눈동자를 살핀다면 그 사람이 어찌 자신을 감출 수 있겠는가?'라고 하였으니 말을 들어볼 것과 눈을 보는 것을 병용하라고 권하고 있다. 무슨 말을 하는지 그 내용에 따라서 상대방의 인물을 평가하고, 다시 그 눈에 신경을 쓰면 올바른 인간관찰을 할 수 있다는 말이다.

공손과 검소는 진심에서 우러나야 해

공손한 사람은 남을 업신여기지 아니하고, 검소한 사람은 남의 것을 뺏지 아니한다.(이루 상)

공 자 불 모 인   검 자 불 탈 인
恭者不侮人 儉者不奪人.

역시 맹자가 한 말로서 다음과 같이 이어나가고 있다.

"남을 업신여기고 남의 것을 뺏는 임금은 아마도 백성들이 따르지 않을까 두려워한다. 그 때문에 일부러 공손하고 검소한 태도를 취하는데 그것이 어찌 진짜 공손과 검소가 되겠는가? 공손과 검소라는 덕(德)은 진실로 공손하고 검소한 마음에서 우러나와야 하는 것인데 어찌 외면적(外面的)으로 꾸미는 음성이나 웃는 모습으로 지어낼 수 있겠는가? 그것은 결코 되는 것이 아니다."

남을 모욕하기 좋아하는 임금, 남의 것을 뺏기 좋아하는 임금일수록, 남들, 특히 신료(臣僚)들이 공손하지 않을까 걱정하고 신하들이 검소하게 지내지 않을까 두려워한다는 것이다.

그러기에 신료들은 공손한 척 언행을 꾸미고 검소한 양 태도를 꾸미게 마련인데 진정에서가 아닌 허식의 공검(恭儉)이란 있을 수 없다는 것이다.

임금은 임금대로 모욕과 수탈을 좋아하고 신료들은 신료들대로 허식과 가식을 자행한다면 그 나라는 멸망의 구렁텅이에 빠질 수밖에 없다.

진실로 공검한 신하를 거느리고 싶다면 임금 스스로가 공검하여야 한다는 것이다. 당시의 군주와 신하 사이를 풍자한 내용이라 하겠다.

임기응변

　천하가 물에 빠져 있으면 도(道)로써 구원해 주고, 형수가 물에 빠지면 손으로 끌어당겨 구조해 주는 것입니다.(이루 상)

　　天下溺 援之以道 嫂溺 援之以手.
　　천하닉　원지이도　수닉　원지이수

　제(齊)나라의 유명한 변사인 순우곤(淳于髡)이 맹자에게 물었다.
　"남녀가 물건을 주고받을 때, 직접 이 손에서 저 손으로 건네지 않는 것이 예(禮)입니까?"
　맹자가 대답했다.
　"예요."
　"그렇다면 형수가 물에 빠진 경우 손으로 끌어당겨야 합니까? 아니면 예라 하여 그냥 있어야 합니까?"
　"형수가 물에 빠졌는데도 끌어당겨 주지 않는다면 그것은 늑대나 마찬가지외다. 남녀간에 주고받을 때 직접 손으로 건네지 않는 것은 예이고, 형수가 물에 빠진 경우 손으로 끌어당겨 주는 것은 임기응변이오."
　순우곤이 표정을 바꾸면서 물었다.
　"지금 온 천하가 물에 빠져 있는데 선생께서는 구조하지 않으십니다. 그것은 무슨 이유입니까?"
　이 때 맹자가 한 대답이 표제어인데 맹자는 이렇게 말을 맺고 있다.
　"당신은 천하를 손으로 구원하라는 겁니까?"
　즉 맹자는 물에 빠지듯 난맥상을 이루고 있는 천하를 구원하는 것은 정도(正道)이지, 결코 임기응변의 조치로는 불가능하다고 했던 것이다.

친구 아들과 바꿔서 가르치라

옛날에는 아들을 바꿔서 가르쳤고, 부자간(父子間)에는 잘되라고 책하지 아니했다.(이루 상)

고자 역자이교지 부자지간 불책선
古者 易子而敎之 父子之間 不責善.

맹자의 제자인 공손추(公孫丑)가 물었다.
"군자는 자기 아들을 직접 가르치지 않는데 그 이유는 무엇입니까?"
맹자가 대답했다.
"그것은 자연의 세(勢)인데 잘 가르쳐지지 않기 때문이다. 가르치려면 반드시 정도(正道)로 해야 하는데 정도로써 잘 되지 않을 때에는 노하게 되고 노하게 되면 반드시 자식을 해치게 되지. 그러면 아들은 '아버지는 나에게 정도를 가르친다고 하시지만 아버지는 정도로 대하지 않으신다'라고 할 것인즉 이렇게 되면 부자간에 서로 해치게 되는 것이 아니겠느냐? 부자간에 서로 해치면 좋은 일이 있을 수 없지."
그리고 표제어의 말을 한 맹자는 이렇게 끝맺고 있다.
"아버지가 아들에게 잘되라며 책하기만 하면 부자간에 사이가 난다. 사이가 나면 그보다 더 상서롭지 못한 일이 없을 것임이야."
자식을 직접 교육시키기 어렵다는 것은 왜일까? 이것은 물론 가정교육이 아니라 학습교육, 요즈음 같으면 학교의 공교육을 가리킨다. 자기 자식에게는 누구나 지나친 기대감을 가지게 되는데 그 기대에 어긋나는 경우 유난히 노하게 되고 그것이 자식에게는 안좋게 받아들여지므로 도리어 역효과로 나타난다는 것이다.

정신적 효도가 참 효(孝)

섬기는 데 있어서는 무엇이 가장 큰일인가? 부모 섬기는 일이 가장 큰일이다.(이루 상)

_{사숙위대 사친위대}
事孰爲大 事親爲大.

효도하는 방법을 상술한 맹자의 말로서 표제어에 이어 다음과 같이 설명해 나가고 있다.

"지키는 데 있어서는 무엇이 가장 큰일인가? 자기 몸을 올바로 지키는 일이 가장 큰일이다. 자기 몸의 올바름을 잃지 않고 그의 부모를 잘 섬긴 사람이 있다는 말을 나는 들어본 일이 있으나, 자기 몸의 올바름을 잃고서도 그의 부모를 잘 섬긴 사람이 있다는 말을 나는 들어본 적이 없다.

그 누가 섬기는 일을 하지 않겠는가? 어버이를 섬기는 것은 모든 섬기는 일의 근본이다. 그 누가 지키는 일을 하지 않겠는가? 몸을 지키는 일은 모든 지키는 일의 근본이다."

이렇게 말한 맹자는 효자로 유명한 증자(曾子)가 그 아버지 증석(曾晳)을 섬김에 있어 물질적인 것보다도 정신적인 효도를 더 중시했음을 소개하고 있다. 그리고 증석이 죽고 증자가 늙었을 때, 증자의 아들 증원(曾元)의 효도도 소개하고 있는데 증원은 정신적인 효도보다 물질적인 효도를 앞세웠다는 것이다.

물질적인 풍요 속에서 살아가는 오늘날에는 효도의 개념도 많이 달라졌다고 보아야겠으나 근본적인 효도는 정신적 효도에 있다 함은 예나 지금이나 다를 바가 없다 하겠다. 정신저으로 평안하게 섬기는 것, 그것이 바로 효일 것이니 말이다.

나라는 국군(國君)이 할 나름

임금이 바르다면 주위에 바르지 않은 사람이 없게 된다. 한번 임금을 바로잡기만 하면 나라가 안정되는 것이다.(이루 상)

<small>군정 막부정 일정군 이국정의</small>
君正 莫不正. 一正君 而國定矣.

역시 맹자가 한 말이다.
"사람들이란 꾸짖을 상대가 못되며 정치는 비판할 게 못된다. 오직 위대한 사람만이 임금의 마음이 그릇된 것을 바로잡아 줄 수가 있는데 임금이 인(仁)하다면 주위에 인하지 않은 사람이 없게 되고 임금이 의롭다면 주위에 의롭지 않은 사람이 없게 된다."

이어서 맹자는 표제어의 말로 끝맺고 있다. 유교(儒敎)가 내세웠던 정치철학의 근본은 바로 이 맹자의 말로 압축된다.

바른 생각을 가진 임금이 인정(仁政)을 편다면 그 이상 바랄 것이 없는 복지국가가 된다는 것이다. 그런데 임금의 생각이 바르지 못한 경우에는 어떻게 해야 할까? 물론 직언으로 간하여 그것을 바로잡아 주어야 하는데 그것은 대덕지인(大德之人)이라야만 가능하다고 했다. 이렇게 해서 국군(國君)의 마음과 생각을 올바른 방향으로 되돌려놓는 것만이 근본적 해결책이라고 강조한 것이다.

그런 까닭에 지엽말단적(枝葉末端的)인 것을 가지고 논란을 벌이고 공박할 것이 아니라고도 했다. 신료(臣僚)들의 정책 수행·능력 따위는 논란의 대상이 아니라는 것이다. 보다 근본적인 것은 통치자인 임금이 인정(仁政)을 펼 마음자세가 되어 있느냐 여부라는 게 맹자의 일관된 왕도정치(王道政治)의 요체라는 것이다.

훼예(毁譽)에 일희일비하지 마라

예기하지 않던 중 칭찬을 받는 수도 있고, 온전하기를 바라던 중 비방을 당하는 수도 있다.(이루 상)

<small>유불우지예　유구전지훼</small>
有不虞之譽 有求全之毁.

정신을 삼가고 조심하라는 맹자의 교훈이다.

불우지예(不虞之譽)란 뜻밖의, 즉 생각하지 않았던 명예, 혹은 칭찬이란 의미이고, 구전지훼(求全之毁)란 항상 스스로 수양을 하며 온전해지기를 마음속으로 굳게 다짐하고 있는데도 뜻밖의 비방을 당하는 것을 뜻한다.

세상에서 칭찬을 듣는 것이라든가 비방을 당하는 것은 예상을 뒤엎고 일어나는 수가 많으므로 그런 것에 휘말리어 일희일비(一喜一悲)해서는 안된다는 말이다. 또 사람을 관찰하는 경우에도 그런 훼예에 따라 경솔하게 사람을 쓰거나 버리는 일이 없어야 한다는 뜻이다.

《맹자》 주석(注釋)의 권위자인 조기(趙岐)는 이 장(章)의 요지를 이렇게 설명하고 있다.

'생각하지 않다가 명예를 획득하는 경우, 그것을 위해 사전에 경계할 수는 없는 일이며, 온전하기를 바라다가 비방을 받는 것은 징계하거나 허물할 일이 아니다. 군자(君子)가 행실을 바르게 하는 것은 이 두 가지를 지킴에 있다.'

처세술을 간결하면서도 날카롭게 풍자하고 있는 말이다. 옛 격언(格言)으로 암기해 두고 처세에 응용해 나가는 것도 좋겠다.

하는 말은 신중하게

사람들이 말을 쉽게 하는 것은 그 책임을 지지 않는다는 것을 의미할 뿐이다.(이루 상)

<small>인 지 이 기 언 야 무 책 이 의</small>
人之易其言也 無責耳矣.

이언(易言)이란 말을 쉽게 하는 것, 즉 앞뒤 일을 신중히 생각해서 말하는 것이 아니라 즉흥적으로 경솔하게 말해 버리는 것을 가리킨다.

역시 맹자가 한 말로서 이처럼 쉽게 말하는 것은 '실언(失言)의 책임을 지지 않기 때문이다'라고 한 것은 조기(趙岐)이다. 또《목당전해(穆堂全解)》에는 '남으로부터 자기가 한 실언에 대해서 공격 받은 일이 없기 때문이다'라고 했고, 주자(朱子)도 '아직 실언에 대해서 처벌을 받은 적이 없기 때문이다'라고 했다.

《논어(論語)》에도 공자(孔子)가 한 말이라며, '옛사람이 말을 함부로 하지 않은 것은 몸소 실천함이 따르지 못할까 두려워했기 때문이다(古者 言之不出 恥躬之不逮)'라고 했는데 이 표제어와 맥을 같이하는 내용이다.

말을 쉽게 함부로 해대고 그 말을 수시로 바꾸는 사람들 —. 오늘날에도 이른바 사회의 지도층에 있다고 자부하는 사람들 가운데 이런 사람들이 있다는 것은 여러 모로 불행한 일이 아닐 수 없다. 범부(凡夫)도 자기가 한 말에는 책임을 져야 한다.

그러나 범부가 하는 말은 파급효과가 대단치 않다. 책임있는 자리에 있는 지도층 인사의 말은 한마디라 하더라도 사회에 파문이 인다. 책임질 수 없는 말은 삼가고 삼가야 하는 것이 이른바 지도층 인사들이다.

함부로 스승노릇하지 마라

사람의 폐단은 남의 스승노릇하기 좋아하는 데 있다.(이루 상)

<small>인지환 재호위인사</small>
人之患 在好爲人師.

여기서 인사(人師)란 학문상(學問上)의 선생이란 뜻일 뿐 아니라 남들의 위에 서서 무엇이든지 가르치기 좋아하는 것을 일컬음이다.

모자라는 인간일수록 하찮은 지식을 습득하면 자기가 무엇이 된 양 지껄이기를 좋아한다. 앞 장(章)에서 맹자는 그런 사람을 지적한 바 있다. 무책임하기 짝이 없는 사람이라고 —.

그런데 이런 사람은 그 짧은 지식으로 남을 가르치려고 한다는 것이 이 장에서 한 맹자의 지적이다. 무릇 인간은 남에게 가르치는 행위로써 자기자신의 우월감을 충족시키려고 한다.

많건 적건 간에 이런 심리는 인간들 대부분에게 있다 해도 좋다. 심지어는 어린이들의 놀이를 살펴보아도 그런 측면이 작용하고 있음을 알 수 있다.

그러나 맹자는 이것을 인간의 폐단이라고까지 경고하고 있다. 왜일까? 남을 가르치기 좋아하다 보면 자기도취에 빠져들어, 자기자신은 배우려는 태도를 차츰 상실해 버리기 때문이다. 즉 자기향상은 덮어둔 채 남의 스승노릇하는 것에만 열을 올리면서 자만에 빠져든다는 것이 맹자의 지적이다.

이는 난센스가 아닐 수 없는데 이런 폐단에 빠지지 않기 위해서라도 이 장(章)의 명언을 격언삼아 외워두고 싶다.

스승에 대한 인사

그대가 듣기로는 숙소가 정해진 후에라야 어른을 찾아본다고 하던가?(이루 상)

자문지야 사관정연후 구견장자호
子聞之也 舍館定然後 求見長者乎?

맹자의 제자로서 노(魯)나라에서 벼슬살이를 하던 악정자(樂正子)가, 때마침 제(齊)나라 사신으로서 노나라에 갔던 제나라 신하 자오(子敖)를 따라 제나라에 왔다. 악정자가 맹자를 찾아뵙자 맹자가 말했다.

"자네도 와서 나를 만나나?"

맹자는 본디 못마땅하게 여기던 자오였으므로 악정자가 그를 수행하고 온 게 영 마음에 안들었던 것이다.

"선생님께서는 왜 그런 말씀을 하십니까?"

악정자가 놀라서 당황하며 말하자 맹자가 반문했다.

"자네, 여기에 온지 며칠 되었나?"

"어제 왔습니다."

"어제 왔다고 하니 말일세만, 그렇다면 내가 한 말이 합당하지 아니한가?"

"숙소가 정해지지 않아서 그랬습니다."

악정자가 변명하자 맹자가 나무란 말이 표제어의 구절이다. 악정자는 머리를 조아리며,

"제가 잘못했습니다."

라고 사죄했다는 것이다. 성실했던 악정자이지만 스승 맹자는 그에게 기풍(譏諷)으로 채찍을 가했던 것이다.

인의(仁義)의 핵심은 효제(孝悌)

인(仁)의 핵심은 어버이를 섬기는 것이고, 의(義)의 핵심은 형을 따르는 것이다.(이루 상)

<small>인지실　사친시야　의지실　종형시야</small>
仁之實　事親是也　義之實　從兄是也.

이 말 역시 맹자가 한 명언 중 하나이다. 맹자는 다음과 같이 이어나가고 있다. 실(實)은 핵심, 또는 근본이 되는 것을 의미한다.

"지(智)의 핵심은 이상 두 가지를 알고 거기에서 벗어나지 않는 것이다. 예(禮)의 핵심은 이상 두 가지를 조절하여 문식(文飾)하는 것이다. 악(樂)의 핵심은 이상 두 가지를 즐거워하는 것으로서, 즐거워하면 그 마음이 생기게 된다. 그 마음이 생기면 어찌 그만둘 수 있겠는가? 어찌 그만둘 수 있겠는가 하는 단계에까지 도달하면 자기도 모르는 사이에 발이 껑충거리고 손이 덩실거리게 된다."

인의(仁義)를 무엇보다도 소중히 여기고 이 인의에 의한 정치와 처세를 해야 한다고 강조한 맹자는 인의의 기본은 곧 효(孝)와 제(悌)에 있음을 밝혔다. 그리고 예(禮)와 지(智)와 악(樂) 등의 덕목은 모두 이 효와 제를 기본으로 하는 인(仁)과 의(義)를 따를 때 조절·문식(文飾)하고 그것을 즐기는 것을 그 기본으로 한다는 것이다.

《논어(論語)》〈학이편(學而篇)〉에도 공자의 제자인 유약(有若)의 말로서 '효제(孝悌)는 바로 인(仁)을 이룩하는 근본이다(孝悌也者, 其爲仁之本與)'라는 구절이 보인다. 인(仁)을 이인(二人), 즉 애인(愛人)으로 푸는 설도 있다. 남을 사랑하는 기본은 부모형제를 진실로 사랑하는 데서 시작된다는 의미이리라.

나라가 멸망하는 이유

걸왕·주왕이 천하를 잃은 것은 백성들의 지지를 못얻었기 때문이다.(이루 상)

_{걸 주 지 실 천 하 야   실 기 민 야}
桀紂之失天下也, 失其民也.

하(夏)나라 걸왕(桀王)과 은(殷)나라 주왕(紂王)은 중국 3천년 역사 속에서도 전형적인 폭군으로 불리는 인물이다. 그들이 왜 나라를 멸망시켰느냐 하면 백성의 지지를 얻지 못했기 때문이란 것이다. 맹자는 이렇게 말하고 있다.

"걸왕과 주왕이 천하를 잃은 것은 백성을 잃었기 때문이다. 백성을 잃은 것은 백성의 마음을 잃었기 때문이다."

내우외환(內憂外患)이란 말이 있다. 나라가 망하고 조직이 와해되는 것은 이 두 가지가 원인인데, 따지고 보면 외환도 내우에 의해서 초래되는 경우가 많다. 그렇다면 내우를 막기 위해서는 어떻게 하는 것이 좋은가? 맹자는 이렇게 덧붙이고 있다.

"그러기 위해서는 백성을 손에 넣어야 한다. 백성을 손에 넣으려면 어떻게 해야 하나? 백성의 마음을 사로잡아야 한다. 백성의 마음을 사로잡으려면 어떻게 해야 하나? 백성들의 원망(願望)을 충족시켜 주고 싫어하는 일을 시키지 말아야 한다."

대저 백성이 인정(仁政)을 좋아하며 귀복(歸服)하는 것은 마치 물이 낮은 곳으로 향하여 흘러가고, 짐승이 넓은 들판을 향해 달려가는 것처럼 지극히 자연스럽고 필연적인 일인데다가 백성들이 강력하게 원하는 것이다.

도(道)는 멀리 있지 않다

도(道)는 가까운 곳에 있건만 먼 데서 찾는다.(이루 상)

도재이 이구제원
道在爾, 而求諸遠.

'도(道)'란 인간이 걸어가야 할 길이다. 그렇다고 해서 그것은 높고 먼 곳에 있는 것이 아니라 일상생활 속, 우리와 가까운 곳에 있다. 그런데 사람들은 그것을 모르고 높고 먼 곳에서 그것을 찾으려고 한다는 말이다.

그럼 '가까이에 있다[在爾]'는 것은 무슨 뜻인가? 맹자는 이렇게 말하고 있다 ― '부모를 공경하고 웃어른을 공경하면 천하는 태평해질 것이다'라고.

너무 낙관적이라는 생각도 들겠지만 이 두 가지는 사회생활의 기본이어서 이것만이라도 지킨다면 세상은 많이 달라질 것이다.

근래에 와서 도덕에 대한 논의가 분분하다. 논의하는 것은 좋지만 어른도 실천하기 어려운 것들을 아이에게 강요하는 것은 난센스이다. 그럴 것이 아니라 차라리 맹자가 말한 이 두 가지의 대원칙이라도 명시하고 어른 아이 할 것 없이 모두 지켜나가는 것이 어떨까.

《중용(中庸)》에도 공자가 한 말이라며 이와 비슷한 명언을 소개하고 있다.

'도는 사람에게서 멀리 있지 아니하다. 사람들은 이 도를 추구하는데, 만약 사람에게서 멀리 있는 것이라면 도가 될 수 없다.'

진리는 시간과 공간을 초월해

선대(先代)의 성인(聖人)과 후대(後代)의 성인은 그 행했던 법도(法度)가 같다.(이루 하)

<small>선성후성 기규일야</small>
先聖後聖 其揆一也.

규(揆)는 도(度), 즉 법도(法度)를 가리킨다. 선성(先聖)은 순(舜)임금을 가리키고, 후성(後聖)은 주문왕(周文王)을 가리킨다. 이 두 임금이 살아가던 시대는 1천 년의 시간적 차이가 있고, 태어난 곳도 1천 리가 떨어진 공간적 차이가 있는데 그들 두 사람이 따른 법도는 한가지였다는 것이다. 올바른 법도, 즉 진리의 법도는 시간과 공간을 초월하여 누구든 한결같은 일을 집행하며 똑같은 결과를 가져온다는 것을 역설하고 있는 맹자인데 그는 이런 예화를 곁들였다.
"순임금은 제풍(諸馮)에서 태어나 부하(負夏)로 옮겨갔다가 명조(鳴條)에서 죽었으니 동쪽 미개민족의 사람이다. 문왕은 기주(岐周)에서 태어나 필영(畢郢)에서 죽었으니 서쪽 미개민족의 사람이다. 이들은 서로 떨어졌었기 천여 리나 되고 서로 살아간 세대차이가 천여 년이나 된다. 하지만 뜻을 이루고 중원에서 왕자(王者)의 정치를 행했던 것은 마치 부절(符節)을 맞추는 것과 같았다."
그리고 맹자는 표제어의 말로 끝을 맺고 있다. 송(宋)나라 때의 학자 육상산(陸象山)은 유심유리일원론(唯心唯理一源論)에서 이 구절을 근거로 삼았고, 같은 세대 같은 지역에 있으면서도 사람들이 각기 그 뜻을 같이하지 못하는 것은 인간 자체가 본원(本原)의 공통광장의 성사(省思)를 태만히 하기 때문이라고 했다.

소소한 일까지 간섭하지 않는 위정자

정치하는 사람이 모든 사람을 다 기뻐하게 해주려고 한다면 날마다 그 일만 해도 모자랄 것이다.(이루 하)

위정자 매인이열지 일역부족의
爲政者 每人而悅之 日亦不足矣.

정(鄭)나라 재상을 지낸 자산(子産)이 정치를 하고 있을 때다. 어느 추운 날, 맨발로 차디찬 강물을 건너는 사람들을 발견했다. 자산은 긍휼히 여기어 그 사람들을 자기 수레에 태워 진수(溱水)와 유수(洧水) 등 두 강을 건네준 일이 있었다.

이 일에 대해서 맹자는 이렇게 말했다.

"자산은 은혜로운 짓을 했지만 정치는 잘 모르던 사람이다. 농한기인 11월에는 보교(步橋)를 완성시킬 수 있고, 12월이면 차교(車橋)도 놓을 수 있었을 것임이야. 그런 공사를 해놓으면 백성들도 강을 건너는 데 안심하고 건널 수 있을 게 아닌가. 군자는 정치를 공평하고 올바르게 하기만 한다면 길을 가면서 백성들로 하여금 길을 피하게 해도 상관없어. 어찌 한 사람 한 사람 모두 강을 건네줄 수 있단 말인가?"

그리고 이어서 맹자는 표제어의 말로 자산에 대한 정치평(政治評)을 끝맺고 있다. 측은지심(惻隱之心), 즉 인(仁)을 강조했던 맹자가 한 말치고는 모순이 있다 하여 이 장(章)의 해설은 구구했다. 조기(趙岐)는 이 장지(章旨)에서 '백성을 소중히 여기는 길로는 정치를 공평하게 하는 것이 첫째이다. 임금은 하늘을 따르는데 하늘은 집집마다 어루만져 주지는 않는다. 그러기에 맹자는 자산의 행위를 옳지 않다고 한 것이다.' 라고 했다.

군자의 명철보신(明哲保身)

죄 없는 사(士)를 죽이면 대부(大夫)가 그 나라를 떠나가게 될 것이고, 죄 없는 백성을 죽이면 사(士)가 그 나라를 떠나가게 될 것이다.(이루 하)

무죄이살사 즉대부가이거 무죄이륙민 즉사가이사
無罪而殺士 則大夫可以去, 無罪而戮民 則士可以徙.

무도한 군주를 섬기다가 화를 당하지 말라, 즉 무도한 군주인 것이 확인되면 즉시로 그 나라를 떠나는 것이 상책이란 충고이다. 전국시대 중국의 군신관(君臣觀)과 그 당시 제후들의 실정을 이해하는 바탕 위에서 음미할 때 공감이 가는 구절이다.

사(士)가 억울한 죽음을 당하는 것을 보면 그보다 윗계급인 대부(大夫)에게도 그런 화가 미치게 될 개연성은 충분히 있으니 어서 피하라는 것이다.

서인(庶人)이 무고하게 죽음을 당할 때는 대부보다 아랫계급인 사(士)라 할지라도 빨리 그 나라를 떠나는 게 상책이라고 했다. 무도한 임금이 다스리는 나라를 난세(亂世)로 규정하고 군신(群臣)들의 명철보신(明哲保身)의 방도를 제시한 장(章)이다.

《논어(論語)》〈태백편(泰伯篇)〉에 공자가 한 말로,

'위태로운 나라에는 들어가지 말고, 문란한 나라에서는 살지 마라(危邦不入 亂邦不居), 천하에 도가 있으면 나타나고 도가 없으면 숨어라(天下有道則見 無道則隱).'

라는 내용의 구절이 보이는데《맹자》의 이 장과 맥을 같이하는 말이거니와 자고로 명철보신은 쉬운 듯하면서도 실은 아주 어려운 것이다.

예(禮)가 아닌 예, 의(義)가 아닌 의

예(禮)가 아닌 예와, 의(義)가 아닌 의를 대인(大人)은 하지 아니한다.(이루 하)

非禮之禮 非義之義 大人 弗爲.
비례지례　비의지의　대인　불위

비례지례(非禮之禮)는 언뜻 보기에 예와 같지만 기실은 참된 예가 아닌 것을 가리킴이다. 허례(虛禮) 같은 것도 이에 해당할 것이다.

비의지의(非義之義)는 진정한 의미에서의 의와는 상치되는, 고식적이거나 방편적인 의, 언뜻 보기에는 의와 같으면서도 의가 아닌 것을 가리킨다. 큰 덕을 갖춘 사람, 즉 대인(大人)은 비례(非禮) 비의(非義)한 짓은 어떤 경우에서도 하지 않는다는 것이다. 이것은 말로 하기는 쉽지만 실제로 행동에 옮기려고 하면 결코 쉬운 일이 아니다.

우선 예와 비례를 구분하여야겠는데 그것이 쉽지 않다. 그것은 의와 비의도 마찬가지이다. 이런 것을 구별하지 못할 경우 예를 차린다는 것이 자칫 아첨이나 아부로 비칠 수도 있고 의를 갖춘다는 것이 만용이나 허세에 흐르기 쉽기 때문이다.

《논어(論語)》〈안연편(顔淵篇)〉에도 공자가 안연에게 훈계한 말에 다음과 같은 구절이 있다.

'예가 아니면 보지 말고(非禮勿視), 예가 아니면 듣지 말고(非禮勿聽), 예가 아니면 말하지 말고(非禮勿言), 예가 아니면 움직이지 마라(非禮勿動).'

자기자신의 감정을 억누르는 한편 참된 예와 참된 의를 분별하여 실행에 옮기는 것 또한 처세의 요체라 하겠다.

중용(中庸)의 덕

중용의 덕을 갖춘 자가 중용의 덕이 없는 자를 교양하고, 재능이 뛰어난 자가 재능이 모자라는 자를 교양한다.(이루 하)

中也養不中 才也養不才.
중야양부중 재야양부재

맹자는 표제어 다음에 이렇게 이어나가고 있다.

"그래서 세상은 진보되며, 중용의 덕을 갖춘 자와 재능이 있는 자, 중용의 덕을 갖추지 못한 자와 재능이 없는 자의 차이가 좁혀지는 것이다. 따라서 사람은 누구나 모두 중용의 덕이 있고 재능이 뛰어난 부형(父兄)이 있는 것을 즐거워하는 것이고 —. 그런데 만약 중용의 덕을 갖춘 자가 그런 덕을 갖추지 못한 자를 버려둔 채 교양하지 아니하고, 재능이 있는 자가 재능이 없는 자를 버려둔 채 교양하지 않는다면 중용의 덕과 재능이 없는 것과 매한가지이며 부형(父兄)의 현(賢)과 자제(子弟)의 불초(不肖)의 차이는 한 치도 줄어들지 않을 것이다."

표제어 중 중야(中也)는 과불급(過不及)이 없는, 중용(中庸)의 덕(德)을 갖추고 있는 자를 가리키며 재야(才也)는 재능이 있는 사람을 가리킨다. 재와 덕을 겸비하고 있는 인격자라면 후진(後進)과 자제(子弟)들을 교육하는 데 힘써야 함을 강조하고 있다. 그것이 곧 사회적으로 발전해 나가는 첩경이요, 가정적으로 융성해 나가는 지름길이 되기 때문이다.

《맹자》 주석(注釋)의 권위자인 후한(後漢) 때의 조기(趙岐)는 이 장(章)의 요지 설명에서 '부형이 이미 잘났는데 그 자제가 완명(頑冥)한 경우 가르쳐서 고치지 않는다면 어쩌겠는가?'라고 했다.

하지 말아야 할 일, 해야 할 일

 사람은 불의(不義) 따위는 결코 하지 않겠다는 확고한 본령(本領)이 있은 후에야 비로소 해야 할 책무와 의(義)를 제대로 해낼 수 있는 것이다.(이루 하)

<small>인유불위야 이후가이유의</small>
人有不爲也 而後可以有義.

 여기서 불위(不爲)란 하지 말아야 하는 것, 즉 불의(不義)한 일을 가리킨다. 한편 유위(有爲)는 해야 하는 것, 즉 의(義)를 행하는 것을 의미한다.
 이 장(章)은 격조가 높은 경전성(經典性)을 가진 가언(佳言)이다. 불의한 일을 하지 않겠다는 확고한 용기와 의지를 갖춘 후에야 의로운 일을 실천에 옮기는 힘을 가지게 된다는 것이다. 불위(不爲)와 위(爲)를 대조시키는 문장 구성은 보통 있는 일인데 유불위(有不爲)와 유위(有爲)를 대조시키는 것은 격조를 한층 높인 것이라 하겠다.
 이 장(章)의 특징을 또 한가지 든다면 '해야 할 책무와 의(義)를 제대로 해낸다'는 구절은 이해하기 쉽지만 요컨대 '불의(不義) 따위는 결코 하지 않겠다는 확고한 본령(本領)이 있도록' 심사숙고한다는 것은 대개의 경우 맹점(盲點)으로 되어 있다는 점이다. 다시 말해서 의롭게 살겠다는 생각은 누구나 대개 하는 결심일 수 있으나 어떤 경우에도 부정·불의한 일에 손을 대지 않겠다는 확고한 결심과 실천을 해나가는 일은 결코 쉽지 않다는 지적이다.
 하지만 이것만큼 인간을 중후(重厚)하게 해주고 믿음직스럽게 해주는 것도 없다. 가슴에 새겨둬야 할 명구이다.

남의 안좋은 말은 입밖에 내지 마라

남의 좋지 않은 일을 말하면 그것에 따라올 후환을 대체 어떻게 할 것인가?(이루 하)

_{언인지불선 당여후환하}
言人之不善 當如後患何.

좀더 이해하기 쉽게 의역하면 다음과 같은 내용이 될 것 같다.
'남의 좋지 않은 점을 이 사람 저 사람에게 떠벌이고 다니면 원망을 사게 될 것이니 반드시 후일에 화근이 생기게 될 것인즉 그것을 어떻게 감당하려고 그런 짓을 하는가?'

물론 이것도 맹자가 한 말이다. 쓸데없이 남의 험담을 늘어놓고 다니는 사람이 있게 마련이다. 그런 사람들의 심리를 분석해 보면 어떤 사람의 험담거리의 정보를 자기만이 가지고 있다며 자랑삼아서, 떠벌이는 경우와, 그 사람의 약점을 들추어냄으로써 자기가 그 사람보다 낫다는 우월감의 발로(發露)가 대부분이다.

어떤 사람의 나쁜 점을 발견했을 때 그것을 고치도록 성의있는 충고를 해주면 좋으련만 그것을 폭로 탄핵하듯이 떠들어대는 데 문제가 있다. 그러면 당사자로부터 원한을 살 뿐 아니라 듣는 사람들도 그 떠들어대는 사람을 경계하게 된다. '이런 사람이라면 나에 대한 험담도 마구 떠벌이고 다닐 게 아니겠느냐'라며 —.

물론 언책(言責)을 담당하고 있는 사람이라면 그 직무를 수행하기 위해 대간(大姦) 전횡(專橫)이 발견되는 경우 당당하게 규명하고 탄핵해야 할 것이다. 그러나 이런 경우는 맹자가 말한 것과는 전연 상관이 없는 경우이다.

대인(大人)은 의(義)에만 따를 뿐이다

대인(大人)이란 말을 한다고 해서 반드시 그 신용을 지키지는 않고, 행동한다고 해서 반드시 처음 목표했던 데까지 해내지는 않는다. 오직 의(義)가 있는 곳에 따라갈 뿐이다.(이루 하)

<small>대인자 언불필신 행불필과 유의소재</small>
大人者 言不必信 行不必果 惟義所在.

역시 맹자가 한 말인데 좀더 알기 쉽게 의역을 하면 이런 의미가 될 것 같다.

'일단 자기가 한 말을 반드시 실행하는 것은 미덕임에 틀림없지만 대덕(大德)을 갖춘 사람은 반드시 그 말을 실행에 옮긴다고 할 수는 없다. 또 한번 행동에 들어간 일은 반드시 끝까지 해내야 하겠지만 이것도 대덕을 갖춘 사람은 반드시 끝까지 행동에 옮긴다고 볼 수는 없다. 두 가지 모두 악(惡)하다는 것을 알게 되면 도중에서 즉시로 그것을 고쳐나가는 것이다. 그러나 속행하는 경우도, 중단하는 경우도 모두 도리, 다시 말해서 의(義)에 맞느냐 안맞느냐에 비추어 보아 의에 맞는 경우에 한해서 속행하는 것이다.'

《논어(論語)》〈자로편(子路篇)〉에서 공자가 자공(子貢)의 질문에 대답한 '말하면 반드시 실행하고(言必信) 실행하면 반드시 성과를 거둬야 한다(行必果)'라는 구절에 예외의 경우를 부연한 내용으로 보아도 무방하겠다.

신(信)·과(果) 등의 미덕도 그것에 너무 고집을 하다가는 부덕(不德)이 된다. 요컨대 그때그때의 상황에 따러 그 좋은 짐은 취하라, 즉 권도(權道)에 철저해야 함이 중요하다는 교훈이다.

어렸을 때 마음을 지닌 자가 대인(大人)

대인(大人)이란 그의 어린아이 때의 마음을 잃지 않은 사람이다.(이루 하)

_{대인자 불실기적자지심자야}
大人者 不失其赤子之心者也.

적자지심(赤子之心)이란 어린아이의 마음, 즉 어렸을 때 그대로의 순진무구한 마음을 가리킨다.

맹자의 성선설(性善說)은 사단(四端), 즉 '남을 긍휼히 여기는 마음(仁 : 惻隱之心)', '부끄러워하는 마음(義 : 羞惡之心)', '사양하는 마음(禮 : 辭讓之心)', '옳고 그름을 아는 마음(智 : 是非之心)'이 기본이다. 이런 인의예지의 사단을 본성으로 가지고 태어나는 것이 인간일진대 어렸을 때는 이 사단의 마음을 그대로 지니고 있다고 본다.

그러나 사람은 성장해가면서 욕망에 가리어 이 본성을 차츰 잃어가게 될 수밖에 없다. 그런 까닭에 불인(不仁) 불의(不義) 비례(非禮) 부지(不智)한 행위를 하게 되는데 그 결과 사회에는 부정(不正)과 비리(非理)가 만연하게 된다고 본 것이 맹자의 설이다.

《신약성경(新約聖經)》〈누가복음〉 18장에서 예수가 '내가 진실로 너희에게 이르노니 누구든지 하나님의 나라를 어린아이와 같이 받들지 않는 자는 결단코 들어가지 못하리라'고 경고한 말과도 맥을 같이한다고 보아야겠다.

참고로 《맹자》 주석(注釋)의 권위자인 조기(趙岐)는 이 장(章)의 '대인(大人)'을 국군(國君)으로, '적자지심(赤子之心)'을 백성들의 마음으로 풀이하면서 '국군은 백성 사랑하기를 어린아이 사랑하듯 해야 한다'라고 했는데 다소 비약하고 있다는 느낌이 든다.

군자(君子)는 궁구하여 체득한다

군자가 올바른 방법으로 깊이 탐구하는 것은 자신이 자연스럽게 체득하기 위해서이다.(이루 하)

　　군자심조지이도　욕기자득지야
　　君子深造之以道　欲其自得之也.

역시 맹자가 한 말인데 좀더 자세히 의역하면 다음과 같다.
'학문과 덕행(德行)의 수득(修得)을 뜻하는 군자가 도(道)에 깊숙이 도달하기 위해 여러 가지 방법으로 연구하는 것은 자기자신이 그 도를 체득하고 싶어하기 때문이다.'
그런 다음 맹자는 이어나가고 있다.
"이렇게 해서 스스로 도를 체득하면 자신이 충분히 납득할 수 있으므로 그 도에 자신이 안정되게 거(居)하는 것이므로 흔들리는 일이 없다. 이처럼 그 도에 안정되어 있으면 그 도로부터 갖가지 언행(言行)에 필요한, 깊고도 무진장의 자원(資源 : 資料)을 찾아낼 수가 있다. 그리고 이런 것들을 학문의 기반으로 삼을 수가 있는 것이다. 이처럼 좌(左)에서, 우(右)에서 손쉽게 얻어 쓰더라도 자원이 고갈되는 일이 없는데 그것은 체득한 도(道)의 근원에서 솟아나는 것이다. 그런 까닭에 군자는 우선 그 근원이 되는 도를 체득코자 하는 것이다."
학문과 덕(德)에 뜻을 둔 사람은 먼저 도를 체득해야 한다는 것, 체득한 도야말로 천만언행(千萬言行)의 깊은 뿌리가 된다는 것을 논한 내용이다. 그렇게 하지 않는 학문은 뿌리가 없는 나무와 같다는 것이 맹자의 설이다.

선(善)을 행하여 리드하는 것이 왕자(王者)

선(善)으로써 남을 굴복시키려는 사람은 남을 굴복시킨 일이 아직 없었다.(이루 하)

이선복인자 미유능복인자야
以善服人者 未有能服人者也.

맹자가 한 이 말을 좀더 이해하기 쉽게 의역하면 이런 뜻이 되겠다.
'사람들을 자신에게 심복(心服)시키겠다는 사심(私心)으로, 선(善)을 행하는 자로서 진실로 사람을 심복시킨 자는 아직 한 사람도 없었다.'
맹자는 이렇게 덧붙여 나간다.
"그것에 반하여 스스로 아무런 사심도 없이 자진하여 선을 행하며 사람들을 가르쳐 나가는 사람은, 그렇게 함으로써 진실로 천하 사람들을 심복케 할 수가 있는 것이다. 천하 사람들을 심복하게 만들지 못하고 왕노릇한 사람은 아직 한 사람도 없었다."
왕도(王道)와 패도(覇道)를 논한 장(章)이다. 선(善)을 가지고 사람들을 굴복시키려는 자는 패자(覇者)이고, 선을 가지고 사람을 기르는 자, 즉 스스로 사심없이 선을 행함으로써 사람들이 따라오도록 하는 자는 왕자(王者)라는 것이다.
《맹자》 주석(注釋)의 권위자인 후한(後漢)시대의 조기(趙岐)는 이 장(章)의 요지를 설명하여,
'오패(五覇)는 사람을 복종시켰고 삼왕(三王)은 마음을 복종시켰는데 복종했다는 점은 마찬가지이지만 공업(功業)으로 말한다면 같지가 않다. 위로 요(堯)·순(舜)을 논한들 이 이치에서 어긋나겠는가.'
라고 했다. 톱(TOP)의 어려움이 이런 점에 있는 것이다.

근원이 있는 것과 없는 것

근원이 있는 샘물은 졸졸졸 끊임없이 밤낮을 가리지 아니하고 흘러 파여진 구멍을 채우고 난 후에 앞으로 나아간다.(이루 하)

_{원 천 혼 혼   불 사 주 야   영 과 이 후 진}
原泉混混 不舍晝夜 盈科而後進.

맹자의 제자인 서벽(徐辟)이,
"공자님께서는 자주 물의 덕을 칭송하시면서 '물이여! 물이여!' 하셨는데 물에서 무엇을 취하셨던 것입니까?"
라고 물었을 때 맹자가 한 대답이다. 맹자는 이렇게 이어나가고 있다.
"그래서 사방의 바다에 도달한다. 근원이 있는 것은 모두 이와 같이 마르는 일이 없는데 공자님은 그 점을 칭송하신 것이지. 그런데 이런 근원이 없는 물의 흐름은 어떠한가? 7, 8월에 큰 비가 내리면 온 땅 위에서 물이 넘쳐흐르는데 밭도랑을 비롯하여 큰 보(洑)에까지 한때는 물이 가득하지만, 비가 그치고 햇볕이 나면 금방 물이 마르는 것은 가만히 서있으면서 기다릴 정도가 아니더냐. 이와 마찬가지로 인간의 평판에 있어서도 실제 이상의 허명(虛名)만으로 떠들썩하고 우쭐대는 것은 근원이 없는 물처럼 영속(永續)되는 게 아니다. 따라서 군자는 이런 점을 부끄러워하는 것이지."

근원이 있는 것과 근원이 없는 것을 신랄하게 꼬집으며 비유한 이야기인데 그것은 비단 학문이나 인격뿐만이 아니다. 사회 모든 분야가 다 그러한데 기업이 예외일 수가 없다. 20세기 말 경제위기에 봉착하면서 한다하는 유명 기업들이 도산되었던 것은 근원이 없는 허명의 기업들이었기 때문이었다.

사람은 짐승과는 달라야 해

사람이 짐승과 다른 점은 아주 적다. 서민(庶民)이 그 점에서 떠나가 버리고 군자는 그 점을 지니고 있다.(이루 하)

인지소이이금수자기희 서민거지 군자존지
人之所以異禽獸者幾希 庶民去之 君子存之.

맹자가 한 이 말을 좀더 이해하기 쉽게 의역하면 다음과 같다.
'사람이 금수와 다른 점은 극히 적다. 즉 인의(仁義)를 지키느냐 버리느냐의 차이인데 일반인은 인의에서 떠나가 버리고, 군자는 인의를 지키며 떠나지 않는 것이다.'
그리고 이렇게 덧붙이고 있다.
"그런데 순(舜)임금은 사물에 밝았으며 인륜(人倫)을 마음속으로 깊이 살폈기에 인의에 따라 행동했었다. 인의란 억지로 행해지는 것이 아니다."
사람과 짐승이 다른 점이 있다면 그것은 무엇일까? 자기방어(自己防禦)라든가 종족번식(種族繁殖) 등의 본능은 사람이나 짐승이 다를 바가 없다. 다만 인의(仁義)를 지키면서 살아갈 때 인간은 인간의 구실을 하여 짐승과 구별이 되는 것이다.
《맹자》주석(注釋)의 권위자인 조기(趙岐)는 이 장(章)의 요지를 다음과 같이 설명했다.
'사람과 금수는 모두 하늘의 기운을 머금고 있어 이(利)로우면 나아가고 해로우면 피하는데 그것에는 사람이나 금수간에 구별이 없다. 뭇사람은 모두 그러한데 군자는 그렇지 않다. 성인(聖人)은 초절(超絶)해서 인의가 자기에게서 생겨남을 안다.'

이래도 좋고 저래도 좋을 때의 처세

받을 만도 하고 받지 않을 만도 한데 받으면 청렴을 해친다.(이루 하)
　　가 이 취　 가 이 무 취　 취 상 렴
　　可以取　可以無取　取傷廉.

역시 맹자가 한 말인데 현대어로 의역을 하면 다음과 같다.
'받아도 상관없고 받지 않아도 상관없을 경우에는 받지 않는 게 좋다. 왜냐하면 받을 경우, 청렴을 해치는 결과가 되기 때문이다.'
그리고 이어서 이렇게 말하고 있다.
"주어도 좋고 주지 않아도 좋을 경우에는 주지 않는 게 좋다. 억지로 주는 것은 시혜(施惠)라는 덕(德)을 오히려 손상시키기 때문이다. 죽어도 되고 죽지 않아도 될 경우에는 죽지 않는 편이 좋다. 그런 경우에 죽으면 오히려 참된 용기로부터 떠나는 일로서 용기의 덕을 해치기 때문이다."
사태가 이래도 좋고 저래도 좋은 경우 처신하기가 어려운 때가 있다. 맹자는 그런 경우도 분별의 기본으로 삼아야 하는 것이 인의(仁義)라고 했다. 주자(朱子)는 이 장(章)의 주석(注釋)에서,
'처음에는 받아도 좋았었는데 깊이 생각해 보자 받아서는 아무래도 안좋겠다는 생각이 든다. 이럴 때는 안받는 것이 좋다. 받으면 청렴을 해치게 된다……'
라고 했다. 그러나 《맹자》 주석의 권위자인 조기(趙岐)는,
'청렴과 용기와 은혜는 사람의 숭고한 행위이다. 이 세 가지의 이름을 잃는 것을 선비들은 괴로워한다.'
라며 분별력을 가지라는 맹자의 교훈이라고 주석했다.

재능보다 중요한 게 자기향상

서자(西子)라도 불결한 것을 머리에 뒤집어 쓰면 사람들이 모두 코를 막고 지나갈 것이다.(이루 하)

<small>서자몽불결 즉인개엄비이과</small>
西子蒙不潔 則人皆掩鼻而過.

서자(西子)란 춘추시대 월왕(越王) 구천(勾踐)이 오왕(吳王) 부차(夫差)에게 미인계를 쓰기 위해 바쳤던 절세의 미녀이다. 이런 미녀일지라도 더러운 오물을 뒤집어 썼다면 그 옆을 지나가는 사람들은 모두 코를 막고 외면할 것임에 틀림없다고 말한 맹자는 다음과 같이 덧붙이고 있다.

"비록 추악한 사람이라 하더라도 목욕재계하여 그 심신(心身)을 깨끗하게 한다면 사람들이 싫어하지 않을 것은 물론이고 천제(天帝)에게 제사를 지낼 수도 있을 것이다."

사람은 타고난 자질이 비록 탁월하다 하더라도 그것을 믿고 자기 수양을 게을리하면 그 좋은 자질이 매몰되어 결국에는 빛을 보지 못하게 된다는 것이다. 그렇게 되지 않기 위해서는 교만을 버리고 자기향상을 위해 꾸준히 노력하는 길밖에 없다.

서시(西施)라는 절세의 미녀와 추악하게 생긴 사람을 대비시킨 점이 재미있거니와, 타고난 자질이 신통치 않은 사람일수록 분발하여 성공하는 예를 우리는 흔히 볼 수가 있다.

《맹자집주(孟子集註)》에서도 '이 장(章)은 사람이 선(善)을 잃는 것을 경계하여 스스로 새로워질 것을 권면한 것이다'라고 설명하고 있다.

맹자의 학문태도

천하에서 본성(本性)을 논하는 것은, 되어진 일을 법칙으로 따르는 것뿐인데 되어진 일은 순리(順理)로 하는 것을 기본으로 한다.(이루 하)

<small>천하지언성야 즉고이이의 고자 이리위본</small>
天下之言性也, 則故而已矣, 故者 以利爲本.

맹자가 한 이 말을 좀더 이해하기 쉽게 의역하면 이런 뜻이 되겠다. '천하 사람들로서 인간의 본성을 논하는 자는 누구나 모두 과거의 경험적 사실을 기초로 하여 입론(立論)해 나가는 데 지나지 않는다. 그런데 그 과거의 사실이란 순리, 즉 무리한 추량(推量)을 하지 않고 천착도 하지 않은 채로, 자연 그대로의 모습을 보고 그 사실의 근본적인 것으로 삼아야 한다(이런 입장에서 본다면 아무래도 인간의 본성은 善이다).'

맹자는 이어나간다.

'한편 지(智)가 미움을 받는 점은 너무 지나치게 천착하여 자연 그대로의 모습을 보지 않기 때문이다. 만약 지자(智者)로서, 우(禹)임금이 물길을 소통시킨 것처럼 지(智)를 짜내어 사물을 생각한다면 지(智)는 실로 존경받아야 한다. 즉 우임금이 물길을 소통시킨 방법은 조금도 무리가 없는 자연의 형세에 따라 물길을 터주었던 것으로서, 만약 지자(智者)가 그처럼 무리가 없는 방법으로 지혜를 사용한다면 지혜의 효능은 대단한 것이 되리라. 예컨대 저 높은 하늘의 멀고먼 별들을 자연의 도리에 따라 추구한다면 천년 뒤의 동지일(冬至日)도 앉아서 계산할 수 있을 것이다.'

이것이 맹자의 학문방법론이었다.

군자의 걱정거리(1)

군자가 일반사람들과 다른 점은 그 본심을 보존하고 잃지 않기 때문이다.(이루 하)

<small>군 자 소 이 이 어 인 자   이 기 존 심 야</small>
君子所以異於人者 以其存心也.

맹자는 이어서 다음과 같이 말했다.
"군자는 인(仁)을 마음에 지니고 예(禮)를 마음에 지닌다. 인자한 사람은 남을 사랑한다. 예의를 차리는 사람은 남을 공경한다. 남을 사랑하는 사람은 남이 늘 그를 사랑하고, 남을 공경하는 사람은 남이 늘 그를 공경한다……."

그런 다음 맹자는 군자가 걱정하는 바를 예로 들면서 반성할 것을 촉구한다. 즉 인격자가 못됨이 군자의 걱정거리라는 것이다.

"여기에 한 사람이 있는데 그가 자기를 횡포하게 대한다면, 군자는 반드시 스스로 이렇게 반성한다. '내가 틀림없이 인자하지 않은 게다. 내가 틀림없이 무례했던 게야. 이런 일이 어찌 닥쳐왔단 말인가?' 이처럼 스스로 반성해본 결과, 스스로 인지하고 스스로 예를 차렸는데도 그 횡포함이 여전하다면 군자는 반드시 스스로 이렇게 반성한다. '내가 틀림없이 성실하지 못했던 게야.' 이렇게 반성해본 결과 자신이 성실한데도 그 횡포함이 여전하다면, 군자는 비로소, '이 자는 망령된 사람이야. 끝까지 이런다면 짐승과 다를 게 무엇이란 말인가? 짐승과 같다면 그런 짐승과 실랑이를 벌인들 무슨 소용이 있겠는가?'라고 말한다. 그러므로 군자는 평생을 두고 계속해야 하는 근심거리는 있지만 하루 아침에 겪는 근심거리는 없다."

군자의 걱정거리(2)

순(舜)임금은 사람이고 나도 사람이다.(이루 하)

<small>순 인 야 아 역 인 야</small>
舜人也 我亦人也.

맹자의 말은 계속해서 이어진다.
"군자가 걱정 근심하는 것이 있다면 그것은 다음과 같은 것이 있다."
그리고 맹자는 표제어의 말을 한 다음 이렇게 덧붙여 나간다.
"그런데 순임금은 사람들의 본보기가 될 만한 일을 하여 천하에 드러내었고 더군다나 그것을 후세에까지 전할 수가 있었다. 그것에 비하여 나는 무엇 한가지 한 것이 없으며 아직까지도 향당(鄕黨)의 한 범인(凡人)의 신세를 면하지 못하고 있다. 이것은 군자라면 진실로 걱정해야 할 일이다. 그럼 이런 점이 걱정되는 경우 어떻게 해야 좋단 말인가? 그것은 오직 한 가지, 순임금처럼 행동할 일이다.
 이런 까닭에 이런 근심과 걱정은 군자의 마음속에 있어야 하겠지만 그밖의 외부(外部)로부터 생기는 시시한 근심 따위는 군자에게 있지 아니한 것이다. 왜냐하면 군자는 인(仁)이 아니면 행하지 않고 예의에 맞지 않으면 행하지를 않는다(非仁無爲也, 非禮無行也). 그러므로 더러 남으로부터 가해지는 환해(患害)가 있더라도 그것은 상대방이 나쁘기 때문일 뿐, 군자는 그런 것을 가지고 자신의 근심걱정거리로 삼지 아니한다."
 존심수양(存心修養)을 역설한 맹자는 외부로부터 가해지는 횡역(橫逆)에 대해서두 오히려 내면적인 반성을 촉구하고 있다. 이는 석소 높은 군자적 태도라 하겠다.

군자의 걱정거리(3)

군자에게는 평생의 번민은 있어도 외부로부터 오는 마음의 동요는 없다. (이루 하)

군자유종신지우 무일조지환야
君子有終身之憂, 無一朝之患也.

군자(君子)에게는 생애를 통한 번민은 있을지언정, 외부로부터 오는 마음의 동요 따위는 있을 수 없다고 한다. 왜 그런 것일까?

맹자에 의하면 군자가 일반인과 다른 점은 끊임없이 자기 마음을 반성하는 점이라고 한다. 가령 아무리 어려운 사태에 놓이더라도 '이렇게 된 것은 자기자신에게 성실성이 모자랐기 때문이 아닌가, 자기 행동이 예(禮)에 어긋났기 때문이 아닌가'라며 자기자신을 반성하고 상대방을 원망하거나 책망하지 아니한다. 그러므로 외부로부터 생기는 마음의 동요 따위는 있을 수 없다는 것이다.

'종신지우(終身之憂)'란 어떤 것인가? 맹자는 이렇게 말하고 있다.

"순(舜)은 천하에 모범을 보였고 후세에 이름을 남겼다. 그런데도 자기는 평범한 속인(俗人)에 지나지 않는다며 번민했다."

그렇다면 어떻게 해야 하나? 순(舜)을 배우고 한 설음이라도 그 수준에 가까워지도록 노력해야 한다는 것이다. 그런 노력을 게을리하는 자는 리더의 자격이 없다는 말이다.

맹자는 하늘로부터 인간이 받은 본성(本性), 즉 인의(仁義)의 마음을 항상 간직하는 데 힘쓰라고 여러 차례 권하고 있는데 이 항(項) 역시 그런 양심(養心)과 자기 내면(內面)의 반성을 권유하는 대목이다.

다섯 가지 불효(不孝)

세속(世俗)에서 말하는 불효에는 다섯 가지가 있다.(이루 하)

세 속 소 위 불 효 자 오
世俗所謂不孝子五.

맹자의 제자인 공도자(公都子)가, 불효자로 소문난 광장(匡章)과 교제하는 스승 맹자에게 그 이유를 물었을 때 맹자가 대답한 서두의 말이 표제어이다. 맹자는 이야기를 계속했다.

"(그 다섯 가지 중) 사지(四肢)를 게을리하여 부모 봉양을 게을리하는 것이 첫째 불효이고, 도박이나 음주에 빠져 부모 봉양을 하지 않는 것이 두번째 불효이다. 재물을 좋아하고 처자에 대한 애정에만 빠져서 부모 봉양을 하지 않는 것이 세번째 불효이고, 자기 귀와 눈의 욕망에만 빠져 있다가 그 결과 죄를 짓고 부모까지도 치욕을 당하게 하는 것이 네번째 불효이며, 무턱대고 용기를 좋아하여 싸우거나 난폭한 행동을 하다가 부모까지 위해에 빠지도록 하는 것이 다섯번째 불효이다. 그런데 광장에게는 이 다섯 가지 불효 중 해당되는 것이 한 가지도 없어. 그는 부자(父子)간에 선(善)을 행하라고 책망하다가 끝내는 의견이 안맞게 되었던 것뿐이지. 대저 선을 행하라고 책망하는 것은 친구 사이에 할 일이지 부자간에 책망하다가는 중요한 은정(恩情)을 해칠 뿐이란다. 광장 그 사람인들 아내와 자식들과 함께 살고 싶지 않았겠는가만은 아내를 내보내고 자식도 내보낸 다음, 죽을 때까지 그들의 봉양을 받지 못하게 되었어. 광장의 행위는 나쁜 게 아니야."

그러니까 교제를 끊을 필요가 없다고 한 맹자이려니와 다섯 가지 불효는 오늘날에도 되새겨보아야겠다.

부귀와 영달을 찾아헤매는 사람들

그들의 아내와 첩이 그것을 보았더라면 부끄러워하지 않고 울지 않는 자가 극히 드물 것이다.(이루 하)

기처첩불수야 이불상읍자 기희의
其妻妾不羞也 而不相泣者 幾希矣.

제(齊)나라 사람으로서 처와 첩을 한명씩 거느리고 한집에 사는 자가 있었다. 이 사람이 외출하는 날에는 반드시 술과 고기를 실컷 먹고 으스대며 돌아오곤 하므로 그 아내가 누구와 먹고 마시느냐고 물었다. 남편은 벼슬 높고 돈 많은 사람과 먹었노라고 대답하곤 했다. 이상하게 생각한 아내가 첩에게 말했다.

"주인이 나갔다 오면 고기와 술을 실컷 드시고 오는데 누구와 먹었느냐고 물으면 으레 부자와 고관들과 먹었다는 대답이야. 내가 뒤를 밟아봐야겠어. 과연 누구와 그렇게 자시는지 확인해 봐야겠다구."

그리고 일찍 일어나서 남편의 뒤를 따라갔다. 남편은 제나라 도성(都城)을 다 지나가도록 어느 누구와도 인사조차 하지 않았다. 그러더니 교외에 나가서 공동묘지로 갔고 그곳에서 묘제(墓祭) 지내는 묘지를 찾아갔다. 잡담제하고 남은 제불(祭物)을 얻어 먹은 남편은 음식이 모자라는지 사방을 두리번거리다가 다른 묘지에 가서 또 얻어먹는 것이었다. 집에 돌아온 아내는 첩에게 말했다.

"평생동안 의지해야 할 남편인데 따라가보니 그 지경이더라구."

그때 의기양양해서 집에 돌아온 남편은 울고 있는 처첩 앞에서 여전히 으스대고 있었다. 이 이야기를 기록한 다음 맹자는 표제어로 한탄했던 것이다.

하늘은 말을 하지 않는다

하늘은 말을 하지 않는다. (그 사람의) 행위와 (행위에 의해) 생기는 일로 그 뜻을 나타낼 뿐이다.(만장 상)

천불언 이행여사시지이이의
天不言 以行與事示之而已矣.

맹자의 제자인 만장(萬章)이 맹자에게 물었다.
"요(堯)임금이 순(舜)에게 천하를 주었다고 하는데 사실입니까?"
맹자가 대답했다.
"아니다. 천자(天子)는 남에게 천하를 줄 수는 없다. 천하는 천하의 소유이니까……."
"그럼 순임금이 천하를 가지게 된 것은 누가 천하를 그에게 주었기 때문인가요?"
"그것은 하늘이 주신 것이다."
"하늘이 천하를 주셨다는 것은, 하늘이 그에게 그런 말을 하신 것입니까? 천하를 가지라고요?"
이때 맹자가 한 말이 바로 표제어의 구절이다. 만장이 또 물었다.
"행위와 일로써 하늘의 의사를 나타낸다는 것은 어떤 것입니까?"
"천자는 천자의 자격이 있는 사람을 발견하여 하늘에 천거할 수는 있지만 하늘이 그에게 천하를 주도록 만들 수는 없다……. 옛날에 요임금이 순(舜)을 하늘에 천거했는데 하늘이 순을 받아들였고 그를 백성들에게 내놓았는데 백성들이 그를 받아들인 것이다."
민의(民意)가 곧 천의(天意)라는 민의존중 사상, 이것이 곧 맹자사상의 특징이다.

자신이 올곧아야 남을 바로잡는다

나는 여지껏 자신을 굽히고서 남을 바로잡았다는 사람이 있었다는 말을 들어 본 적이 없다. 하물며 자신을 욕되게 해서 천하를 바로잡았다는 사람임에랴.(만장 상)

<small>오미문왕기이정인자야 황욕기이정천하자호</small>
吾未聞枉己而正人者也 況辱己以正天下者乎.

맹자의 제자인 만장(萬章)이 맹자에게 물었다.
"이윤(伊尹)은 탕왕(湯王)으로부터 벼슬자리를 얻기 위해 요리사가 되어 접근했다고 하는데 그것이 사실입니까?"
맹자가 대답했다.
"아니다. 이윤은 유신씨(有莘氏)의 들에서 농사를 지으며 요(堯)와 순(舜)의 도를 즐기고 있었다. 그는 의(義)가 아니고 도(道)가 아니면 온 천하를 녹(祿)으로 주어도 돌아보지 않고, 4천 마리의 말을 주어도 돌아보지 않았느니라. ……탕왕(湯王)이 사람을 시켜 예물을 보내고 그를 초빙하였으나 그는 태연하게 말하기를 '내가 그에게로 간다면 어찌 내가 밭 가운데서 살 수 있을 것인가. 그에게로 간다면 요와 순의 도를 즐기는 것만 하겠는가?'라고 했다는 것이야. 탕왕이 세 번씩이나 그를 초빙하자 이윤은 그제서야 '내가 밭 가운데서 사는 것이 탕왕을 요와 순과 같은 임금으로 만드는 것만 하겠는가? 탕왕을 내가 일깨워주지 않는다면 누가 하겠는가'라며 탕왕에게로 갔고 탕왕으로 하여금 하(夏)나라를 치고 백성들을 구해내도록 했단다."
그런 다음 맹자는 표제어의 말을 했는데 이윤의 사람됨됨이를 설명하면서 의와 도에 따라 살아간 이윤에게 자기자신을 비유코자 했던 맹자이다.

집대성(集大成)한 공자(孔子)

공자는 성인(聖人)으로서 때를 알아서 해나간 사람이었다. 공자 같은 분을 집대성(集大成)했다고 하는 것이다.(만장 하)

孔子 聖之時者也, 孔子之謂集大成.
_{공자 성지시자야 공자지위집대성}

맹자가 백이(伯夷)와 이윤(伊尹)과 유하혜(柳下惠) 등 성인을 평한 다음 공자의 인격을 칭송한 말이다.

백이는 눈으로는 사나운 빛을 보지 않았고 귀로는 사나운 소리를 듣지 않았으며 자기에게 맞는 임금이 아니면 섬기지 않았고 자기에게 맞는 백성이 아니면 부리지 않았으며 다스려지면 나갔고 혼란해지면 물러났다는 것이다. 청렴하고 지조가 높기로 이름 높은 사람이었다.

이윤은 탕왕(湯王)을 도와 하(夏)나라를 쳐부수고 은(殷)나라를 세운 명신(名臣)으로서 '하늘이 백성을 내시되, 먼저 깨달은 사람으로 하여금 뒤늦게 깨닫는 사람을 일깨워주게 하였다. 나는 하늘이 낸 백성 가운데 먼저 깨달은 자이다. 나는 이 도를 가지고 이 백성을 일깨워주련다'라며 백성들을 일깨워주되, 백성 중 필부필부(匹夫匹婦)가 요순(堯舜)의 도에 미치지 못하는 것을, 마치 자기가 그들을 밀어서 도랑 속에 빠뜨린 것처럼 안타깝게 생각했다.

노(魯)나라 대부 유하혜는 더러운 임금 섬기는 것도 부끄러워하지 않았고 작은 벼슬도 사양하지 않았다.

'백이는 성인으로서 밝았던 사람이고, 이윤은 성인으로서 사명을 자인했던 사람이고 유하혜는 성인으로서 온화했던 사람이다.' 맹자는 이들을 이렇게 평한 다음 표제어의 말로 공자를 칭송했던 것이다.

벗을 사귀는 데는……

벗을 사귀는 것이란, 그 사람의 덕(德)을 벗으로 사귀는 것이므로 무엇인가 개재시키는 것이 있어서는 안된다.(만장 하)

우야자 우기덕야 불가이유협야
友也者 友其德也 不可以有挾也.

맹자의 제자인 만장(萬章)이 맹자에게,
"벗 사귀는 것에 대하여 여쭈어보겠습니다."
라고 했을 때 맹자는,
"자기가 연장자인 것을 내세우면 안되고 자기의 신분이 높은 것을 자랑해서는 안되며 자기 형제들의 힘을 과시해서는 안된다."
라고 전제한 다음 표제어의 말을 했다. 그리고 노(魯)나라 경(卿)이었던 맹헌자(孟獻子) 등 실존인물을 예로 들어, 그들의 교우관계(交友關係)를 설명해 나갔는데, 그것은 왕공(王公)의 경우도 마찬가지여서 현인(賢人)을 존중하며 그 덕을 우러르는 것이 벗을 사귀는 근본이어야 함을 강조하고 있다. 그 한 대목을 소개하면 다음과 같다.

'……큰 나라의 국군(國君)일지라도 그렇게 한 예가 있다. 진평공(晉平公)이 해당(亥唐)이라는 현인과 사귐이 그러했다. 진평공은 해당이 들어오라면 들어갔고 앉으라면 앉았으며 잡수시라면 먹었다. 그리고 해당이 대접하는 음식이 비록 보잘것없는 것이라 하더라도 배불리 먹곤 했었다. 그러나 거기서 끝낼 뿐, 하늘에서 내려준 작위(爵位)를 그와 함께 누리지는 않았다. 이는 선비가 현인을 존경하는 것이지, 왕공이 현인을 존경하는 것은 아니었다.'

벗을 사귀는 데는 현인의 덕을 존중해야 한다는 대목이다.

맹자의 사관론(仕官論)

벼슬자리가 낮으면서 하는 말이 고답한 것은 죄이다. 남의 조정에 서있는데 도(道)가 시행되지 아니하는 것은 수치이다.(만장 하)

위비이언고 죄야 입호인지본조이도불행 치야
位卑而言高 罪也. 立乎人之本朝而道不行 恥也.

맹자의 사관론(仕官論)인데 그의 말에 귀를 기울여보자.

"벼슬을 하는 것은 가난하기 때문에 수입을 얻기 위해서만 하는 것이 아니다. 도(道)를 행하기 위함이다. 그러나 때로는 가난하여 부모 봉양을 할 수 없으므로 수입을 얻기 위해 벼슬을 하는 수도 있다. 아내를 맞는 것은 살림을 돌보게 하기 위해서만이 아니다. 자손을 얻는 조상의 제사가 끊어지지 않게 하기 위해서이다. 그런데 가난하기 때문에 벼슬을 하는 자는 (道를 행하기 위함이 아닌즉) 가급적 높은 벼슬자리는 사양하고 낮은 자리를 받을 것이며, 많은 봉록은 사양하고 적은 봉록으로 만족하는 게 좋다. 그러면 어떤 직종이 좋을까? 그것은 관소(關所)의 문지기라든가 야경꾼이 좋겠다."

그리고 맹자는 이런 예화(例話)를 들었다.

"옛날 공자님도 생활을 하기 위해 창고의 출납계를 하신 일이 있는데 '물자의 출입 회계만 맞추면 된다'라 하셨고 또 목축관(牧畜官)을 지낸 일이 있는데 '소와 양이 잘 자라게 하면 된다'라고 말씀하신 적이 있다."

그런 다음 표제어의 말로 끝맺고 있는데 오늘날의 실정과는 안맞는 대목도 없지 않다. 단, 낮은 자리에 있는 자가 고언(高言)을 하지 말라는 구절은 명심해둘 필요가 있다 하겠다.

국군(國君)이 간언을 받아들이지 않으면……

국군에게 과오가 있으면 간(諫)하고 그것을 되풀이해도 안들으면 떠나가 버립니다.(만장 하)

군유과즉간 반복지이불청 즉거
君有過則諫 反覆之而不聽 則去.

제(齊)나라 선왕(宣王)이 경(卿)의 신분에 있는 자는 어떻게 해야 하느냐고 물었다. 맹자가 대답했다.
"전하께서는 어떤 경(卿)에 대해서 물으시는 것입니까?"
"경에도 여러 가지 경이 있나요?"
"예. 경이라 해서 모두 같은 것은 아닙니다. 전하와 동성(同姓)인 경도 있고 이성(異姓)인 경도 있습니다."
"그럼 동성인 경에 대해서 말해 주십시오"
"국군에게 큰 과오가 있으면 간하고 그것을 되풀이해도 들어주지 않는다면 국군의 위(位)를 바꿔 버립니다."
선왕은 그 말을 듣자 발끈하며 안색을 바꾸었다. 맹자가 다시 말했다.
"전하, 전하께서는 이상하게 생각하지 마십시오. 전하께서 저에게 물으시는데 저로서는 감히 바른말로 아뢰지 않을 수가 없었습니다."
다소 안색이 가라앉은 선왕이, 이성(異姓)의 경(卿)에 대해서 다시 물었다. 그때 맹자가 한 대답이 곧 표제어의 구절이다.
이성의 경은 국군이 거듭 과오를 바로잡지 않을 경우 떠나버리지만, 동성의 경은 국군을 쫓아낸다는 것이다. 맹자가 주장하던 혁명론(革命論)의 일단이 그대로 드러나있는 명문장이다.

인간의 성(性)은 선(善)하다

사람의 성(性)이 선(善)한 것은 마치 물이 아래로 내려가는 것과 같다. 사람치고 선하지 않은 사람이 없고, 물치고 아래로 내려가지 않는 물은 없다.(고자 상)

인 성 지 선 야 유 수 지 취 하 야   인 무 유 불 선 수 무 유 불 하
人性之善也 猶水之就下也. 人無有不善 水無有不下.

맹자의 그 유명한 성선설(性善說)이다. 맹자와 같은 시대를 살아가던 사상가인 고자(告子)가 때로는 맹자에게서 배우기도 했는데 어쨌든 이런 의견을 제시했다.

"성(性)은 돌고 있는 물과 같습니다. 그것을 동쪽으로 트면 동쪽으로 흐르고, 서쪽으로 트면 서쪽으로 흐릅니다. 사람의 성에 선함과 선하지 않음의 구분이 없는 것은 마치 이 물에 동쪽과 서쪽의 구분이 없는 것과 같습니다."

이에 맹자가 반론을 펴기 시작했다.

"물에는 정말로 동쪽과 서쪽의 구분이 없는 듯하지만 그렇다고 해서 아래 위의 구분도 없단 말인가?"

그런 다음 표제어의 말을 했고 이어서 다음과 같은 예를 들고 있다.

"이제 물을 쳐서 튀어오르게 하면 사람의 이마를 넘어가게 할 수도 있고 또 물의 흐름을 막아 역류(逆流)시키면 산꼭대기에까지도 물을 끌어올릴 수가 있어. 하지만 그것이 어찌 물의 성(性)이겠나? 외부에서 가해진 힘이 그렇게 만든 것뿐이지. 인간의 성도 때로는 선하지 않게 만들 수 있지만 그것 역시 물의 경우와 마찬가지로 외부의 힘 때문이라네."

만인동성론(萬人同性論)

신발의 크기가 비슷한 것은 온 천하 사람의 발의 크기가 대체적으로 같기 때문이다.(고자 상)

　　이 지 상 사　천 하 지 족　동 야
　　履之相似　天下之足　同也.

맹자가 한 말로서 온 천하 사람들의 성(性)은 모두 같으며 그것은 선(善)이라고 하는 성선설(性善說)의 주장이다. 맹자는 이런 비유의 말부터 시작했다.

"풍년에는 젊은이들 가운데 선(善)을 행하는 자가 많고 흉년에는 젊은이들 가운데 악(惡)을 행하는 자가 많다. 그러나 이것은 풍년과 흉년에 따라 하늘이 인간에게 다른 성질을 주어서가 아니다. 흉년이 들면 물자가 결핍되기 때문에 인간의 본성이 욕망에 이끌리므로 그렇게 되는 것이다."

"이제 보리를 뿌리고 흙을 덮어준다. 그 땅도 같고 뿌린 때도 같다. 보리는 싹이 트고 하지(夏至) 때가 되면 모두 익는다. 그런데 잘 여문 것도 있고 그렇지 못한 것도 있다. 그것은 토지가 비옥한 경우와 토박한 경우, 우로(雨露)를 잘 받은 경우와 그렇지 못한 경우, 농부의 손길이 많이 간 경우와 그렇지 못한 경우 등의 차이임에 불과하다. 그러므로 같은 유(類)의 것이라면 모두 비슷비슷한 법이다. 어찌 사람의 경우에만 다르겠는가? 성인(聖人)도 나와 동류의 사람인 것이다. 그래서 현인인 용자(龍子)는 '치수를 모르는 채 신발을 만들어도 삼태기처럼 큰 것을 만들지는 않았다'라고 말했다."

이 말 다음에 표제어의 말을 했다.

우산(牛山)의 성(性), 인간의 성(性)

인간 속에 들어 있는 성(性)인들, 어찌 인의(仁義)를 따르는 마음이 없겠는가?(고자 상)

<small>수존호인자 기무인의지심재</small>
雖存乎人者 豈無仁義之心哉.

맹자가 제(齊)나라에 있을 때, 제나라 도읍 교외에 있는 우산(牛山)을 예로 들어가며 인간의 성(性)에 대해서 한 말이다.

"옛날, 우산의 초목(草木)은 무성했었다. 그런데 이 우산은 크게 번영한 도읍의 교외에 있었던 까닭에 도끼와 낫에 의해 마구 벌목되었으니 어찌 아름다워질 수 있었겠는가? 그래도 우산에는 나무와 풀뿌리가 남아 있었기에 밤낮으로 자라나고 우로(雨露)의 혜택으로 싹이 돋아났다. 그러나 소와 양을 방목(放牧)하여 그 싹마저 돋아나는대로 모두 뜯어 먹게 함으로써 저렇게 민둥산이 되고 말았다. 그런데 사람들은 그 민둥산을 보고는 그곳에 재목이라고는 있어본 적이 없노라고 생각한다. 하지만 그것이 어찌 산의 성(性)이겠는가?"

이렇게 말한 다음 표제어의 말로서 인간의 성(性)에 대해서 말했고 이어서 이런 말로 인간의 성에 대해 부연설명을 하고 있다.

"사람이 자기 양심을 내버리는 것은 마치 도끼와 낫으로 우산의 나무를 베어내는 것과 마찬가지이다. 날마다 찍어내는데 어찌 아름다워질 수가 있겠는가?"

민둥산이 된 우산(牛山)과 황폐화되면 짐승과 가까워지는 것이 인간의 성(性)이란 비유가 마음에 와닿는다. 오늘도 우리의 본성은 무엇인가에 의해 찍혀져서 황폐화되고 있는 것은 아닐까?

현인(賢人)만이 잃지 않는 것

현인만이 그런 마음을 가지고 있는 게 아니라 사람이면 모두 가지고 있다. 현인은 그 마음을 잃지 않는다는 것뿐이다.(고자 상)

비독현자유시심야　인개유지　현자능물상이
非獨賢者有是心也. 人皆有之 賢者能勿喪耳.

역시 맹자가 한 말로서 현인만이 의(義)롭게 살아갈 수 있는데 그것은 인간 누구나가 의롭게 살아가야겠다는 마음을 가지고 있으나 어떤 경우에도 그런 마음을 잊지 않는 것은 현인뿐이기 때문이라고 했다.

"……사는 것도 내가 원하는 바이고 의(義)도 내가 원하는 바이다. 이 두 가지를 동시에 얻을 수 없다면 사는 것을 버리고 의를 취한다. 사는 것 역시 내가 원하는 것이지만 사는 것보다 더욱 원하는 것, 즉 의(義)가 있기 때문이다. 그러기에 의를 배반하고 삶을 취하지는 않는 것이다. 죽음은 내가 싫어하는 것이지만 죽음보다 더 싫어하는 것이 있다. 즉 불의(不義)가 그것인데 비록 죽음의 환난이 닥쳐오더라도, 불의한 짓까지 해가면서 죽음을 피하지는 않는다.

만약 사람의 원하는 바가 삶보다 더한 것이 없다고 한다면 무릇 살 수 있는 방법이라면 어떤 방법인들 쓰지 않겠는가? 사람이 싫어하는 바가 죽음보다 더한 것이 없다고 한다면 무릇 죽음을 피하기 위해서는 어떤 방법도 쓰지 않겠는가?…… 그러므로 원하는 바가 삶보다 더한 것이 있고 싫어하는 바가 죽음보다 더 심한 것이 있다."

그런 다음 표제어로 이 구절을 끝내고 있거니와 인생에 있어 삶과 죽음보다 더 값진 것이 있음과 현인은 그것을 언제나 잊지 않는다는 것이다.

소리(小利)와 대리(大利)

그렇게 하는 것을 자기 본심을 잃었다고 하는 것이다.(고자 상)

此之謂失其本心.
_{차 지 위 실 기 본 심}

맹자의 이야기는 계속해서 이어진다.
"한 대나무 그릇의 밥과, 한 나무 그릇의 국을 얻으면 살고, 그것을 얻지 못하면 죽는 경우라 하더라도 '옛다!'하고 내주면 비록 길을 걸어가던 범인(凡人)도 받지를 않을 것이며, 발로 차서 주면 비록 거지도 받지 않을 것이다. 그런데 만종(萬鍾)이나 되는 대록(大祿)이라면 예의에 맞건 맞지 않건 간에 이것을 태연하게 받는다.

이 만종의 큰 녹을 받는다 하더라도 도대체 그 자신에게 무엇을 어느 정도나 보탤 수가 있단 말인가? 설마 자기 혼자서 그것을 다 써버리지는 않을 것이다. 그렇다면 그 거금은 주택을 화려하게 꾸미는 데 사용될 것이고, 처첩(妻妾)을 풍요롭게 거두는 데 사용될 것이고, 궁핍한 지인(知人)이 도움을 청하는 경우 그 사람에게 은혜를 베풀기 위해서도 사용될 것이다.

먼저는 자신이 굶어죽게 되었건만 의(義)에 안맞는 음식은 받지 않겠다며 안받았는데도 지금은 주택을 화려하게 꾸미기 위해 의(義)·불의(不義)를 가리지 않고 돈을 받는다. 먼저는 굶어 죽어도 불의한 음식을 받지 않았건만 지금은 처첩을 거두기 위해 불의한 돈을 받는다. 먼저는 굶어 죽어도 불의한 음식을 받지 않았는데 지금은 궁핍한 지인(知人)을 위해 불의한 돈을 받는다. 이는 부득이한 일일까?"
그리고 표제어의 말로 이 구절을 끝맺고 있다.

맹자의 학문관(學問觀)

학문을 하는 길은 다른 것이 아니다. 잃어버린 본심을 찾아내는 것일 따름이다.(고자 상)

<small>학문지도무타 구기방심이이의</small>
學問之道無他. 求其放心而已矣.

맹자가 풀이하고 주장한 학문관이다. 여기서 방심(放心)이란 사람이 그 본심(本心)을 잃는다는 뜻이며 본심이란 인의예지(仁義禮智)를 갖춘 양심(良心)을 가리킴이다. 맹자는 이렇게 말했다.

"인(仁)은 본디부터 사람의 마음속에 있는 것, 즉 사람의 본심이며, 의(義)는 사람이 걸어가야 하는 정도(正道)이다. 걸어가야 할 길을 버리고 또 그 본심을 잃어버린 채 그것을 찾을 줄 모르는 것은 실로 슬픈 일이다. 사람은 자기가 기르고 있는 닭이나 개가 없어지면 즉시로 그것을 찾아헤맬 줄은 알면서도 자신의 본심이 어디론가 사라져 없어져도 그것을 찾아올 줄을 모른다."

그리고 이어서 한 말이 표제어의 구절이다. 즉 학문이란 별다른 것이 아니고 어려운 것도 아니다. 그 잃어버린 본심을 찾아내고자 하는 것이 곧 학문이라고 맹자는 결론짓고 있다.

이 맹자의 학문론(學問論)은 주목해야 하는 대목이다. 사람의 본심인 인의예지를 항상 잃어버리지 않도록 힘쓰되 만약에라도 잃어버린 후에는 되찾으려고 힘쓰는 것, 바로 이것이 학문이라고 했다. 따라서 인간 본성의 전적(全的) 조수존양(操守存養)이 맹자의 학문인 것이다. 그리고 이것은 또 중국 고래(古來)의 학문적 본질이자 특색이기도 하다.

큰 것과 작은 것을 구별해야……

손가락이 남과 같지 않으면 그것은 싫어할 줄 알면서, 마음이 남과 같지 않으면 그것을 싫어할 줄 모른다.(고자 상)

지불약인 즉지오지 심불약인 즉부지오
指不若人 則知惡之, 心不若人 則不知惡.

역시 맹자가 한 말로서 수양(修養)을 권고한 대목이다. 맹자는 이렇게 허두를 꺼내고 있다.

"이제 무명지(無名指)가 구부러져 있어서 펴지지 않는 사람이 있다고 하자. 특별하게 아파서 일을 할 수 없는 처지는 아니다. 그러나 만약 이 손가락을 능히 펴줄 수 있는 의사가 있다면, 진(秦)나라 초(楚)나라의 먼나라라 하더라도 멀다 하지 않고 찾아가서 고치려고 할 것임에 틀림없다. 그것은 손가락이 다른 사람과 같지 않기 때문이다."

그런 다음 맹자는 표제어의 말을 하고, 이렇게 끝맺고 있다.

"이런 것을 가리켜 유추(類推)할 줄 모른다고 하는 것이다."

즉 손가락이 구부러져 남과 같지 않은 것은 고치려고 애쓰면서, 마음이 비뚤어져 남과 같지 않은 것은 문제삼지 않는 것은 큰 모순이 아니냐는 뜻이다. 작은 것, 말단적(末端的)인 것에 대해서는 걱정 근심을 하면서도 큰 것, 근본이 되는 것은 방치하는 인간들의 모순을 지적하여 본말(本末)의 전도를 경계하고 있다.

《맹자》 주석(注釋)의 권위자인 후한(後漢)시대의 조기(趙岐)가 주석한 이 장(章)의 주해요지에는 '큰 것을 버리고 작은 것을 좇는 것은 그 요점을 모르는 것이다. 손가락은 근심하면서 마음을 잃어버리는 것은 도(道)에 어긋난다'라고 하였다.

소인(小人)과 대인(大人)의 차이(1)

작은 부분을 기르는 사람은 소인(小人)이 되고, 큰 부분을 기르는 사람은 대인(大人)이 된다.(고자 상)

양기소자 위소인 양기대자 위대인
養其小者 爲小人 養其大者 爲大人.

역시 자기 수양을 철저하게 하라는 맹자의 권고이다. 맹자는 이렇게 서두를 꺼내고 있다.

"사람은 자기 몸에 대해서는 어느 부분이든 모두 아낀다. 그 어느 부분이든 모두 아끼고 있으니 어느 부분이든 다 기르고 있는 것이다. 즉 한 자라든가 한 치 정도의 피부라 하더라도 그것을 아끼지 않는 것이 없으니, 한 자나 한 치의 피부까지도 모두 기르고 있는 것이다. 그러나 그 기르는 방법에는 잘하는 것과 잘못하는 것의 차이가 있는데 그것은 모두 자기 안에서 결정짓게 마련이다.

대저 사람의 몸에는 귀한 부분이 있는가 하면 천한 부분도 있다. 또 큰 부분이 있는가 하면 작은 부분도 있다. 귀하고 큰 부분은 마음과 뜻 등이며 천하고 작은 부분은 입과 배 등이다. 몸을 기르는 데 있어서는 작은 부분을 기르기 위해 큰 부분을 해치는 일이 있어서는 안되며, 또 천한 부분을 기르기 위해 귀한 부분을 해치는 일이 있어서는 안된다."

그리고 맹자는 이어서 표제어의 구절을 말했던 것이다. 몸의 어느 부분도 아끼고 길러야 하겠지만 먹는 것에만 비중을 두고 마음의 수양을 게을리해서는 안된다는 것이 맹자의 진의(眞意)이다.

소인(小人)과 대인(大人)의 차이(2)

자기의 큰 몸을 따라가면 대인(大人)이 되고, 자기의 작은 몸을 따라가면 소인(小人)이 된다.(고자 상)

종기대체위대인 종기소체위소인
從其大體爲大人 從其小體爲小人.

역시 맹자가 한 말인데 이해하기 쉽게 의역하면 다음과 같은 뜻이다. '그 인간이 지닌 본심에 따라 행동하면 대인이 되고, 이목(耳目)·구복(口腹) 등의 욕망에 사로잡히어 행동하면 소인이 되는 것이다.'
이 이야기는 맹자의 제자인 공도자(公都子)가 맹자에게,
"다 같은 사람인데 어떤 사람은 대인이 되고 어떤 사람은 소인이 되는 것은 무슨 까닭입니까?"
라고 물었을 때 맹자가 대답한 내용이다. 공도자는 계속해서 물었다.
"나 같은 사람인데 어떤 사람은 본심을 그대로 따르고 어떤 사람은 이목(耳目)의 욕망에 끌리는 것은 어찌된 일입니까?"
맹자는 대답했다.
"이목과 같은 관능(官能)은 생각하는 일없이 물욕(物欲)에 금방 움직이고 만다. 외부로부터 성색(聲色) 등의 사물이 이목에 들어오면 생각하는 힘이 없고 이목은 즉시로 그것에 이끌리어 움직이고 만다. 그런데 마음의 관능은 그것과는 달라서 생각하는 기능을 한다. 생각을 하기만 하면 사물의 참된 도리를 깨달을 수가 있는데 생각하지 않을 때는 사물의 도리를 알 수가 없어서 욕망에 끌리게 되는 것이다."
마음의 관능에 따르고 욕망에 이끌리지 않는 것만이 대인(大人)이 되는 첩경이라고 맹자는 주장하고 있다.

천작(天爵)과 인작(人爵)(1)

천작이라는 것이 있고 인작이란 것이 있다. 인의충신(仁義忠信)과 선(善)을 즐기되 지치지 않는 것은 천작이다.(고자 상)

유천작자 유인작자   인의충신 낙선불권 차천작야
有天爵者 有人爵者. 仁義忠信 樂善不倦 此天爵也.

천작(天爵)이란 하늘이 내린 작위(爵位)이다. 즉 인의충신(仁義忠信)의 덕을 쌓으면 사람들로부터 존경받는 것을 가리킨다. 그것을 일종의 작위로 본 것이다. 인작(人爵)은 사람이 주는 작위, 즉 공경(公卿)·대부(大夫) 등을 가리킴이다.

이 역시 맹자가 한 말로서 다음과 같이 이어진다.

"공경·대부 등의 작위는 사람이 준 인작이다. 옛날 사람들은 그 천작을 수양하여 몸에 익히기에 힘을 썼거니와 그렇게 하면 인작은 그것에 따라 자연히 주어졌던 것이다. 그런데 오늘날의 사람들은 인작을 얻기 위한 수단으로 천작을 수양하는데 이미 인작을 얻게 되면 천작을 버리고 만다. 그러나 이것은 심히 미혹당한 자의 소치이다. 그런 짓을 하다가는 마침내는 반드시 인작까지도 잃고 말 것이니 말이다."

맹자의 지적은 실로 날카롭거니와 《맹자》 주석(注釋)의 권위자인 후한(後漢)시대의 조기(趙岐)는 다음과 같이 주석하고 있다.

'옛날에는 천작을 받고 스스로 그것을 즐거워했다. 지금은 인작을 요구하고 얻기 위해서 당세(當世)의 사람을 꾄다. 인작을 얻고 나서 천작을 버리는 것은 정도(正道)에서 꺼리는 것이다. 미혹되어 멸망을 초래하는 것은 소인이 하는 짓이다.'

천작(天爵)과 인작(人爵)(2)

고귀한 것을 원하는 마음은 사람마다 모두 같다. 사람은 모두 자기자신보다 고귀한 것, 즉 천작(天爵)을 가지고 있는데 그것을 생각하지 않는 것뿐이다.(고자 상)

<small>욕귀자인지동심야   인인유귀어기심 불사이</small>
欲貴者人之同心也. 人人有貴於己心 弗思耳.

맹자가 한 말로서 좀더 이해하기 쉽게 의역하면 다음과 같다.
'고귀한 것을 원하고 바라는 것은 누구나 다 마찬가지이다. 그런데 사람들은 모두 자기자신이 그 고귀함, 즉 천작을 가지고 있다. 그렇건만 그것을 알지 못하는 것은 자기자신의 내부를 살피면서 깊이 생각하지 않기 때문이다.'
그리고 맹자는 이렇게 설명해 나가고 있다.
"사람들이 귀하게 여기는 인작(人爵) 따위는 진짜로 고귀한 것이 아니다. 예컨대 진(晋)나라의 권력자인 공경(公卿) 조맹(趙孟)이 고귀하게 만들어 주는 것은, 또한 조맹이 천하게 만들어 줄 수도 있다(이처럼 人爵이란 것은 믿을 게 못된다). 《시경》에 '이미 술에 취해 버렸고 이미 덕에 배불러 버렸노라'고 했는데, 덕에 의해 배불렀다는 것은 인의(仁義)의 덕, 다시 말해서 천작을 충분히 받았다는 것을 의미한다.
 천작을 충분히 받았다면 인작 따위에는 관심도 없을 것인즉, 따라서 고량진미(膏粱珍味) 따위를 바라거나 기웃거릴 까닭도 없다. 이런 사람에게는 좋은 평판이라든가 명예가 따를 것이니 인작적(人爵的)인 꾸민새 따위에는 전혀 관심조차 없고 남의 호의호식도 안중에 없을 것이다."

도(道)는 끝까지 행해야……

인(仁)이 불인(不仁)을 이긴다는 도리는 마치 물이 불에게 이기는 것과 같다.(고자 상)

_{인 지 승 불 인 야   유 수 승 화}
仁之勝不仁也 猶水勝火.

역시 맹자가 한 말로서 다음과 같이 이어진다.
"그런데 오늘날 인(仁)을 행하는 자는 사소한 인을 행하면서 그것으로 불인(不仁)을 이기고자 하고 있으니, 그것은 마치 한 잔의 물로 한 수레 가득 실어놓은 땔나무에 붙은 불을 끄려고 하는 것과 같다. 그런즉 꺼지지 않는 것도 당연한 일이잖은가? 그런데 이처럼 꺼지지 않으면 그 즉시로, 물은 불에 이기지 못한다고 하니 그것은 실로 억지가 아닐 수 없다. 이것은 불인에 편드는 것이 아주 심한 일로서 종당에는 그 사소한 인(仁)마저 반드시 잃게 되고야 만다."

사소한 인(仁), 대수롭지 않은 인(仁)을 행하는 자가, 불인(不仁)이 타도되지 않는다며 인(仁)의 무용론(無用論) 내지는 무력론(無力論)을 내세우는 사람에 대한 비판이다.

물과 불의 비유, 그리고 '물이 불에 이기지 못한다' 등을 교묘하게 인용하고 있는데 그 점도 주목할 만한 대목이다. '물은 불에게 이긴다'란 것은 당시의 오행관(五行觀)도 엿볼 수 있는 대목이고 ―.

덕을 쌓고 인을 실천하는 것은 끝까지 해야 하는 것으로서 도중하차 하는 것은 그동안 지니고 있었던 소덕(小德)·소인(小仁)마저 잃게 된다고, 주의를 환기시키는 대목이다. 맹자다운 교훈으로서 오늘날에도 설득력을 가지는 구절이다.

여물지 않는 곡식은 버려진다

오곡(五穀)은 종자(種子) 중 좋은 것들이다. 만약에 그것이 여물지 않는다면 비름과 피만도 못하다.(고자 상)

<small>오곡자 종지미자야 구위불숙 불여이패</small>
五穀者 種之美者也. 苟爲不熟 不如荑稗.

이(荑)는 비름, 패(稗)는 피, 모두 곡식을 해치는 잡초들이다.
역시 맹자가 한 말로서 다음과 같이 이어진다.
"인(仁)도 역시 이와 같아서 그것[仁]을 여물게 하는 데 달려 있을 따름이다."

다시 말해서 인(仁), 즉 유가(儒家)에서 주장하는 도(道)의 근본인 인(仁)도 이와 같아서 그것이 귀한 까닭은 그것을 성숙케 하는 데 있는 것이며, 충분히 성숙되지 않으면 다른 도(道 : 道家·墨家 등)의 성숙된 것에 미치지 못한다는 것이다.

《신약성경》〈마태복음〉 3장 10절에도, 세례 요한이 한 말이라며,
'이미 도끼가 나무 뿌리에 놓였으니 좋은 열매 맺지 아니하는 나무마다 찍어 불에 던지우리라.'
고 한 구절이 있거니와, 아무리 좋은 나무, 즉 인간이 주식으로 하는 오곡(五穀 : 벼·수수·보리·기장·팥)일지라도 열매를 맺고 그것이 여물지 않는다면 아무런 가치가 없다는 것이다. 인(仁)도 이와 같아서 결실을 하지 못하고 도중에 포기하는 인(仁)은 아무 쓸모가 없다고 했다.

공(功)은 이룩하게 될 무렵에 훼멸되기 일쑤이고 사람의 가치는 끝마무리를 신중히 하는 데 달려 있다. 인(仁) 역시 실천하면 반드시 성취를 기해야 한다는 교훈이다.

도(道)는 큰길을 가는 것과 같이 쉬운 것

도는 큰길과 같은 것인데 어찌 알기 어렵겠소? 사람들이 그것을 찾지 않는 게 문제일 뿐이다.(고자 하)

부도약대로연 기난지재 인병불구이
夫道若大路然. 豈難知哉. 人病不求耳.

조(曹)나라 국군(國君)의 동생인 조교(曹交)와 맹자가 나눈 대화의 한 토막이다. 조교가 물었다.
"사람은 모두 요순(堯舜)이 될 수 있다는 게 사실입니까?"
"그렇소."
"문왕(文王)·무왕(武王)은 모두 9척이 넘는 장신이었다는데 저도 9척 4촌의 키입니다. 그렇건만 저는 곡식이나 축내고 있으니 어찌된 일입니까?"
"요순과 같은 성인이 되는 것과 신장과는 아무 상관도 없소. 오직 요순이 걸었던 길을 걸어가면 되는 것이오. 여기 한 사람이 있는데 그 사람의 힘이 병아리조차도 들어올리지 못한다면 세상 사람들은 그를 힘이 없는 사람이라고 할 것이오. 이에 비하여 이제 1백 균(鈞)을 들어올리는 사람이 있다면 세상 사람들은 그를 힘이 센 자라고 할 것이외다. 그런즉 옛날의 역사(力士)인 오획(烏獲)이 들어올린 정도의 짐을 들어올린다면 이 사람을 가리켜 오획과 같다고 할 것이오. 요컨대 사람들은 생각하기를 자기는 그런 일을 할 수 없다며 대개는 포기하는 데에 문제가 있소이다."
그리고 맹자는 표제어의 말을 했던 것인데 능히 해낼 수 있는 일도 자기는 불가능하다며 좌절하는 사람들을 일깨워준 교훈이다.

군자(君子)가 임금을 섬기는 법

군자가 임금을 섬기는 법은 힘써 그 임금을 이끌어 도(道)에서 벗어나지 않게 하고 항상 인(仁)에 뜻을 두도록 하는 것이다.(고자 하)

군자지사군야 무인기군 이당도지어인이이
君子之事君也 務引其君 以當道志於仁而已.

맹자가 노(魯)나라에 있을 때의 이야기이다. 노나라에서 신자(愼子: 愼滑釐)에게 장군의 직책을 주어 제(齊)나라를 공격하려고 했다. 맹자가 신자에게 말했다.

"백성들을 가르치지 아니하고 함부로 전투에 내모는 것은 결국 백성들을 재앙에 빠뜨리는 것이외다. 그것은 요순(堯舜)의 세상에서는 용납되지 않는 일이구요. 설령 한 차례 싸워서 제(齊)나라에게 이기고 남양(南陽) 땅을 차지한다 하더라도 그것은 안될 일이오."

신자는 이 말을 듣자 발끈 화를 냈다.

"그런 일은 내 일 바가 아니오."

"그렇다면 내가 그 이유를 설명해 드리리다. 천자(天子)의 나라는 사방 천리로 정해져 있소이다. 왜냐하면 사방 천리 정도가 아니면 제후들을 대접하기 어렵기 때문이지요. 제후의 토지는 사방 백리로 정해져 있소 왜냐하면 사방 백리가 안되면 종묘의 제사와 종묘의 전적(典籍)을 지켜내는 수입이 부족되기 때문이오……. 그런데 오늘날 노나라는 사방 백리의 5배나 되는 영토를 가지고 있소이다. ……그냥 저 나라에서 영토를 받아다가 이 나라에 주는 것도 군자는 하지 않는 일이어든 하물며 군대를 내어 싸워서 영토를 빼앗으려 한다니……."

요긴대 침략적 군국주의는 왕도(王道)에 어긋난다는 논리이다.

임금을 바로 섬기려면……

지금의 방법에 따르고 지금의 습속을 고치지 않는다면 천하를 준다 하더라도, 단 하루 아침도 그것을 지탱해내지 못한다.(고자 하)

<small>유금지도 무변금지속 수여지천하 불능일조거야</small>
由今之道 無變今之俗 雖與之天下 不能一朝居也.

창왕(唱王), 즉 왕도정치의 권유와 배패(排覇), 즉 패도정치의 배척을 내세웠던 맹자 사상(思想)의 일단을 피력한 구절이다. 맹자는 이렇게 허두를 꺼내고 있다.

"오늘날 제후를 섬기는 자는 모두 '나는 군주를 잘 섬기기 때문에 토지를 개간하여 조세(租稅)를 증수(增收)하고 부고(府庫)를 가득 채우게 했다'며 자랑하고 있다. 그리고 이런 자를 세상에서는 양신(良臣)이라고 하는데 그러한 오늘날의 양신은, 실은 옛날의 이른바 백성들의 도적이다. 군주가 정도(正道)를 걷지 않고, 인(仁)에 뜻을 두지 않고 있건만 그것을 바로잡아 주려고 하지 않고 오로지 부유하게 해주기 위해서만 마음을 쓴다. 이는 옛날의 폭군(暴君)인 걸왕(桀王)을 부유케 해주는 것과 같다."

이어서 맹자는 오늘날 제후를 섬기는 지는 자기 군주를 위해 동맹국과 손을 잡고 다른 나라와 싸우면 반드시 이긴다고 자랑하는데 이 역시 백성들의 도적이며 옛날의 폭군인 걸왕을 돕는 것과 다를 바가 없다고 했다. 그러나 그들도 양신(良臣)이라고 일컬어지는데 이런 오늘날의 못된 습속과 생각이 바뀌지 않는 한 나라는 어지러워지고 백성들은 곤경을 겪어야 한다며 개혁을 외치고 있는데 그 바탕에는 맹자의 민본사상(民本思想)이 깔려 있다.

치국(治國)의 근본은 선(善)이다

아는 체하는 목소리와 안색은 사람들을 천 리 밖으로 물러나게 만든다. (고자 하)

<small>이 이 지 성 음 안 색　거 인 어 천 리 지 외</small>
訑訑之聲音顏色　距人於千里之外.

노(魯)나라에서 맹자의 제자인 악정자(樂正子)에게 정치를 맡기려고 했다. 그 말을 들은 맹자는,
"나는 어찌나 기쁘던지 밤에 잠을 자지 못했다."
라고 말했다. 그러자 제자인 공손추(公孫丑)가 물었다.
"악정자는 그토록 야무진 사람인가요? 일을 잘 처리할 만한 인물입니까?"
"아니다, 그렇지는 않다."
"그럼 그는 지혜 분별력이 뛰어난가요? 박문다식(博聞多識)한가요?"
"아니다, 그런 사람이 아니다."
"그렇다면 선생님께서는 왜 그토록 기쁘시어 잠을 못이루신 건가요?"
"악정자는 나름대로 선(善)을 좋아하기 때문이다."
"선을 좋아하면 나라를 충분히 다스릴 수 있는 것입니까?"
맹자가 위엄을 갖추며 대답했다.
"선을 좋아하면 천하를 다스리는 데도 여유가 있을 것인즉 노나라쯤 다스리는 일일까 보냐? 그러나 선을 좋아하지 않는 자가 정치를 하면 사람들은 '아는 체하는 그의 말을 나는 벌써 알아차렸네'라고 할 것이다."
그리고 이어서 한 말이 표제어의 말로서 정치하는 자가 자기 지혜에 만족하고 오만해지면 그 나라는 다스려질 수 없다고 결론을 내렸다.

사관(仕官)과 퇴관(退官)의 조건

벼슬살이를 나가는 경우가 세 가지 있고, 벼슬에서 물러나는 경우가 세 가지 있다.(고자 하)

_{소 취 삼   거 취 삼}
所就三 去就三.

신자(愼子 : 魯나라의 신하)가 맹자에게 물었다.
"옛날의 군자는 어떤 경우에 벼슬길에 나아갔습니까?"
맹자가 대답했다.
"옛날의 군자가 벼슬길에 나아가는 데는 세 가지가 있었소. 또 벼슬을 그만두고 물러나는 데도 세 가지가 있었지요. 첫번째는 군주가 그 사람을 맞는 데 경의를 표하되 예(禮)에 맞도록 하며 '그대의 말은 장차 반드시 행하겠다'고 하면 벼슬을 했소. 이 경우, 군주가 예의는 차리나 자기 말이 받아들여지지 않으면 곧 물러났소이다. 두번째는 군주가, '그대의 말은 시행하리다'라는 말을 하지 않더라도 경의를 표하여 받아주고 예의를 갖추어 대한다면 벼슬길에 나아갔소이다. 이 경우 군주의 예의가 쇠해지면 곧 벼슬자리에서 물러났었소.

끝으로 조석을 굶어 출입도 마음대로 할 수 없을 때, 군주가 그 말을 전해 듣고 '과인은 그의 도(道)를 실천할 수는 없고 또 그의 말을 실천할 수는 없지만, 과인의 영토 안에서 굶어죽게 만든다는 것은 과인의 수치이다'라며 녹을 주어 구제코자 한다면 그런 녹은 받았었소이다. 그러나 이 경우는 아사(餓死)만 면하면 되는 것이므로 많은 녹은 바라지 않았고 또 가급적 빨리 떠났다오."
출처진퇴에 유달리 신경을 썼던 맹자임을 알 수 있는 구절이다.

하늘은 단련시킨 후에 그 사람을 쓴다

우환 속에서는 살고 안락 속에서는 멸망한다는 것을 알게 된다.(고자 하)

<small>지 생 어 우 환   이 사 어 안 락 야</small>
知生於憂患 而死於安樂也.

맹자가 한 말로서 성전적(聖典的)이고 격조가 아주 높은 명구이다. 맹자는 역대 성인(聖人)들의 불우했던 과거사들을 열거하면서 이 구절의 허두를 꺼낸다.

"순(舜)임금은 농사짓다가 요(堯)임금의 눈에 띠어 발탁되었고 부열(傅說)은 도로공사하는 일터에서 은(殷)나라 고종(高宗)에게 발탁되었다. 교력(膠鬲)은 소금과 생선을 팔다가 주문왕(周文王)에게 발탁되었고 관이오(管夷吾)는 갇혀 있는 몸에서 제환공에게 발탁되었다. 손숙오(孫叔敖)는 바닷가에서 숨어 살다가 초장왕에게 발탁되었고 백리해(百里奚)는 시중에 숨어 살다가 진목공(秦穆公)에게 발탁되었다."

그런 다음 맹자는 하늘의 뜻을 설명한다.

"하늘에서 그런 사람들에게 큰일을 맡기는 명(命)을 내릴 때면 반드시 그들의 마음과 뜻을 괴롭히고 그들의 근골(筋骨)을 수고롭게 하며 그 몸을 굶주리게 하고 그들에게 아무것도 없도록 하여, 그들이 하는 일이 하고자 하는 일과 어긋나게 함으로써 곤경에 빠지도록 한다. 그것은 그들을 발분(發憤)시키고 인내력을 기르게 하여 그 결과 지금까지 잘해내지 못했던 일도 해내는 능력을 길러주어, 대임(大任)을 맡기는 데 부족함이 없는 인물로 키우기 위함이다……."

그런 다음에 표제어로 끝맺고 있는 이 명언은 인간수련(人間修鍊)의 금과옥조(金科玉條)이다.

하늘을 섬기는 방법

자기 마음을 살피고, 자기 본성(本性)을 기르는 것이 하늘을 섬기는 방법이다.(진심 상)

　　존기심　양기성　소이사천야
　　存其心　養其性　所以事天也.

맹자 철학의 본원(本源)이 되는 명언이다. 맹자는 이렇게 허두를 꺼내고 있다.
"인간의 마음, 즉 인(仁 : 惻隱), 의(義 : 羞惡), 예(禮 : 辭讓), 지(智 : 是非)의 사단(四端)을 확충(擴充)·존양(存養)해 나가는 사람은 인간의 본성이 어떤 것인지, 다시 말해서 인간의 본성은 선한 것이며, 그것은 하늘로부터 받은 것임을 알게 된다. 그리고 인간의 본성이란 어떤 것인지, 또 어디서 나온 것인지 알게 되면 그 본성을 준 하늘의 마음이 어떤 것인지를 알게 된다."
그런 다음 표제어의 말을 했는데 의역하면 다음과 같다.
'인간이 본시 갖추고 있는 마음의 싹인 측은·수오·사양·시비의 마음을 잃지 않기 위해 노력하고 인간의 이런 본성을 길러나가는 사람은 하늘의 의지에 따르는 것이며 곧 하늘을 섬기는 것이기도 하다.'
그리고 맹자는 이렇게 결론을 짓고 있다.
"그런데 인간에게는 수명이 짧아서 일찍 죽는 자도 있거니와 장수하는 사람도 있다. 그러나 그런 것에는 의심을 두지 말고 오로지 내 몸의 수양에 힘쓰되 그런 다음에는 요절을 하든 장수를 하든 간에 천명(天命)을 기다리는 것, 그것이 천명을 지키는 방법이다."
실로 동양철학의 백미(白眉)라고 해야겠다.

천명(天命)을 아는 사람

천명을 아는 사람은 돌담 밑에 서지 아니한다.(진심 상)
　　지 명 자　불 립 호 암 장 지 하
　　知命者 不立乎巖牆之下.

인간의 체관(諦觀)이 깃들어 있는 구절로서 성전(聖典)과 같은 명구이다. 맹자는 이렇게 허두를 꺼내고 있다.

"길흉화복(吉凶禍福) 등은 모두 천명(天命)이 아닌 것이 없지만 그 중, 인간이 아무 짓도 아니하였는데도 하늘이 내리는 것을 진짜 천명이라고 하며 사람은 누구나 이 진짜 천명을 솔직하게 받아들이지 않으면 안된다."

그리고 표제어의 구절을 말했는데 쉽게 의역하면 다음과 같다.

'그런 고로 천명을 바로 아는 사람은 일부러 돌담 밑에 서서, 애석하게 죽지 않아도 되는 목숨을 버리는 짓은 하질 않는다.'

그런 다음 맹자는 이런 결론을 내리고 있다.

"생각컨대 해나가야 할 도(道)를 충분히 다해 나간 다음에 죽는 것, 그것은 자연적으로 찾아오는 것이며 진짜 천명이다. 그런즉 평안하게 따를 일이다. 그런데 일부러 죄를 범하고 질곡 속에서 죽어가는 것, 그것은 진짜 천명이 아니다."

세상사 모든 것이 천명이 아닌 것이 없다. 하지만 그렇다 하더라도 자연이 가져다주는 천명에 따르는 수밖에 없다. 지키고 행하여야 할 도(道)에 최선을 다하고 죽어야 할 때는 죽어야 한다. 그것이 곧 진짜 천명이란 것이다. 그러나 이것은 일반적 원리이며 특별한 원리도 있다. 인(仁)을 위해서는 돌담 밑에 서있어야 하는 경우도 있는 것이다.

부귀영화보다 인의예지를 구하라

구하면 얻게 되고, 버려두면 잃게 되는 것인 경우에는 구하는 것이 얻는 데 유익이 된다.(진심 상)

구즉득지 사즉실지 시유익어득야
求則得之 舍則失之 是有益於得也.

맹자가 한 말로서 좀더 이해하기 쉽게 의역을 하면 다음과 같다.
'구하면 얻을 수가 있는데 팽개쳐 두면 잃는 것이 있다. 그 경우에는 구하면 얻을 수가 있는 것이므로 구하는 편이 얻는 데 도움이 된다.'
그리고 맹자는 이렇게 이어간다.
"대저 이것은 본디 자기자신이 지니고 있는 것을 구하는 것인데 자기자신이 지니고 있는 것이란 인의예지(仁義禮智) 등 이른바 천작(天爵), 다시 말하여 하늘이 내린 벼슬이요, 본성인 것이다. 이것에 반(反)하여 구하는 데는 그것에 상응하는 지름길이란 것이 있으며, 얻는 데에 있어서도 천명(天命)이란 것이 있어서 자기 마음대로만 되지는 않는다. 이런 것은 구한다 하더라도 반드시 얻어진다는 보장이 없으려니와, 구한다는 것 자체가 얻는 데에 그다지 도움이 안되기 때문이다. 이것은 자기자신의 외부에 있는 것을 구하기 때문인데, 자기자신의 외부에 있는 것이란, 부귀와 영화 등 이른바 인작(人爵), 다시 말해서 사람이 주는 작록(爵祿)을 가리킴이다."
사람들이 부귀영화를 구할 줄은 알면서도 인의예지를 구할 줄은 모른다. 외부에 있는 부귀영화를 구하는 것보다 내부에 있는, 즉 본성으로 받은 인의예지를 구하는 편이 훨씬 더 그 자신에게 유익하고 얻기 쉬운데도 말이다. 맹자의 날카로운 지적이다.

내 안에 만물의 이치가 있어

모든 사물의 이치는 나에게 갖추어져 있다.(진심 상)

萬物皆備於我矣.
만 물 개 비 어 아 의

맹자의 물아일체관(物我一體觀)을 설명한 대목이다. 맹자는 다음과 같이 이어나간다.

"그러므로 자기자신을 반성해보되, 자기의 본성에 갖추어져 있는 도리가, 모두 성실하여 선(善)을 이루고 있는 것을 보게 되면 기뻐하고, 악을 이루는 것을 보면 미워하는데 이런 정도라면 그 이상의 큰 즐거움은 없다. 또 거기까지 이르지는 못한 사람이라 하더라도 스스로 노력하여 진심으로 이해해 주는 마음 [忠恕] 의 길을 나아간다면 마음은 자연히 공평해지고 도리도 순수하게 되어 인(仁)을 구하는 데 가장 근접한 방법이 될 것이다."

이 물아일체관은 장자(莊子)의 '물아일여설(物我一如說)'과도 가까운 설이며, 또 '대아설(大我說)'로서 인간 자아(自我)의 최고귀성(最高貴性)을 창출한 것이기도 하다. '만물이 내 안에 갖추어져 있다'는 것은 광대무변한 '대아(大我)'의 관(觀)이기도 하고 —.

그것은 사람이건 사물 모두가 공히 그 성(性)을 하늘에서 받는 것이고, 하늘은 '자성(自誠)'을 하는 고로, 사람이나 사물 공히 성(誠)에 공통되는데, 특히 사람만은 사단(四端)을 확충하는 능력을 가지고 있으므로 확충구진(擴充究盡)의 극(極)은 대성(大聖)이며 천덕(天德)에 비유된다. 이에 이르면 곧 인성(人性)은 하늘과 같고 대아(大我)는 이런 경지의 인간이다. 따라서 '대아'는 만물을 자기 속에 갖춘다고 하는 것이다.

부끄러워하는 마음이 없다면……(1)

부끄러워하는 마음이 없는 것을 부끄러워하면 부끄러워할 일이 없게 될 것이다.(진심 상)

<u>무치지치 무치의</u>
無恥之恥 無恥矣.

사단(四端) 중 하나인 의(義)를 가리켜 '부끄러워하는 마음'이라고 정의한 맹자는 그 부끄러워하는 마음을 의식적으로 가져야 한다고 강조했다. 맹자가 한 말의 허두는 이렇게 시작된다.

"사람은 부끄러운 일에 있어 반드시 부끄러워하지 않으면 안된다."

그리고 표제어의 말로 이 대목을 끝맺고 있다. 좀더 알기 쉽게 의역하면 이런 의미가 될 것이다.

'부끄러워해야 할 일을 부끄러워하지 않고 있는 것을(이른바 厚顔無恥), 부끄러워하고 미워한다면 그 사람은 자연히 치욕에서 멀어지게 되는 것이다.'

세상사람들은 부끄러운 일을 자행하고서도 그것을 자신에게 유리하도록 합리화시킨다. 그것은 남녀노소에 차이가 없고 고관대작이라 하여 예외가 아닌 것 같다. 왜 그럴까? 자신이 부끄럽다고 하는 생각 자체가 괴로운 것이다. 그러기에 어떻게든 그 부끄러운 상황을 자신에게 유리하도록 합리화시키어 괴로움에서 벗어나려고 한다. 그렇다고 해서 부끄러워해야 할 상황이 바뀌어지는 것이 아니건만 말이다. 부끄러워해야 할 때 부끄러워하는 데는, 그래서 용기가 필요하다. 또 그런 용기가 있는 사람이라면 부끄러워해야 하는 경우야말로 반성의 기회가 될 것이고 의(義)로운 사람이 되는 전화위복의 기회가 될 것임에 틀림없다.

부끄러워하는 마음이 없다면……(2)

남과 같지 않은 것을 부끄러워하지 않는다면 어떻게 남과 같아지겠는가?(진심 상)

불치불약인 하약인유
不恥不若人 何若人有?

앞의 항(項)에 이어 부끄러워할 줄 알아야 함을 강조한 맹자의 말이다. 그 허두는 이렇게 시작하고 있다.

"부끄러워하는 마음은 사람에게 있어 아주 중요하다. 임기응변의 속임수만 쓰는 사람은 부끄러움을 돌보지 아니하는 사람이다."

그리고 표제어로 이 구절을 끝내고 있다. 표제어 중 '불치불약인(不恥不若人)'을 조기(趙岐)는 '옛날의 성인(聖人)과 같지 않음을 부끄러워하지 않는 것'이라고 주석했고, 주희(朱熹)는 《맹자집주(孟子集註)》에서 '한 가지 일도 남과 같지 않은 것을 부끄러워하지 않는 것'이라고 주석했다.

부끄러워할 줄 알 때에야 비로소 자신의 부정과 불의를 깨닫게 되고 반성하여 개과천선(改過遷善)할 수 있다는 것이다. 그런데 사람들은 대개의 경우 간지(奸智)로 호도하여 자기 입장을 합리화시키며 적당히 넘기고 있으니, 그런 사람은 아무리 시간이 흘러도 올바른 사람이 될 수 없다고 꼬집은 것이다. 조기(趙岐)가 이 구절을 주석한 요지를 보면 대략 다음과 같다.

'위대한 인물을 사모하지 않는다면 어찌 부끄러워하는 마음을 가질 수 있겠는가? 그런 까닭에 습붕(濕朋)은 청제(黃帝)에 미치지 못함을 부끄러워하여 제환공(齊桓公)을 도와 공훈을 세웠다……'

참된 도(道), 참된 치세(治世)

옛날의 현명한 왕(王)들은 선(善)을 좋아하고 권세는 잊고 있었다.(진심 상)

고지현왕 호선이망세
古之賢王 好善而忘勢.

맹자의 고고불굴(孤高不屈)하는 자존심의 한 면을 살펴 알 수 있게 하는 구절이다. '옛날의 현명한 왕들은 선을 좋아하여 자시의 권세를 잊고 있었다(그러기에 자신의 몸을 굽히어 선을 따랐다)'라고 전제한 맹자는 이렇게 이어나가고 있다.

"옛날의 현량한 선비들도 어찌 그러하지 않았겠는가? 그들 역시 도(道)를 즐기면서 남들의 권세 따위는 모두 잊고 있었던 것이다(권세를 얻기 위해 몸을 굽히어 벼슬하지는 않았던 것이다). 그러기에 왕공(王公)이라 하더라도 경의를 표하고 예를 다하지 않으면 현량한 선비들을 자주 만날 수 없었던 것이다. 자주 만나지조차 못했으니 어찌 현량한 선비들을 신하로 거느릴 수 있었겠는가?"

막대한 권력을 잡고 마음껏 휘두를 수 있는 왕공이라 하더라도 현사(賢士)를 얻어 정치를 바로하기 위해서는 그런 권세를 잊어버리고 선(善)을 행하여야 한다는 충고의 말이다. 바꾸어 말하면 현량한 선비라면 권세 앞에서 굴복하는 일이 없었으며 자신의 도(道)를 즐기는 법인 즉 비록 왕공이라 하더라도 가까이하기 어려웠다는 것이다.

오늘날에도 각 기업에서는 능력있고 주관이 뚜렷한 인재(人材)를 필요로 한다. 그러나 그 톱(TOP)의 마음가짐과 인재라고 자칭하는 사람들의 마음가짐이 과연 이러한지, 한번 음미해볼 맹자의 말이다.

정치는 정도(正道)를 따라야……

살려주는 길로, 백성을 죽이면 죽는다 하더라도 죽이는 사람을 원망하지 않는다.(진심 상)

<small>이생도살민 수사불원살자</small>
以生道殺民 雖死不怨殺者.

'이생도살민(以生道殺民)'의 생민(生民)은 백성을 생존시키는 도(道)란 뜻이다. 백성을 생존시키려는 도로 인하여, 도리어 백성을 죽이는 경우가 생긴 때라는 뜻이 되겠다. 사람의 생명을 위협하는 피해 등 흉악한 자를 붙잡기 위해 백성을 동원했는데 공교롭게도 백성 가운데 희생자가 생긴 경우를 가리키는 말이다.

맹자는 이 대목의 허두에서 다음과 같이 말하고 있다.

"백성을 편안하게 해줄 목적으로 백성을 부릴 때는, 그 백성들이 아무리 힘이 들어도 윗자리에 있는 사람을 원망하지 아니한다."

그런 다음에 표제어의 말로 끝을 맺고 있다.

정치란 그 자체가 살아있는 것이므로 아무리 좋은 정치를 시행하더라도 언제나 좋은 결과만이 있는 것은 아니다. 그렇기는 하지만 정도(正道)는 언제나 백성들을 편안하게 해줄 목적으로 백성들을 부려야 하며 백성들을 살려줄 목적으로 백성들에게 임하지 않으면 안된다.

언제나 그렇게 해나간다면 그로 인하여 비록 백성이 피로해지고 때에 따라서는 죽는 일이 있더라도 백성들은 원망을 하지 않는다고 하는 정치의 정도(正道)를 설명하고 있다. 당리·당략을 위한 정치, 인기 위주의 정치가 국민들에게 외면당하는 이유는 이런 정치의 정도를 벗어나기 때문인 것이다.

유세(遊說)를 하려면……

선비는 궁해져도 의리를 잃어버리지 아니하고, 잘 되어도 정도(正道)에서 벗어나지 않는 것이다.(진심 상)

_{사궁불실의 달불리도}
士窮不失義 達不離道.

맹자시대에 도(道)와 덕(德)을 표방하며 유세하고 다니던 송구천(宋句踐)에게 덕성(德性)을 기르라며 훈계하는 맹자의 논조(論條) 중 한 대목이다. 대화는 이렇게 전개된다. 맹자가 송구천에게 말했다.
"당신은 유세하기 좋아하는 것 같은데 그렇다면 내가 유세하는 도리에 대해서 말해 주겠소. 유세가는 남이 자기 말을 인정해 주어도 태연해야 하며 자기 말을 인정해 주지 않아도 태연해야 하는 것이오."
"어떻게 하면 그렇게 태연해질 수 있습니까?"
"덕(德)을 존중하고 의리를 즐거워하면 언제나 태연해질 수 있소이다."
그런 다음 맹자는 표제어의 말을 했고 이어서 이렇게 설명해 나갔다.
"의리를 잃어버리지 않기에 선비는 자신의 본성(本性)을 유지하며, 잘 되어도 정도(正道)에서 벗어나지 않기에 백성들은 그 사람에 대하여 실망하는 일이 없게 되는 것이오. 옛날의 현사(賢士)는 뜻을 이루어 천하에 도(道)를 행하는 경우, 그 은택이 백성들에게 미치어 백성들의 기쁨이 되었소이다. 또 뜻을 이루지 못하여 도를 천하에 행할 수 없을 때는 자신이 덕을 닦아서 세상에 뚜렷이 나타났고요. 궁해지면 혼자서 자신을 선하게 해나갔고 잘되면 동시에 천하를 선하게 해나갔었소."
유세하는 사람은 현실에도 많이 있거니와, 그 목적의식이 뚜렷해야 한다는 이 교훈을 음미해야겠다.

덕치정치(德治政治)의 요체(要諦)

 인자한 말은, 인자하다는 평판이 사람들에게 깊이 파고드는 것만은 못하다.(진심 상)

<small>인언불여 인성지입인심야</small>
仁言不如 仁聲之入人深也.

 왕도정치(王道政治)·덕치정치의 요체를 설명한 맹자의 명언 중 한 대목인데 좀더 알기 쉽게 의역하면 다음과 같다.
 '인혜(仁惠)에 두터운 말도 사람들을 감동시키지만, 그보다도 인혜의 덕을 시행한 예가 실제로 있어서, 그 평판이 간접적으로 자연스럽게 퍼져나가 사람들의 마음에 깊이 스며드는 편이 더욱 깊은 감명을 준다.'
 맹자는 이렇게 이어나간다.
 "또 법률이라든가 금령이 잘 갖추어진 선정(善政)도 좋지만 그것보다도 인의(仁義)·도덕 등의 선한 교육이 잘 되어 있어서, 백성들이 심복(心服)하는 정치에는 따르지 못한다. 대저 법률·금령이 잘 갖추어진 선정(善政)은 백성들이 두려워하지만, 인의와 도덕의 교육은 백성들이 그것을 사랑하여 진심으로 그것을 따르는 것이다. 선정에는 백성들이 게으름을 부리지 않아서 세금 등이 잘 걷히어 나라는 백성들로부터 재정을 확보할 수 있지만 선교(善敎)는 백성들이 마음으로 기꺼이 심복(心服)해 오는 까닭에 백성들의 마음을 얻고 나라는 잘 다스려지게 된다."
 맹자의 이 명언을 축약하여, '인언(仁言)은 인성(仁聲)에 미치지 못하고 선정(善政)은 선교(善敎)에 미치지 못한다', '선성(善政)은 민새(民財)를 얻고, 선교(善敎)는 민심(民心)을 얻는다'로 외두는 것도 좋겠다.

왕도정치(王道政治)의 묘체(妙諦)

왕자(王者)의 백성은 마음이 넓고 도량(度量)이 커서 죽여도 원망하지 않고 이롭게 해주어도 왕자의 공으로 여기지 아니한다.(진심 상)

왕 자 지 민 호 호 여 야 살 지 이 불 원 이 지 이 불 용
王者之民 皞皞如也. 殺之而不怨 利之而不庸.

왕도정치(王道政治)와 패도정치(覇道政治)를 비교하고, 왕도정치를 예찬한 맹자의 명언이다. 맹자는 그 허두를 이렇게 꺼내고 있다.

"패자(覇者)의 백성은 기쁘고 즐거워하지만 영속(永續)되지는 않는다(패자는 백성들의 마음을 얻기 위해 일부러 백성들을 기쁘게 해주려고 하는데 그것은 그때만으로 끝나게 되는 것이다)."

그리고 맹자는 왕도정치를 가리켜 '왕자는 그런 잔재주 따위는 부리지 않고 지극히 자연스런 정치를 하는 까닭에 백성들은 그 덕에 이끌리어 왕자가 있다는 것조차도 잊을 정도이므로 그 정치는 영속된다'는 표제어의 말을 하고 다음과 같이 결론을 맺고 있다.

"왕자의 덕에 감화되어 백성들은 날로날로 선(善)으로 옮겨가는데, 그러면서도 누가 그렇게 만드는지조차 알지를 못한다. 이처럼 군자(君子)가 지나가는 곳의 사람들은 모두 감화되어 버리며, 군자가 머무는 곳에서는 그 감화가 실로 신(神)과 같다. 그리고 이런 군자는 위로는 하늘과 아래로는 땅과 그 덕의 흐름을 같게 하여 만물을 그 덕으로 화(化)해 나간다. 어찌 패자(覇者)가 소덕(小德)을 행하는 것과 함께 논할 수 있겠는가?"

이것이 무위(無爲)로 다스리는 극치이며 중국 정치사상의 묘체(妙諦)이다.

양지(良知)와 양능(良能)

사람이 배우지 않고서도 자연히 할 수 있는 것은 그가 가장 잘하는 것[良能]이다. (진심 상)

인 지 소 불 학 이 능 자　기 양 능 야
人之所不學而能者　其良能也.

양지·양능의 정의(定義)와 양지·양능에서 출발한 인의(仁義)의 구현을 논한 대목으로서 맹자의 성선설(性善說)을 발전시키는 이론이다. 맹자는 이렇게 허두를 꺼낸 다음 계속해서 설명해 나가고 있다.
"사람이 생각하지 않고서도 자연히 아는 것은 그가 가장 잘 아는 것[良知]이다. 어린아이도 그 부모를 사랑할 줄 모르는 자는 없다. 그리고 조금 자라면 그 형을 공경할 줄 모르는 자가 없다. 이처럼 부모에게 효도하며 받들고 살아가는 것이 인(仁)의 행위이며 연장자(年長者)를 공경하는 것이 의(義)의 행위이다. 정도(正道)를 행한다 함은 다른 것이 아니다. 단지 부모에게 효도하고 연장자를 공경하는 마음, 즉 양지양능(良知良能)을 널리 퍼뜨리면 되는 것이다."
양지와 양능은 다소 생소한 단어인데 양지는 특별하게 생각을 하지 않고서도 자연히 알게 되는 능력이다. 또 양능은 수습(修習)에 의하지 않고서도 자연히 잘 해낼 수 있는 능력을 가리킴이다.
인의(仁義)를 핵심으로 하는 왕도정치(王道政治)의 구현은 이 양지·양능을 발전시켜 나감으로써 가능해진다는 결론을 끌어내고 있다. 《맹자》 주석(注釋)의 권위자인 조기(趙岐)는 이 장(章)의 주석 요지에서, '본성(本性)의 양능은 인의(仁義)인데 그것을 전하에 펴는 것은 남을 자기같이 이해하는 것이다'라고 했다.

군자(君子)의 본성은 인의예지(仁義禮智)

군자가 본성으로 지니고 있는 인의예지(仁義禮智)는 마음에 뿌리를 박고 있다.(진심 상)

<small>군 자 소 성   인 의 예 지   근 어 심</small>
君子所性 仁義禮智 根於心.

군자가 즐거워하는 것은 무엇인가? 그리고 군자가 실로 즐거워할 때, 그에게는 어떤 조짐과 변화가 일어나는가에 대한 설명이다. 맹자는 우선 다음과 같이 허두를 꺼내고 있다.

"국토를 넓히고 백성들을 많이 모으는 일은 군자가 원하는 일이기는 하지만 군자가 즐거워하는 일에 그것이 들어있지는 않다. 천하의 중앙에 군림하고 서서 사해(四海)의 백성을 다스려 안정시키는 것도 군자가 즐거워하는 일이지만 군자의 본성에는 그것이 들어있지 않다. 군자가 본성으로 지니고 있는 것은, 자기의 도(道)가 천하에 아무리 넓게 퍼진다 해도 늘어나는 것이 아니며, 반대로 아무리 불우한 곤경에 처하더라도 줄어드는 것이 아니다. 왜냐하면 군자가 하늘로부터 받은 본성은 그 분량이 처음부터 정해져 있기 때문이다."

그리고 맹자는 표제어의 말을 한 다음 이렇게 덧붙이고 있다.

"그 마음에 뿌리 박고 있는 인의예지가 한번 밖으로 나타나면 맑고 윤택한 덕모(德貌)가 그 얼굴에 나타나고 그 등에 넘쳐나고 수족(手足)에까지 뻗어나는데, 사체(四體)는 말이 없어도, 일견 덕이 있다는 것을 사람들로 하여금 알아차리게 한다."

군자가 가장 즐거워하는 것은 그 본성인 인의예지 사덕(四德)의 확충자득(擴充自得)임을 강조한 명언이다.

위아(爲我)·겸애(兼愛)주의에 대한 비판

한 가지만을 고집하는 것을 미워하는 까닭은 그렇게 하는 것이 정도(正道)를 해치고 한 가지를 내걸고 백 가지를 없애 버리기 때문이다.(진심 상)

소 오 집 일 자　위 기 적 도 야　거 일 이 폐 백 야
所惡執一者 爲其賊道也. 擧一而廢百也.

양자(陽子 : 陽朱)의 개인주의, 즉 위아주의(爲我主義)와 묵자(墨子 : 墨翟)의 겸애주의(兼愛主義) 등 융통성이 없는 사상을 비판한 맹자의 말 중에 나오는 한 구절이다. 맹자는 그것에 대하여 이렇게 비판을 시작하고 있다.

"양자는 위아주의를 내세웠는데 비록 한 오라기의 털을 뽑아서 천하를 이롭게 할 수 있는 경우라 하더라도 그것이 자기자신을 위한 일이 아니면 하려고 하지 않았다. 묵자는 남들을 모두 평등하게 대해야 한다며 겸애주의를 내세웠는데, 비록 자기의 머리 꼭대기에서 발꿈치까지 나있는 털이 모두 닳아 없어지더라도 천하를 이롭게 하는 일이라면 감행했다. 자막(子莫)은 이 두 사람의 중간을 취했다.

중간을 취해서 하려는 것은 도(道)에 가까운 것이라고 할 수 있는데 그러나 언제든지 중간을 취하되 그때그때의 경우에 따라 경중(輕重)을 재서 처리해 나가지 않는다면, 그것은 한 가지만을 고집하여 융통성이 없는 것과 마찬가지이다(양자나 묵자나 다를 바가 없다)."

그런 다음 맹자는 표제어의 말로 이 항(項)을 끝맺었던 것이다. 요컨대 한 가지만을 고집하는 것은 변통(變通)을 모르는 것으로서, 군자는 때와 장소를 헤아리되 언제나 의(義)로운 쪽을 택하여 처세해야 한다는 것이다.

군자(君子)가 즐기는 것

군자(君子)에게는 세가지의 즐거움이 있다.(진심 상)

_{군 자 유 삼 락}
君子有三樂.

군자와 같이 훌륭한 인물에게는 세 가지의 즐거움이 있다고 한다. 그 세가지란 무엇무엇인가?
《맹자》는 그것을 다음과 같이 설명하고 있다.
"부모가 모두 살아계시고 형제에게 아무런 사고가 없는 것이 첫번째 즐거움이고, 하늘을 우러러 조금도 부끄러움이 없는 것이 두번째 즐거움이며, 천하의 영재(英才)를 얻어 이를 교육하는 것이 세번째 즐거움이다."
이것을 알기 쉽게 표현한다면 이렇게 될 것이다.
   1. 부모가 건재하고 형제들에게 아무 재앙이 없을 것
   2. 어디서 보든, 누가 보든 부끄러움이 없는 생활태도로 살아갈 것
   3. 뛰어난 영재를 발굴하여 그 성장을 도와줄 것
같은 인생을 즐기는 태도, 즐기는 방법은 그 사람에 따라 다를 수밖에 없다. 가능하다면 군자의 즐기는 방법을 따라야 하지 않겠는가.
맹자는 세속(世俗)의 영예(榮譽)를 즐거움으로 꼽지 아니했다. 오로지 인생의 심락(心樂)을 언급하고 육영(育英)에 힘쓸 것을 권하고 있을 뿐이다. 인간의 육성은 어느 때 어느 세상에서든 선행되어야 함을 강조한 말이기도 한다.

끝까지 인내하다

9인(九軔)을 팠는데도 물이 안나온다 해서 우물파기를 포기하지 마라.(진심 상)

굴정구인 이불급천 유위기정야
掘井九軔, 而不及泉, 猶爲棄井也.

맹자는 '어떤 한 가지 사업을 한다는 것은 예컨대 우물을 파는 것과 같다'고 전제한 다음 이 말을 했다. 1인(軔)은 8척 —. 9인의 깊이까지 팠다 하더라도 수맥(水脈)에 도달하기 전에 그만둔다면 우물파기를 포기한 것인데, 그러지 말라는 말이다.

애써 시작한 일이라면 도중에서 포기하는 일 없이 끝까지 해내라는 뜻이다. 중도에서 팽개치면 아무것도 안된다. 그때까지 한 고생이 모두 수포로 돌아가고 만다. 그러나 유감스럽게도 우리네 인생에는 이런 케이스가 대단히 많다. 각기 사성이야 있겠지민 이 얼마나 어울하고 무모한 일인가.

그런 실패를 하지 않기 위해서는 중요한 전제가 있다. 그것은 철두철미한 사전 조사이다. 수맥이 없는 곳은 아무리 파더라도 물이 나올 리 없다. 그곳에 수맥이 있는지 없는지를 확인한 연후에 착수해야 하는 것이다. 그리고 확인이 되었으면 그 다음에는 끈기있게 매달릴 일이다.

《논어(論語)》〈자한편(子罕篇)〉에 공자가 한 말로 '학문하는 것을 비유하건대 산을 쌓아올리는 것과 같다. 흙과 삼태기가 모자라는데 그만두었다면 그것은 스스로 그만둘 것이다'라고 했는데 이 항(項)과 맥을 같이하는 내용이다.

인격은 환란 속에서 연마된다

훌륭한 인격과 빼어난 재능은 환란 속에서 연마된다.(진심 상)

_{유덕혜술지자항존호진질}
有德慧術知者恒存乎疢疾.

'덕혜(德慧)'란 훌륭한 인격, '술지(術知)'란 빼어난 재능 —. '진질(疢疾)'이란 환란(患難)이다. 그러므로 훌륭한 인격과 빼어난 재능은 간난신고(艱難辛苦) 속에서 연마되는 법이란 의미의 말이다. 즉 좋은 환경 속에서 고생 모르고 자라는 것은 인간 형성에 별로 도움이 안된다는 말이다.

맹자는 '진질(疢疾)' 속에 있는 예라며 고신(孤臣)과 얼자(孼子)를 들고 있다. 고신이란 임금의 사랑을 받지 못하는 신하, 얼자란 첩의 소생이다.

그들은 모두 자신의 입장이 약하다는 것을 알기에 모든 일에 있어서 만반의 태세를 철두철미하게 세우므로 자신도 모르는 사이에 '덕혜술지(德慧術知)'를 몸에 익혀 나간다는 것이다.

맹자가 한 말에도 일리는 있다. 실제로 재벌 2세가 기업을 망치고 패가망신까지 하는 예가 있는가 하면 역경 속에서 성장한 사람이 자수성가하여 성공의 탄탄대로를 가는 사람도 많이 있으니 말이다.

그러나 개중에는 '진질'에 짓눌리는 사람도 적지 않을 것이니 낙관은 할 수 없다. 가급적이면 '진질'을 밑거름삼아 자신을 성장시켜 나가도록 마음쓸 일이다.

그만두어야 할 때를 아는 것

중단해서는 안될 처지에서 중단하는 자는 무슨 일을 하든지 도중하차한다.(진심 상)

어불가이이이자　무소불이
於不可已而已者, 無所不已.

도리상 중단해서는 안될 처지에서 태연하게 중단하는 사람은 아무리 중요한 일을 해도 도중하차한다는 의미의 말이다. 맹자는 또 이렇게 말하고 있다.

"당연히 후(厚)하게 해야 할 때에 박(薄)하게 하는 사람은 아무리 중요한 경우라도 박(薄)하게 하곤 한다. 또 앞으로 나아가는 것이 예리한 사람은 뒤로 물러서는 것은 빠르게 마련이다."

정성을 들여서 해야 할 때에 손을 빼는 사람은 무슨 일을 해도 자기 멋대로 할 뿐이란 말이다.

인생에는 몇번쯤은 실패가 찾아오게 마련이다. 여기서 분발하지 않으면 지금까지 쌓아올린 것을 잃게 된다든가, 혹은 이 처지를 뛰어넘지 못하면 새로운 전망이 열리지 않는, 그런 때가 찾아온다는 말이다.

맹자가 말하는 '무소불이(無所不已)'란 이를 말한다. 이곳을 돌파하면 그것이 큰 자신감을 주게 되며, 인간적으로도 크게 성장하는 계기가 될 것이다.

그것을 해낼 수 있느냐 없느냐는 의지력(意志力)의 문제이다. 평소부터 강한 의지를 단련해 두지 않으면 안된다.

인자(仁者)는 전쟁할 필요가 없다

정(征)은 바로잡는다는 뜻이다. 각각 자기 나라를 바로잡으려고 하는데 전쟁을 해서 무엇할 것인가?(진심 하)

征之爲言 正也. 各欲正己也 焉用戰?

전쟁이라는 수단으로 국세(國勢)를 확장코자 하려는 것은 죄악 중 큰 죄악임을 경고하고 있다. 맹자는 이렇게 허두를 꺼내고 있다.

"여기 어떤 사람이 있는데 그가 '나는 전진(戰陣)을 잘 치고 전쟁도 기가 막히게 잘하오'라며 자랑한다면 그것은 실로 큰 죄악이다. 본디 군주가 인(仁)을 좋아한다면 그에게는 천하에 적(敵)이 없는 법이오, 옛날 은(殷)나라의 탕왕(湯王)이 남쪽을 정벌하러 가면 북쪽 오랑캐들이 원망을 했고, 동쪽을 정벌하러 가면 서쪽 오랑캐들이 원망을 하면서 '왜 우리에게 빨리 오지 않고 뒤로 미루기만 하시나?'라고 했다는 것이다.

또 주(周)나라 무왕(武王)이 은나라 주왕(紂王)을 정벌할 때는 병거(兵車) 3백 승(乘), 군대는 3천 명이라는 소규모였다. 그런데도 무왕이 '두려워 말라. 그대들을 평안케 해주기 위해 군사를 일으킨 것이지 그대들을 적으로 하여 싸우려는 게 아니다'라고 하자 은나라 백성들은 모두 무너지기라도 하는 것처럼 땅바닥에 머리를 조아렸다고 한다."

그런 다음 맹자는 표제어의 말로 이 항(項)을 맺고 있다. 즉 군주가 인(仁)을 좋아하면 온 천하가 열복(悅服)해 올 것이고 대적하는 자가 없을 것이니 전쟁 따위가 왜 필요하겠느냐는 이론이다. '인자무적(仁者無敵)'과 통하는 맹자의 평화론이요, '성선설(性善說)'의 바탕이기도 하다.

백성은 나라의 기본

백성은 귀중하고, 사직(社稷)은 그 다음가고, 국군(國君)은 대단치 아니하다.(진심 하)

民爲貴 社稷次之 君爲輕.
민위귀 사직차지 군위경

맹자의 민본사상(民本思想)이다. 제정일치(祭政一致) 시대를 살아간 맹자로서는 파격적인 말을 한 것이다. 군주는 하늘이 낸 사람이요, 사직에 대한 제사는 무엇보다 우선되어야 하는 행사였던 시대에 백성이 나라의 근본으로서 가장 귀중하고 사직은 백성 다음이며, 군주는 대단치 아니한 존재라고 피력한 것은 과연 맹자다운 말이라고 하지 않을 수 없겠다. 그는 이렇게 말을 이어나가고 있다.

"그러므로 농사짓는 백성들의 마음에 들게 되면 천자(天子)가 되고 천자의 마음에 들면 제후(諸侯)가 되며 제후의 마음에 들면 대부(大夫)가 되는 것이다(이렇게 볼 때 대부보다도, 제후보다도, 그리고 천자보다도, 사직보다도 더 귀한 것은 백성들인 것이다).

만약 제후가 무도한 짓을 하여 사직을 위태롭게 하는 일이 있으면 사직을 위해 만부득이 그 무도한 군주를 폐하는 것이며 현군(賢君)을 새로이 세운다. 또 사직에 바치는 희생제물이 살쪘고, 제기에 담아놓은 곡식이 깨끗하며 제사도 제때에 지냈건만 한발(旱魃)과 홍수가 일어난다면 백성들을 위해 예의 사직의 신주를 갈아치운다."

민의(民意)를 존중하고 민의에 따라 정치를 해야 함을 강조하고 있는 내용인데 만약 필요하다면 혁명까지도 불사한다는 정치관을 역실힌 것이다.

욕심을 버려라

사람이 마음을 수양하는 데는 욕망을 적게 하는 것보다 더 좋은 방법이 없다.(진심 하)

<small>양 심 막 선 어 과 욕</small>
養心莫善於寡欲.

욕심을 줄이어 마음, 곧 본성(本性)을 기르라는 양심과욕(養心寡欲)을 설파한 구절이다. 욕망이 없을 수 없는 것이 인간이다. 욕망이 없다면 개인이건 사회건 국가건 간에 발전이 없을 것이지만, 욕망이 많으면 아무래도 그 욕망에 이끌리어 문제가 생긴다는 것이다. 그러기에《노자(老子)》의 무욕(無欲)과는 다른 과욕(寡欲), 즉 욕심을 줄이라는 것이 맹자의 교훈이다. 그는 또 다음과 같이 설명해 나가고 있다.

"사람됨됨이가 욕망이 줄어든다면 비록 인의(仁義)의 본성(本性)에 결함이 있는 점이 있다 하더라도, 그것을 잃는 정도가 적다. 사람됨됨이가 욕망이 많으면 인의의 본성이 아무리 많더라도 그것을 보존하는 정도가 아주 적은 법이다."

욕심을 줄여야 본성을 기를 수가 있다고 한 맹자의 말에 공감하지 않을 사람이 없을 것이다.《맹자》주석(註釋)의 권위자인 후한시대의 조기(趙岐)는 이 장(章)의 주석 요지로 다음과 같이 설명하고 있다.

'청정(淸靜)하고 과욕(寡欲)함은 덕(德)의 높은 경지이다. 모으고 쌓고 하는 것은 더러운 행실 가운데서도 저열(低劣)한 것이다. 청렴한 사람은 복을 끌어들이려니와 탁(濁)한 사람은 화를 재촉한다. 비록 그렇지 않을 경우가 있다 하더라도 그런 것은 상도(常道)는 아닌 것이다. 그러기에 정도(正道)는 불가불 따라야 한다.'

가는 사람 잡지 않고, 오는 사람 막지 않아

가는 사람은 뒤쫓지 말고, 오는 사람은 거절하지 마라.(진심 하)

왕자불추 내자불거
往者不追, 來者不拒.

떠나는 사람은 떠나도록 내버려두고 뒤쫓지 않는다. 그리고 찾아오는 사람은 상대가 누구든 거절하지 말고 받아들이라는 말이다. 사물에 구애받는 일 없이 자유롭고 활달한 인간관계를 구사한다는 뜻이다.

맹자가 등(滕)나라를 방문하여 영빈관에서 묵고 있을 때의 일이다. 영빈관의 관리가 갓 삼은 짚신을 창틀에 놓아두었는데, 누군가가 훔쳐 갔다. 그 관리는 맹자에게 빈정거렸다.

"선생, 선생과 동행한 사람의 소치가 아닐까요?"

그때 맹자는 다음과 같이 대답했다고 한다.

"그렇다면 내 제자가 짚신을 훔치기 위해서 나를 따라왔다는 거요? 글쎄……그럴는지도 모르지. 나는 제자를 맞이할 때, '왕자불추(往者不追)요, 내자불거(來者不拒)'하며, 배움에 뜻이 있는 사람이라면 누구든 제자로 맞아들이니까."

맹자의 대답에는 '나는 제자를 맞아들일 때 그 사람의 과거 행적에 대해서는 묻지를 않으니까 어쩌면 짚신 도둑질을 했는지도 모르겠다. 꼭 그렇지 않다고 인증할 수는 없지만 설마하니 도둑질이야 했겠소이까'란 의미가 담겨져 있다.

이런 경지에 달하면 일단은 인생의 심오한 맛을 아는 사람이라고 할 수 있겠다.

덮어놓고 책을 믿는 것은 잘못이다

서(書)를 그대로 믿는다면 서가 없느니만 못하다.(진심 하)

진신서즉불여무서
盡信書則不如無書.

여기서 맹자가 말하고 있는 '서(書)'란 《서경(書經)》을 말하는 것이다. 표제어의 말 다음에 맹자는 이렇게 이어가고 있다.
"나는 〈무성현(武成賢)〉의 글은 그 중에서 두서너 쪽만 취할 따름이다."

맹자는 유가(儒家)의 정통을 이은 인물이며 《서경》은 유가의 성전(聖典)이다. 상식적으로 생각하면 맹자는 《서경》을 금과옥조(金科玉條)처럼 신봉하였다 해도 이상할 것이 없는 입장이다. 그런 인물이 이런 말을 한 것이다. 거기에 이 말의 중후함이 있다고 해도 좋다.

'서'를 믿지 말라는 맹자의 어드바이스는 단순히 《서경》만이 아니라 모든 책에 해당된다. 무엇이든 맹신(盲信)을 하게 되면 진보는 없다.

특히 그것이 권위를 앞세우는 책이면 그런 책일수록 의심을 해야 하고 비판적인 섭취를 하도록 마음써야 할 것이다. 또 그것은 책만이 아니다. 남의 이야기를 들은 경우에도 마찬가지이다.

덮어놓고 받아들일 일이 아니라 자기 나름대로 씹어보고 맛을 보아서 수용할 때 비로소 피가 되고 살이 되는 법이다.

해 설
-《논어》와 《맹자》에 대하여-

지도자의 필독서 《논어》

《논어》는 공자(孔子)의 언행록(言行錄)이며, 공자는 중국 춘추시대(春秋時代)를 살다 간 성인(聖人)이다. 성인의 언행록이라고 하면 그 한마디만 듣고도 딱딱한 설교책일 것으로 생각하는 사람이 많다. 그러나 그런 인식은 큰 오해이다. 공자는 인간적인 냄새가 물씬 풍기는 성인이요, 누구보다도 인생의 역경을 겪으며 살다 간 사상가요, 철학가였다. 그런 까닭에 우리네 현대인과도 더불어 대화할 수 있는 성인이라고 말할 수 있겠다.

근래에는 이 공자의 《논어》를 애독(愛讀)하는 독자도 많이 늘었고, 또 모 방송국에서는 《논어》 강의가 인기리에 방영되고 있는 실정이다. 그렇다면 우선 공자란 사람은 어떤 사람이었는지 그것부터 알아보기로 하자.

공자는 《논어》에서,
 '나는 젊었을 때부터 고생을 많이 했다. 그랬기에 자연히 사소한 일까지 배우게 되었다(吾小也賤, 故多能鄙事).'
라고 술회한 바 있다. 공자의 출생은 전설의 베일 속에 가리어져 있는데 그는 사생아(私生兒)로 태어났다는 설이 유력하다. 그리고 그 어머니 안씨(顔氏)도 그의 소년시절에 세상을 떠났다. 따라서 사람들의 멸시를 받아가며 빈궁한 생활로 고생하는 등 불우하게 자랐을 것은 상상하기에 어렵지 아니하다.

그처럼 곤궁한 가운데서 자라나던 공자는 거의 독학으로 학문을 했고, 이윽고는 정치에 뜻을 두게 된다. 그 자신이 이상(理想)으로 삼았던 정치를 이 세상에 실현시키고자 했던 것이다. 그러나 이 정치 세계에 뛰어든 다음에도 그는 뜻을 얻었던 기간은 극히 짧았고 거의 모든 생애를 불우한 처지로 보내야 했다.

공자의 훌륭한 점은 그런 역경 속에서도 기죽는 일 없이 언제나 정정당당하게 앞만 보고 나아갔었다는 면이다. 비굴해지는 일도 없었고 또 지치지도 않았으며 기가 죽는 일이 없었던 공자이다. 도리어 그런 역경을 즐기면서 자신을 연마해 나갔던 것이다. 고생스런 생활을 한 것은 분명하지만 그는 고생스런 삶을 사는 사람이 아니었던 것이다. 멋진 인생을 살았던 사람, 또는 달인(達人)이었다고 해도 좋겠다.

《논어》에는 공자가 한 말로서 다음과 같은 구절이 있다.

'빈곤한 가운데 원망하지 않기는 어렵고 부유한 가운데 교만하지 않기는 쉽다(貧而無怨難, 富而無驕易).'

부자(富者)가 된 다음에도 남을 깔보지 아니하는 것은 인간으로서 대단한 수준에 올라 있다는 것이다. 그러나 그보다 더 어려운 일이 있는데 그것은 바로 빈곤하게 살면서도 남을 원망하지 않는다는 점이다. 과연 고생을 많이 했던, 공자다운 말이라고 해야 하겠다.

《논어》에는 이러한 말들이 많이 기록되어 있다. 겸허하게 귀를 기울인다면 자기자신을 향상시키는 데도, 그래서 이 힘한 세상을 살아나가는 데도 크게 참고가 될 것으로 생각한다.

사회인의 조건

《논어》를 읽어나가노라면 '군자(君子)'라는 말이 자주 나온다. 이 '군자'란 쉽게 말하면 능력과 인격을 고루 갖춘 이상적(理想的) 사회인이다. 굳이 비유한다면 서양의 젠틀맨, 즉 신사가 이 말에 가까울는지 모르겠다. 그렇게 볼 때, 군자가 사회인의 조건으로서 무엇을 바라고 있었는지 알 수 있게 된다. 공자의 군자에 대한 설명을 두어 구절 정도 소개해 본다.

'군자는 말은 어눌하고 행동은 민첩해야 한다(君子欲訥於言, 而敏於行).'

변설(辯舌)이 뛰어난 것보다 실천하는 면이 용감해야 한다는 의미이다. 물론 주장해야 할 때 하고 싶은 말을 하지 못하고 우물쭈물한다면 당당한 사회인이라고 할 수 없다. 그러나 말만 앞세우며 떠들어대면 그것은 실로 곤란하다는 뜻이다.

공자는 '말과 글은 뜻을 통달하면 된다(辭達而已矣)'라는 말도 하고 있다. 자기 의지를 상대방에게 제대로 전할 수 있다면 그것으로 충분하다는 것이다. 다음 구절도 널리 알려진 말이다.

'군자는 화합하되 뇌동하지 않으나, 소인은 뇌동만 하고 화합하지는 못한다(君子和而不同, 小人同而不和).'

여기서 화(和)란 자기자신을 완전히 확립한 다음 주변 사람들과 협력관계를 맺는 것, 동(同)이란 자기자신의 주관을 확립하지 못한 채 함부로 부화뇌동하는 것이다. 공자에 의하면 군자란 화(和)하기는 하지만 동(同)은 하지 않는다는 것이다. 소인은 군자의 반대로서 보잘것없는 인간이란 뜻인데, 그런 소인은 당연한 일이지만 군자와는 그 행동도 반대라고 하였다.

소인이란 말이 나온 김에 각도를 바꾸어 공자가 싫어하고 미워했던 인간의 타입은 어떤 것이었는지 소개해 보겠다. 자공(子貢)이란 제자가,

"선생님께서도 사람을 미워하는 일이 있으십니까?"

라고 물었을 때 공자는,

"있다마다……."

라고 대답하고 다음과 같은 네 종류의 타입을 들고 있다.

"남의 잘못을 떠들어대는 것을 미워하고, 아랫사람이 윗사람을 훼방

하는 것을 미워하고, 용맹하기만 하고 예절을 가리지 못하는 것을 미워하고, 과감하면서도 막힌 것을 미워한다(惡稱人之惡者, 惡居下流而訕上者, 惡勇而無禮者, 惡果敢而窒者)."
이것을 현대에 맞도록 의역하면 이런 의미가 될 것이다.
　① 남의 실패를 기뻐하는 사람
　② 부하직원으로서 상사(上司)의 험담을 뒤에서 하는 사람
　③ 난폭한 행동을 용기로 착각하는 사람
　④ 독단(獨斷)을 결단으로 착각하는 사람
이런 타입들은 현대에서도 사회인으로서 실격(失格)이라 해야 할 것 같다. 공자가 한 말은 어떤 의미에서는 따뜻하고, 어떤 의미에서는 엄격하다. 그의 말 가운데 엄격한 대목 하나를 소개해 보겠다.
'40·50세가 되어도 이름이 나지 않으면 역시 두려워할 것이 없다(四十五十而無聞焉, 斯亦不足畏也已).'
인간도 40세, 50세쯤 되면 사회 속에서 뚜렷한 위치를 차지하고 사회에서 필요로 하는 책임을 수행해야 한다는 것이다. 우리는 이 말을 참고로 하여 취생몽사하는 일이 없어야겠다.

인간관계에 대처하다

어느 때 계로(季路)란 제자가,
"귀신은 어떻게 섬겨야 합니까?"
라고 물었던 바 공자는,
"사람도 제대로 섬기지 못하는데 어찌 귀신을 섬길 수 있겠느냐?"
라고 대답한 바 있다. 사람이 만져볼 수 없는 신(神)을 어찌 섬길 수가 있겠느냐는 뜻의 말인데 그런 신을 생각하기보다는 인간사회의 일을 생각하라는 것이다.
　공자의 관심은 시종일관 인간 그 자체였다. 혹은 인간사회에 있어서 살아가는 방법이었다고 해도 좋다.

요즈음의 사회는 인간사막(人間砂漠)이라고들 한다. 단절(斷絶)이란 말도 귀에 못이 박힐 정도로 듣고 있다. 누구나 모두 희박해진 인간관계 속에서 고민을 하고 있다. 바람직한 인간관계를 구축해 나가기 위해서는 어떤 마음가짐이 필요할까? 공자의 충고에 귀를 기울여 보자.

어느 때 자공(子貢)이란 제자가,

"평생을 두고 지켜 나가야 하는 신조를 한마디로 말한다면 어떤 것이 있겠습니까?(有一言而 可以終身 行之者乎)"

라고 묻자 공자는 이렇게 대답했다.

"그것은 이해하는 것이다. 내가 하기 싫어하는 것은 남에게도 시키지 마라(其恕也. 己所不欲 勿施於人)."

유명한 말인데 공자는 서(恕 : 이해해 주다)란 말을 먼저 한 다음, 이어서 그 내용을 설명하고 있다. 남을 이해하고, 그 남이 나에게 어떤 짓을 할 때 내가 그것을 싫어한다면 나도 남에게 그런 짓을 하지 말아야 한다는 것이다. 즉 남의 처지를 먼저 생각하는 이해가 있어야 한다고 했다. 공자는 또,

"자기자신에게는 엄격한 태도를 견지하고 남에게는 관용한 태도로 임해야 한다. 이런 생활태도로 일관하면 대인관계에 있어 원한이 싹트지 않을 것이다(躬自厚 而薄責於人 則遠怨矣)."

라고 했다. 자기자신의 책임은 슬쩍 뒤로 미루어 놓고 남의 비행만 들추어낸다면 좋은 인간관계를 맺어나갈 수 없다. 이런 말도 적절한 충고라고 할 수 있겠다. 또 공자는 제자인 자로(子路)로부터,

"선생님께서 이상(理想)으로 삼으시는 것은 어떤 것입니까?"

라는 질문을 받고 다음과 같은 대답을 했다.

"연장자를 평안하게 해주고, 벗들에게는 신의를 지키며, 연소자를 사랑하는 것이나(老者安之, 朋友信之, 少者懷之)."

이상 세 가지를 실현하는 것이 자신의 이상(理想)이라고 했다. 그런 정도는 나도 할 수 있다고 생각하는 사람이 있을지 모르겠다. 그러나

막상 자신이 실행코자 하면 여간 어려운 게 아니란 것을 알 수 있을 것이다.
 공자가 말한 이야기들은 모두가 평범하다면 평범하다. 그러나 그 속에 깊은 의미들이 함축되어 있다. 할 수만 있다면 우리도 그렇게 할 수 있도록 마음을 써야겠다는 생각이 든다.

지도자의 마음가짐
 공자는 젊었을 때부터 제자들을 모아서 교육에 힘썼다. 그러다가 만년(晚年)에 이르러서는 정치활동을 중단하고 오로지 교육에 전념했다. 공자학당의 목표는 사회에 있어 유능한 인재의 육성, 바꾸어 말하면 지도자, 즉 선비의 양성에 있었다. 지도자란 두말할 것도 없이 책임이 있는 입장이다. 그런 만큼 공자가 요구하는 조건도 까다롭지 않으면 안되었다. 예를 들자면 이러하다.
 '선비는 반드시 넓고 꿋꿋해야 한다(士不可以不弘毅).'
 여기서 사(士), 즉 선비란 사회적 지도적 입장에 있는 사람을 가리킨다. 그런 입장에 있는 사람은 '홍의(弘毅)'하지 않으면 안된다는 것이다. '홍(弘)'이란 넓다는 뜻이며 사물을 보는 시야(視野)가 넓어야 한다는 것이다. 넓은 시야, 이것이 곧 '홍(弘)'의 뜻이다. 또 '의(毅)'는 굳세다란 의미이다. 무엇이 굳세야 하느냐 하면 의지력이다. 곤경에 처하더라도 굽히지 아니한다, 또는 벽에 부딪지더라도 물러서지 아니한다는 강한 의지력 말이다. 이처럼 강한 의지력이 곧 '의(毅)'인 것이다.
 사회의 지도적 입장에 있는 사람은 이 두 가지 요소를 몸에 모두 지니고 있지 않으면 지도자로서의 책임을 완수하지 못한다는 것이다.
 또 자하(子夏)라는 제자가 어느 읍(邑)의 장(長)에 임명되어 부임하게 되었을 때 스승 공자에게 장(長)으로서의 마음가짐에 대해서 물었다. 공자는 다음과 같이 대답했다.
 "급히 서두르지 말고 작은 이득을 꾀하지 마라. 급히 서두르면 충분히 통달하지 못하고 작은 이득을 꾀하면 큰 일을 못이룬다(無欲速 無見小利, 欲速則不達 見小利大事不成)."
좀더 알기 쉽게 의역을 한다면 다음과 같다.
'서두르지 말 일이다. 그리고 소리(小利)에 얽매이지 말고 —. 서두르면 일에 있어 손해를 보게 되며, 소리에 얽매이면 큰 사업을 완수할 수 없다.'
즉 눈앞의 이익에 눈길을 빼앗기지 말고 묵묵히 앉아서 일을 처리해 나가라는 말이다.
또 자로(子路)라는 제자가 정치가의 마음가짐에 대해서 물었을 때, 공자는 이렇게 대답했다.
"백성들의 선두에 설 것, 백성들에 대한 사랑을 잊지 말 것이다."
자로로서는 너무나 평범한 대답에 다소 실망했을는지도 모른다. 그랬었음인지 자로는,
"한 가지 더 덧붙인다면요?"
라고 물었다. 그러자 공자는 이렇게 대답했다.
"게으르지 말아야 한다(無倦)."
즉 열심히 노력하라는 것이다. 또 중궁(仲弓)이란 제자가 역시 정치에 임하는 자의 마음자세에 대해서 물었을 때는 이런 대답을 하고 있다.
"부하가 충분히 능력을 발휘할 수 있도록 마음을 쓸 것, 그리고 소소한 실수는 눈감아주는 인재 발탁에 마음을 쓰도록 하라(先有司, 赦小過, 舉賢才)."
이런 것들은 모두, 정치가들뿐 아니라 조직 속에서 지도적 입장에 있는 사람이라면 누구에게나 해당이 되는 사항들일 것이다. 끝으로 한 가지만 더 덧붙이겠다.
'그의 행동이 올바르면 명령을 내리지 않더라도 잘 행해진다. 그러나 그의 행동이 올바르지 못하면 아무리 명령을 내려도 실행되지 아니한다(其身正 不令而行, 其身不正 雖令不從).'

지도자로서의 조건은 이밖에도 여러 곳에서 설명하고 있거니와 결국은 자기자신의 행동을 올바르게 가지는 것이 선결문제라고 했다. 현대의 관리직도 이런 말들을 곱씹는다면 향상이 있을 것이다.

인간 신뢰의 철학서 《맹자》

맹자의 이름은 가(軻)이다. 지금으로부터 2천4백년 쯤 전, 중국 전국시대에 활약을 했던 사상가인데 그가 주장한 내용들을 정리해서 기록해 놓은 책이 《맹자》 7편(혹은 각 편을 分篇하여 14편)이다.

맹자는 보통 '공자·맹자', 혹은 '공맹지교(孔孟之敎)' 등이라고 하듯이, 공자와 나란히 기록되기도 한다. 즉 그의 가르침과 주장은 공자의 가르침을 이어받아서 발전시킨 것이다. 그 가르침이란 두말할 것도 없이 유교(儒敎)이다.

유교는 중국뿐만 아니라, 우리나라를 포함한 동아시아 전체에 거대한 영향을 끼치게 되었다. 그와 동시에 맹자의 이름도 공자와 쌍벽을 이루면서 널리 알려지게 되었던 것이다.

맹자가 활약했던 전국시대는, 어떤 의미에서는 재미있는 시대였다. 왜냐하면 '전국(戰國)'이란 이름이 말해주듯, 이 시대는 여러 강국들이 살아남기 위해 치열한 쟁패전(爭霸戰)을 벌이고 있었기 때문이다. 그뿐만이 아니었다. 여러 사상유파(思想流派)를 배출했는데 자파(自派)의 우월성을 주장하며 활발한 언론전이 전개되었던 시대이기도 하다.

그런 사상가들을 한마디로 '제자백가(諸子百家)'라고 한다. '제자(諸子)'란 여러 선생들, '백가(百家)'란 여러 사상유파란 의미이다. 그리고 그들이 전개한 언론전을 '백가제방(百家齊放)' '백가쟁명(百家爭鳴)' 등이라고 한다.

이 시대는 한마디로 말해서 실로 격동의 시대였으며 활력에 넘치는 시대였다. 맹자는 그런 시대에 제자백가의 중심인물, 유가(儒家)의 투장(鬪將)으로 활약했던 사상가이다.

그럼 이 맹자는 무엇을 주장하고 다녔던 것일까? 그의 주장을 한마디로 요약하면 '인의(仁義)'에 의한 왕도정치(王道政治)였다. 왕도의 반대가 패도(覇道)이다. 패도란, 있는 힘껏 상대방을 물리치고 억압하는 것으로서 정치에 적용시키면 강권정치(强權政治)가 된다.

이것에 비하여 왕도는 위에 서있는 위정자가 덕(德)을 몸에 익히고, 그것으로써 아랫사람들을 감화시켜 나가는 방법인데, 정치에 적용하면 덕치주의(德治主義)가 된다. 맹자의 경우 위정자의 덕으로 '인(仁)'과 '의(義)'의 두 가지 덕을 기반에 두었던 점이 특징이다.

맹자는 단지 이 왕도정치만을 주장했던 것이 아니다. 그는 또 뛰어난 행동가이기도 했다. 50대에서 60대라고 하면 당시의 감각으로는 이미 만년(晩年)에 가까웠는데 이 20년 동안 그는 거의 유세활동(遊說活動)으로 일관했었다. 각국의 왕을 역방하여 왕도정치의 실현을 설파했던 것이다.

결과는 어떠했는가? 모조리 실패로 끝이 났다. 그것도 무리가 아니다. 당시 각 나라는 하나같이 어려운 정황 속에서 살아남기 위한 경쟁을 해야만 했기 때문이다. 이익 추구를 우선으로 삼고 있었는데 그것은 오늘날의 정황과, 어떤 의미에서는 똑같다고 할 수 있다. 그런 와중에서 왕도정치라고 하는 이상주의(理想主義)가 쉽사리 받아들여질 리 만무했던 것이다.

유세활동을 그만두기로 한 맹자는 만년, 고향에 돌아와서 후진 교육에 힘을 쓰다가 기원전 289년, 84세로 세상을 떠났다고 한다. 이렇게 해서 왕도정치에 기대했던 맹자의 꿈은 현실정치 앞에서 좌절되고 말았다. 그러나 맹자가 내세웠던 꿈은 그후에도 오랫동안 이상정치를 추구하는 사람들의 마음속에 계속 살아남아 있다.

성선설(性善說)의 입장

맹자가 주장했던 왕도정치의 바닥에 있었던 것은 '성선설(性善說)'이다. 성선설이란 '인간의 본성은 원래 선하다고 하는 인식이다. 인간의 본성이란 본디부터 선한 것인가? 악한 것인가? 이 문제를 둘러싸고 중국에서는 두 가지의 견해가 있었다.

성선설의 입장에 섰던 것이 공자·맹자 등 유가(儒家)로 불리던 사람들이다. 공자는 명확한 형태로 성선설을 주장하지는 않았지만 그의 주장은 분명 성선설을 전제로 하는 것이었다. 그것을 분명하게 전면에 내세웠던 사람이 맹자이다. 이 성선설에 대한 성악설의 입장을 취했던 대표적 인물이 한비(韓非) 등 법가(法家)로 불리는 사람들이다.

성선설의 입장에 서면, 인간이 본래 지니고 있는 선한 것을 신장시켜 나가는 것이 바람직하다 할 것이고, 정치의 장(場)에서 이것을 꽃피워 나가는 정치가 기대될 것이다. 반대로 성악설의 입장을 취하면, 본래 악한 인간의 본성을, 규범이라든가 법률에 의해 억압하고 컨트롤해 나갈 필요가 있게 될 것이다.

알기 쉬운 예를 든다면 오늘날의 교육논쟁이다. 개성 존중은 성선설, 관리주의(管理主義)는 성악설의 입장에 가까운 것이라고 해도 좋겠다. 어느 설이 맞는지는 쉽게 알 수가 없다. 다만 실제문제로서, 여러 가지의 인간관계에 대응하는 경우, 이 두 가지의 설을 머릿속에 넣어두고 생각하는 편이 좋을 것 같다. 한쪽에만 바탕을 두고 있으면 대응을 잘못할 우려가 생긴다.

현대의 사회 운영은 예로부터 내려오는 이 두 가지의 설에 입각하여 균형을 그런대로 잡아온 것으로 생각된다. 유가(儒家)가 주장하는 덕치주의는 이 성선설에 바탕을 두고 있거니와, 그것을 처음으로 소리 높여 주장했던 사람이 맹자였다.

맹자의 성선설을 뒷받침하는 것이 그 유명한 '사단설(四端說)'이다.

'측은지심(惻隱之心)은 인(仁)의 발단(發端)이고 수오지심(羞惡之心)은 의(義)의 발단이다. 사양지심(辭讓之心)은 예(禮)의 발단이고 시비지심(是非之心)은 지(智)의 발단이다.'

인·의·예·지는 모두 훌륭한 덕(德)이다. 그러한 덕이 싹(즉, 發端)을, 사람은 누구나 태어날 때부터 가지고 태어난다. 즉 가엾다고 생각하며 동정하는 마음은 인(仁)의 싹이고, 악을 부끄러워하고 미워하는 마음은 의(義)의 싹이며, 서로 사양하는 마음은 예(禮)의 싹이고, 선악을 판단하는 마음은 지(智)의 싹이라고 했다.

그리고 맹자는 다음과 같은 예를 들고 있다.

'어린아이가 우물가로 아장아장 걸어가는 것을 발견했다고 하자. 그러면 누구든 깜짝 놀라며 가엾게 생각하고 구해주려 한다. 그렇다고 해서 아이를 구해주는 인연으로 그 아이의 부모와 사귀고자 하는 마음이 있어서가 아니다. 마을 사람들이라든가 동료들로부터 칭찬을 받고 싶어서도 아니다. 또 구해주지 않으면 비난당할 것을 두려워해서도 아니다. 그렇다면 가엾다고 생각하는 마음은 인간이면 누구나 갖추고 있는 것이 된다. 나아가서 악을 부끄러워하고 미워하는 마음, 서로 사양하는 마음, 선악을 판단하는 마음도 인간이라면 누구나 갖추고 있는 본성이다.'

맹자는 이러한 '사단설' 위에 서서 성선설을 주장했다. 그것은 이론이라기보다 신념과 같은 것이었음에 틀림없다. 그의 설에 찬성하느냐 마느냐는 별도로 하고 인간 소외가 진행되고 있는 오늘날, 이 설을 새삼 우리의 마음에 물어볼 필요가 있는 것은 아닐는지?

부덕(不德)한 왕은 물러나라

인간의 본성은 선(善)이라 하더라도 현실의 인간이 선하다는 뜻은 아니다. 싹을 그냥 싹으로 시들어 버리게 하지 않기 위해서는 그것을 꽃피게 하는 노력이 바람직하다. 그런 노력을 '수양(修養)'이라고 한다.

이런 '수양'에 의해 '인(仁)'과 '의(義)'의 덕을 몸에 익힌 자만이 가정을 가지런하게 만들고 나라를 다스리어 천하를 태평하게 만들 수 있다고 맹자는 주장했다.

'스스로가 부정(不正)하면서 남의 부정을 고친 사람은 아직 없었다 (枉己者 未有能正人者也).'

엄격하다면 너무나도 엄격한 견해이다. 그러나 맹자의 엄격함은 이 정도로 그치지 아니한다. 덕이 없는 왕은 바꿔 버려도 좋다고 그는 강조하고 있다. 그 유명한 '탕무방벌론(湯武放伐論)'이 바로 그것이다.

어느 때 제선왕(齊宣王)이 맹자에게 물었다.

"은(殷)나라 탕왕(湯王)은 하(夏)나라의 걸왕(桀王)을 섬기다가 그를 추방하고 자신이 왕위에 올랐고, 주(周)나라 무왕(武王)도 은나라 주왕(紂王)을 섬기다가 그를 토벌하고 자신이 왕위에 올랐다고 하는데 그런 일이 있었습니까?"

맹자가 대답했다.

"그렇게 전해 오고 있습니다."

"신하이면서 주군을 죽여도 되는 겁니까?"

선왕의 물음에 맹자는 이렇게 대답했다고 한다.

"인(仁)을 해치는 것을 적(賊)이라 하고 의(義)를 해치는 것을 잔(殘)이라고 합니다. 잔(殘)이자 적(賊)인 사람은 이미 주군이 아니며 보통 인간에 지나지 않습니다. 보통 인간인 걸(桀)과 주(紂)를 주살(誅殺)했다는 이야기는 들은 적이 있습니다만 주군을 죽였다는 이야기는 들어본 적이 없습니다."

맹자는 또,

"백성이 제일 귀하고, 사직(社稷)은 그 다음이고 주군은 가볍다(民爲貴, 社稷次之, 君爲輕)."

라는 말도 하고 있다. 사직이란 그 나라의 토지신(土地神)이자 곡물신(穀物神), 즉 수호신(守護神)이란 뜻으로 보면 좋겠다. 맹자가 주장하던 왕도정치의 근본에 있었던 것은 '백성을 귀하게 대하는 사상'이었다. 그런즉 백성을 업신여기고 함부로 부리는 군주는 몰아내도 상관이 없다는 주장이기도 하다.

당시의 군주는 절대권력자였다. 오늘날의 대통령이라든가 기업체의 사장을 몰아낸다는 것과는 차원이 다르다. 그것을 맹자는 감히 갈아치워도 상관이 없노라고 단언했던 것이다. 거기에서 이상주의자의 열렬한 기백을 엿볼 수 있을 것 같다.

중국의 전통적인 사고방식에 의하면 천자(天子)는 하늘의 명을 받고 지상에 군림하는 것이다. 그러므로 천하를 다스리는 데는 천명(天命)에 따르지 않으면 안된다. 천명은 눈으로 볼 수도 없는 것이고 귀로 들을 수도 없지만 그것은 엄연히 존재한다. 맹자는 이 천명을 '민심(民心)'이 보여주고 있는 것이라고 생각했다.

따라서 이 '민심'이야말로 절대적인 것이며 이것에 반(反)하는 천자는 추방되어도 하는 수 없다는 것이 맹자의 생각이었다. 이것이 중국의 혁명사상에 큰 영향을 주었다.

《맹자》의 명언

끝으로 《맹자》 안에 있는 유명한 명언 및 구절을 소개하겠다. 다시 한번 그의 사상에 접한다는 의미로 말이다. 먼저 이런 구절을 살펴보자.

'의(義)를 뒷전에 두고 이(利)를 앞세운다면, 종래 님의 것을 빼앗지 않고는 견디지 못한다(爲後義而先利 不奪不饜).'

의(義)란 인간으로서 당연히 해야 하는 정도(正道)이다. 의(義)의 반대가 이(利)이다. 오로지 이익 추구에만 몰두한다면 남의 것을 빼앗지 않을 수 없는 것인데 이는 현대에도 마찬가지이리라. 현대의 기업 경영에 있어서도 가급적 '의(義)', 다시 말해서 확고한 경영 이념의 확립이 바람직하다. 그렇지 못하면 널리 사회의 지지를 받을 수가 없을 것이니 말이다.

'스스로 반성해서 의롭지 못하다면 낡고 헐렁한 바지를 입은 사람 앞에서도 겁내지 않을 수 없지만, 스스로 반성해서 의롭다면 천만 사람 앞에서도 겁내지 않을 것이다(自反而不縮 雖褐寬博 吾不惴焉, 自反

而縮 雖千萬人 吾往矣).'
 '갈관박(褐寬博)'이란 신분이 낮은 사람을 가리킴이다. 따라서 이 말을 좀더 알기 쉽게 의역한다면,
> '내 몸을 반성하여 부끄러운 점이 있으면 비록 상대방이 일개 서민이더라도 주춤해 버린다. 이와는 반대로 자신이 올바르다는 확신이 서면 상대가 천만 명이더라도 당당하게 부딪쳐 나간다.'

라는 의미가 될 것 같다. 맹자는 이렇게 되고 싶노라고 원했는데 이런 당당한 용기 또한 맹자라는 인물의 참맛을 알아볼 수 있는 대목이라 하겠다.
> '지극히 성실한데도 그것에 감동되지 않는 사람은 아직 있어본 적이 없다(至誠而不動者 未之有也).'

의미를 굳이 설명할 필요도 없을 것 같다. 이것은 맹자의 신념이었을 것임에 틀림없다.
> '군자는 종신(終身)의 걱정은 있을지언정 일조(一朝)의 걱정은 없다(君子有終身之憂 無一朝之患也).'

종신(終身)의 걱정이란, 맹자에 의하면 훌륭한 인물과 비교할 때, 자신은 아직도 멀기만 하여 도저히 미치지 못하는, 그래서 해야만 하는 걱정이다. 또 일조(一朝)의 걱정이란 자질구레한 일로 마음을 괴롭히는 걱정이라고 한다. 이것 역시 자기자신에게 엄격한 이상주의자다운 말이다. 그 다음으로는 이런 명언이 있다.
> '아무리 9인(九軔)의 깊이까지 우물을 팠다 해도 샘물이 솟아나는 곳까지 파지 않는다면 그것은 우물을 포기한 것이나 다름없다(掘井九軔 而不及泉 猶爲棄井也).'

즉 우물을 깊이 파들어가더라도 수맥(水脈)에 도달하기 전에 그친다면 그것은 우물을 포기한 것과 마찬가지란 것이다. 두말할 것도 없이 계속적 노력의 중요성을 갈파한 말이다. 이것은 인생의 모든 일에 적용되는 말이다.

'그만두어서는 안될 데서 그만두어 버리는 사람은 그만두지 않는 일이라고는 없을 것이다(於不可已而已者 無所不已).'

그만두어서는 안될 때에 그만두는 사람은 무엇을 하더라도 도중하차하고 만다. 정신을 집중시켜서 해야 하는 경우에 손을 빼는 사람은 무슨 일을 하더라도 적당히 해넘기고 만다. 이 말 또한 명심해둘 필요가 있다. 끝으로 이런 말도 있다.

'마음을 기르는 데는 욕심을 줄이는 것보다 나은 게 없다(養心莫善於寡欲).'

왜냐하면 욕망이 많은 사람 중에는 양심(良心)이 있는 사람이 적기 때문에 그렇다는 것이다. 이 말 또한 귀담아 들을 말이다.

이상 몇 마디의 예를 들어보았는데 《맹자》에는 인생을 살아가는 데 용기를 북돋아주는 말이 적지 아니하다. 그런 명언들을 대할 수 있는 것도 《맹자》를 읽는 즐거움 중 한 가지이다.

색 인(索引)

[공자의 철학사상]

가이탁육척지고(可以託六尺之孤) 91
가자여지(可者與之) 79
거처공(居處恭) 182
견소리즉(見小利則) 124
견의불위무용야(見義不爲無勇也) 29
고구무대고(故舊無大故) 133
공관신민혜(恭寬信敏惠) 98
공숙문자지신(公叔文子之臣) 105
공야장가처야(公冶長可妻也) 93
과유불급(過猶不及) 137
과이불개(過而不改) 138
교언영색선의인(巧言令色鮮矣仁) .. 141
구야퇴고진지(求也退故進之) 32
구인이득인(求仁而得仁) 118
군자무소쟁(君子無所爭) 185
군자불이언거인(君子不以言擧人) .. 110
군자신이후노기민(君子信而後勞
  其民) 83
군자오거하류(君子惡居下流) 44
군자욕눌어언(君子欲訥於言) 134
군자유구사(君子有九思) 155
군자유삼계(君子有三戒) 156
군자유어의(君子喩於義) 147
군자유용이무의(君子有勇而無義) 28
군자지과야(君子之過也) 41
군자지덕풍(君子之德風) 111
군자질부사(君子疾夫舍) 75
군자화이부동(君子和而不同) 130
극기복례위인(克己復禮爲仁) 94
기부의우하가언(旣富矣又何加焉) .. 108
기소불욕(己所不欲) 158
기신정(其身正) 152
기욕달이달인(己欲達而達人) 148
기욕립이립인(己欲立而立人) 148
기혹계주자(其或繼周者) 161

낙이망우(樂以忘憂) 157

다견궐태(多見闕殆) 87
다견이식지(多見而識之) 160
다문궐의(多聞闕疑) 87
다문택기선자(多聞擇其善者) 160
대사불성(大事不成) 124
덕불고필유린(德不孤必有隣) 142
덕지기야(德之棄也) 159
도부동(道不同) 174
도청이도설(道聽而塗說) 159

마면례야(麻冕禮也) ······ 68	불상위모(不相爲謀) ······ 174
맹의자문효(孟懿子問孝) ······ 101	불여구지호학야(不如丘之好學也) ·· 171
맹장자지효(孟莊子之孝) ······ 90	불여향인지선자(不如鄕人之善者) ···· 45
무고(毋固) ······ 135	불원천불우인(不怨天不尤人) ······ 123
무민지의(務民之義) ······ 97	불의이부차귀(不義而富且貴) ······ 172
무소용심(無所用心) ······ 121	불치하문(不恥下問) ······ 150
무아(毋我) ······ 135	불환무위환소이립(不患無位患所
무우불여기자(無友不如己者) ······ 136	以立) ······ 144
무의(毋意) ······ 135	불환빈이환불안(不患貧而患不安) ·· 149
무지명의부(亡之命矣夫) ······ 64	불환인지불기지(不患人之不己知) ··· 140
무필(毋必) ······ 135	붕우삭사소의(朋友數斯疏矣) ······ 77
문무지도(文武之道) ······ 169	비오도야(非吾徒也) ······ 71
문승질즉사(文勝質則史) ······ 176	빈이무원난(貧而無怨難) ······ 129
문일이지십(聞一以知十) ······ 146	
물기야(勿欺也) ······ 33	사군삭사욕의(事君數斯辱矣) ······ 77
물시어인(勿施於人) ······ 158	사면견급계(師冕見及階) ······ 162
미지생언지사(未知生焉知死) ······ 31	사불가이불홍의(士不可以不弘毅) ·· 122
미지언득인(未知焉得仁) ······ 86	사불급설(駟不及舌) ······ 42
	사십이불혹(四十而不惑) ······ 126
발분망식(發憤忘食) ······ 157	사야시가여언시(賜也始可與言詩) ·· 175
방무도곡(邦無道穀) ······ 117	사야현호재(賜也賢乎哉) ······ 39
방유도곡(邦有道穀) ······ 117	사이불학즉태(思而不學則殆) ······ 170
방정성(放鄭聲) ······ 104	사이우즉학(仕而優則學) ······ 82
번지문인(樊遲問仁) ······ 80	삼십이립(三十而立) ······ 126
복주지면(服周之冕) ······ 104	삼월부지육미(三月不知肉味) ······ 116
부이무교이(富而無驕易) ······ 129	삼인행(三人行) ······ 132
부인불언(夫人不言) ······ 59	상실기도(上失其道) ······ 92
부자지도(夫子之道) ······ 95	석호(惜乎) ······ 56
부자지불가급야(夫子之不可及也) ···· 40	석호부자지설(惜乎夫子之說) ······ 42
불기분구(不忮不求) ······ 27	선위아사언(善爲我辭焉) ······ 57
불령이행(不令而行) ······ 152	선지노지(先之勞之) ······ 34
불분불계(不憤不啓) ······ 145	선진어예악(先進於禮樂) ······ 76
불비불발(不悱不發) ······ 145	성사불설(成事不說) ······ 65

소인동이불화(小人同而不和) 130
소인유어리(小人喩於利) 147
소인유용이무의(小人有勇而無義) ... 28
소인지과야(小人之過也) 151
소인지덕초(小人之德草) 111
손자삼우(損者三友) 125
수소도(雖小道) 84
승은지로(乘殷之輅) 104
시고오부영자(是故惡夫佞者) 35
시문야비달야(是聞也非達也) 103
시부여군(弑父與君) 113
시위과의(是謂過矣) 138
십실지읍(十室之邑) 171

악즉소무(樂則韶舞) 104
안연사(顏淵死) 53, 54
안평중선여인교(晏平仲善與人交) .. 115
앙지미고(仰之彌高) 50
약성여인(若聖與仁) 165
약유야부득기사연(若由也不得其
  死然) 37
어아여부운(於我如浮雲) 172
언용영(焉用佞) 61
언지득무인호(言之得無訒乎) 96
언필유중(言必有中) 59
여기야(女器也) 38
여무락호위군(予無樂乎爲君) 109
여불가구(如不可求) 173
여인충(與人忠) 182
여일이관지(予一以貫之) 181
역부족자(力不足者) 73
예지용(禮之用) 127
오견기진야(吾見其進也) 56

오십유오이지우학(吾十有五而志
  于學) 184
오여회언(吾與回言) 47
오우장야(吾友張也) 85
오유지호재(吾有知乎哉) 119
오이여위사의(吾以女爲死矣) 52
오일삼성오신(吾日三省吾身) 168
오칭인지악자(惡稱人之惡者) 43
오호(嗚呼) 70
온고이지신(溫故而知新) 120
옹야가사남면(雍也可使南面) 62
원무벌선무시로(願無伐善無施勞) ... 51
원영인(遠佞人) 104
유안회자호학(有顏回者好學) 55
유야승당의(由也升堂矣) 36
유야천승지국(由也千乘之國) 112
의폐온포(衣敝縕袍) 26
이능문어불능(以能問於不能) 180
이민어행(而敏於行) 134
이우지자성차각(犁牛之子騂且角) ... 63
익자삼우(益者三友) 125
인무원려필유근우(人無遠慮必有
  近憂) 143
인이무신(人而無信) 128
인자기언야인(仁者其言也訒) 96
인자요산(仁者樂山) 153
인지과야(人之過也) 183
인지언왈(人之言曰) 109
인지장사기언야선(人之將死其言也
  善) 89
일단사일표음(一簞食一瓢飮) 49

자고개유사(自古皆有死) 107

| 자곡지통(子哭之慟) 54
| 자공욕거고삭지(子貢欲去告朔之) 69
| 자로유문(子路有聞) 25
| 자사칠조개사(子使漆雕開仕) 60
| 자생삼년(子生三年) 67
| 자장서제신(子張書諸紳) 88
| 자재제문소(子在齊聞韶) 116
| 자하지문인소자(子夏之門人小子) 78
| 자행속수이상(自行束脩以上) 114
| 장문중기절위자(藏文仲其竊位者) .. 106
| 재부재(才不才) 177
| 적지적제야(赤之適齊也) 72
| 전불습호(傳不習乎) 168
| 조지장사기명야애(鳥之將死其鳴也
  哀) 89
| 종오소호(從吾所好) 173
| 주충신사의(主忠信徙義) 100
| 즉불기야(則不棄也) 133
| 증위태산여임방(曾謂泰山如林放) 70
| 증자유질(曾子有疾) 167
| 지자요수(知者樂水) 153
| 질승문즉야(質勝文則野) 176
| 집사경(執事敬) 182

| 천하언재(天何言哉) 164
| 충고이선도지(忠告而善道之) 154
| 충서이이의(忠恕而已矣) 95

| 편언가이절옥자(片言可以折獄者) .. 166
| 포식종일(飽食終日) 121
| 포호빙하(暴虎馮河) 131
| 필문(必文) 151
| 필유아사언(必有我師焉) 132

| 하기야(何器也) 38
| 하용부장(何用不臧) 27
| 하위기연야(何爲其然也) 66
| 하족이장(何足以臧) 27
| 학이불사즉망(學而不思則罔) 170
| 학이시습지불역열호(學而時習之不
  亦說乎) 163
| 학이우즉사(學而優則仕) 82
| 행하지시(行夏之時) 104
| 현재회야(賢哉回也) 49
| 현현역색(賢賢易色) 81
| 호련야(瑚璉也) 38
| 호시출어합(虎兕出於柙) 74
| 화위귀(和爲貴) 127
| 환공구합제후(桓公九合諸侯) 99
| 환부지인야(患不知人也) 140
| 회야기서호(回也其庶乎) 46
| 회야비조아자야(回也非助我者也) ... 48
| 회야시여유부야(回也視予猶父也) .. 178
| 회인불권(誨人不倦) 165
| 획죄어천무소도야(獲罪於天無所
  禱也) 30
| 효재민자건(孝哉閔子騫) 58
| 후목불가조야(朽木不可雕也) 179
| 후생가외(後生可畏) 139
| 희두소지인(噫斗筲之人) 102

[맹자의 철학사상]

| 가이무취(可以無取) 267
| 가이취(可以取) 267
| 갈자이위음(渴者易爲飮) 212
| 거취삼(去就三) 298

거하위(居下位) 240
걸주지실천하야(桀紂之失天下也) ‥ 252
검자불탈인(儉者不奪人) 242
고왕지불왕(故王之不王) 199
고자역자이교지(古者易子而敎之) ‥ 244
고지현왕(古之賢王) 306
공자불모인(恭者不侮人) 242
공자성지시자야(孔子聖之時者也) ‥ 277
공자지위집대성(孔子之謂集大成) ‥ 277
구즉득지(求則得之) 302
국인개왈현(國人皆曰賢) 208
군위경(君爲輕) 319
군유과즉간(君有過則諫) 280
군자막대호여인(君子莫大乎與人) ‥ 220
군자소성(君子所性) 312
군자소이이(君子所以異) 270
군자심조지이도(君子深造之以道) ‥ 263
군자유삼락(君子有三樂) 314
군자유종신지우(君子有終身之憂) ‥ 274
군자지사군야(君子之事君也) 295
군정막부정(君正莫不正) 246
굴정구인(掘井九軔) 315
권연후지경중(權然後知輕重) 200
근상서지교(謹庠序之敎) 193
금일병의(今日病矣) 214
기자이위식(飢者易爲食) 212
기처첩불수야(其妻妾不羞也) 273

낙민지락자(樂民之樂者) 206
낙천자보천하(樂天者保天下) 204
내자불거(來者不拒) 321

달불리도(達不離道) 308
당여후환하(當如後患何) 260

대인자(大人者) 261, 262
도재이(道在爾) 253
득천하유도(得天下有道) 238

막량어모자(莫良於眸子) 241
만물개비어아의(萬物皆備於我矣) ‥ 303
매인이열지(每人而悅之) 255
무부자기구지자(無不自己求之者) ‥ 218
무일조지환야(無一朝之患也) 274
무적천하자(無敵天下者) 219
무죄이륙민(無罪而戮民) 256
무죄이살사(無罪而殺士) 256
무처이궤지(無處而餽之) 222
무치의(無恥矣) 304
무치지치(無恥之恥) 304
무항산이유항심자(無恒産而有恒
  心者) 201
문주일부주의(聞誅一夫紂矣) 209
미유인이유기친자(未有仁而遺其
  親者) 190
민망지(民望之) 210
민위귀(民爲貴) 319

바기인(反其仁) 233
방사십리(方四十里) 203
부귀불능음(富貴不能淫) 228
부도약대로연(夫道若大路然) 294
부무검질시왈(夫撫劒疾視曰) 205
불가여유언야(不可與有言也) 239
불가여유위야(不可與有爲也) 239
불면어솔수이식인(不免於率獸而
  食人) 196
불실기적자지심자야(不失其赤子之
  心者也) 262

불여대시(不如待時) 221
불인자가여언재(不仁者可與言哉) .. 237
불인즉욕(不仁則辱) 217
불치불약인(不恥不若人) 305
비독현자유시심(非獨賢者有是心) .. 284
비례지례(非禮之禮) 257
비소유야(非所諭也) 211
비의지의(非義之義) 257

사궁불실의(士窮不失義) 308
사숙위대(事孰爲大) 245
사즉실지(舍則失之) 302
사직차지(社稷次之) 319
사친시야(事親是也) 251
사친위대(事親爲大) 245
삼대지득천하야(三代之得天下也) .. 232
서자몽불결(西子蒙不潔) 268
선성후성(先聖後聖) 254
세속소위불효자오(世俗所謂不孝
　子五) 272
소오집일자(所惡執一者) 313
소취삼(所就三) 298
수닉원지이수(嫂溺援之以手) 243
수유자기(雖有鎡基) 221
수존호인자(雖存乎人者) 283
순인야(舜人也) 271
순천자존(順天者存) 236
시내인술야(是乃仁術也) 198
실기민야(失其民也) 252
심불약인(心不若人) 287

아선양오호연지기(我善養吾浩然之
　氣) 213
아역인야(我亦人也) 271

아지언(我知言) 213
애인불친(愛人不親) 233
양기대자(養其大者) 288
양기성(養其性) 300
양기소자(養其小者) 288
양심막선어과욕(養心莫善於寡欲) .. 320
어불가이이이자(於不可已而已者) .. 317
언불필신(言不必信) 261
언인지불선(言人之不善) 260
여조묘장의(予助苗長矣) 214
여지기비의(如知其非義) 229
역천자망(逆天者亡) 236
연목이구어(緣木而求魚) 202
오곡자(五穀者) 293
오미문왕기이(吾未聞枉己而) 276
왕기자(枉己者) 230
왕여호화(王如好貨) 207
왕자불추(往者不追) 321
왕자지민(王者之民) 310
왕지위도자(王之爲都者) 223
외천자보기국(畏天者保其國) 204
욕귀자인지동심(欲貴者人之同心) .. 291
우야자(友也者) 278
원천혼혼(原泉混混) 265
위비이언고(位卑而言高) 279
위정불난(爲政不難) 235
위정자(爲政者) 255
유구전지훼(有求全之毁) 247
유금지도(由今之道) 296
유덕혜술지자(有德慧術知者) 316
유불우지예(有不虞之譽) 247
유수지취하야(猶水之就下也) 281
유의소재(惟義所在) 261
유인자의재고위(惟仁者宜在高位) .. 231

유천작자(有天爵者) 290
은왈서(殷曰序) 226
의지실(義之實) 251
이구제원(而求諸遠) 253
이덕행인자왕(以德行仁者王) 216
이사어안락야(而死於安樂也) 299
이생도살민(以生道殺民) 307
이선복인자(以善服人者) 264
이오십보소백보(以五十步笑百步) .. 192
이이지성음안색(訑訑之聲音顔色) .. 297
이인여정(以刃與政) 195
이지상사(履之相似) 282
인사즉왈비아야(人死則曰非我也) .. 194
인성지선야(人性之善也) 281
인언불여(仁言不如) 309
인유불위야(人有不爲也) 259
인유항언(人有恒言) 234
인자무적(仁者無敵) 197
인즉영(仁則榮) 217
인지소불학이능자(人之所不學而
　能者) 311
인지소이이금수(人之所以異禽獸) .. 266
인지승불인야(仁之勝不仁也) 292
인지실(仁之實) 251
인지유도야(人之有道也) 227
인지이기언야(人之易其言也) 248
인지환(人之患) 249

자기자(自棄者) 239
자문지야(子聞之也) 250
자생민이래(自生民以來) 215
자포자(自暴者) 239
장대유위지군(將大有爲之君) 224
재야양부재(才也養不才) 258

재호위인사(在好爲人師) 249
정지위언정야(征之爲言正也) 318
존기심(存其心) 300
존호인자(存乎人者) 241
종기대체위대인(從其大體爲大人) .. 289
종기소체위소인(從其小體爲小人) .. 289
종지미자야(種之美者也) 293
종형시야(從兄是也) 251
주왈상(周曰庠) 226
중야양부중(中也養不中) 258
지리불여인화(地利不如人和) 225
지명자(知命者) 301
지불약인(指不若人) 287
지생어우환(知生於憂患) 299
진신서즉불여무서(盡信書則不如
　無書) 322

차지위실기본심(此之謂失其本心) .. 285
천불언(天不言) 275
천시불여지리(天時不如地利) 225
천하닉원지이도(天下溺援之以道) .. 243
천하지언성야(天下之言性也) 269

필유소불소지신(必有所不召之臣) .. 224

하왈교(夏曰校) 226
하필왈리(何必曰利) 189
학문지도무타(學問之道無他) 286
행불필과(行不必果) 261
현자이후낙차(賢者而後樂此) 191
호선이망세(好善而忘勢) 306
호호여야(皞皞如也) 310
화복(禍福) 218

공자와 맹자의 철학사상

| 初版 印刷●2001年 | 7月 | 5日 |
| 初版 發行●2001年 | 7月 | 10日 |

編著者●安 吉 煥
發行者●金 東 求
發行處●明 文 堂
서울특별시 종로구 안국동 17~8
대체 010041-31-001194
전화 (영) 733-3039, 734-4798
      (편) 733-4748
FAX 734-9209
Homepage www.myungmundang.net
E-mail   om@myungmundang.net
등록 1977. 11. 19. 제1~148호

●낙장 및 파본은 교환해 드립니다.
●불허복제·판권 본사 소유.

값 10,000원
ISBN 89-7270-659-0 03150

東洋古典解說
李民樹 著/신국판 양장

論語新講義
金星元 譯著/신국판 양장

原文對譯 史記列傳精解
司馬遷 著/成元慶 編譯/신국판

공자의 생애와 사상의 올바른 이해
공자의 생애와 사상
金學主 著/신국판

노자와 도가사상의 현대적 해석
노자와 도가사상
金學主 著/신국판

梁啓超
毛以亨 著/宋恒龍 譯/신국판

동양인의 哲學的 사고와 그 삶의 세계
宋恒龍 著/신국판

임어당의 신앙과 사상의 여정
東西洋의 사상과 종교를 찾아서
林語堂 著·金學主 譯/신국판

老莊의 哲學思想
金星元 編著/신국판

合本 四書三經
동양 고전의 精髓!
이 책은 오랜 각고의 세월을 거쳐 대학·중용·논어·맹자의 四書와 더불어 서경·시경·주역의 三經을 그 眞髓만을 모아 엮었다. 原文의 정확함은 물론 난해한 語句는 註를 달아 풀이 하였다.
白鐵 監修/4·6배판 양장

천하일색 양귀비의 생애
小說 楊貴妃
井上靖 著/安吉煥 譯

自然의 흐름에 거역하지 말라
장자의 에센스 莊子
安吉煥 編譯

仁과 中庸이 멀리에만 있는 것이드냐
孔子傳
김전원 編著

백성을 섬기기가 그토록 어렵더냐
孟子傳
安吉煥 編著

영원한 신선들의 이야기
神仙傳
葛洪稚川 著/李民樹 譯

한 권으로 읽는
東洋古典 41選
안길환 편저

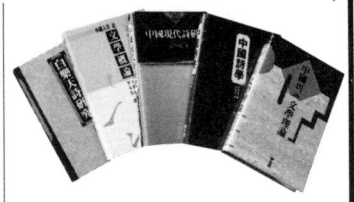

白樂天詩硏究
金在乘 著/신국판

中國現代詩硏究
許世旭 著/신국판 양장

中國人이 쓴 文學槪論
王夢鷗 著/李章佑 譯/신국판 양장

中國詩學
劉若愚 著/李章佑 譯/신국판 양장

中國의 文學理論
劉若愚 著/李章佑 譯/신국판 양장

小說 孫子
鄭麟永 著/文熙奭 解

小說 칭기즈칸
李文熙 著/高炳翊 解

小說 孔子
宋炳洙 著/李相殷 解

小說 老子
安東林 著/具本明 解

戰國策
김전원 編著

宋名臣言行綠
鄭鉉祐 編著

人間孔子
행동으로 지팡이를 삼고
말씀으로 그림자를 삼고
李長之 著/김전원 譯